AF233901

L'ÉPISCOPAT

NANTAIS

A TRAVERS LES SIÈCLES

Illustré des blasons des Évêques

PAR

J. DE KERSAUSON DE PENNENDREFF

VANNES

LAFOLYE, ÉDITEUR

1892

38859364

26 Avril 1893

Cher Monsieur,

Aussitôt rentré chez moi je me fais un
plaisir de chercher la source à laquelle j'ai
puisé pour la notice relative à Louis de
Fréjat de Boissieu 4e Evêque de S. Brieuc
en 1720. (Episcopat p. 276).
Ainsi que je vous [le] disais plus haut dans
le T. VI. pp 334-335, [...] l'établissement,
ainsi qu'il suit.
« M (l'Evêque de S. Brieuc) mourut à Anceni,
« où il s'était rendu pour la tenue des Etats,

BnF
PHS

L'ÉPISCOPAT NANTAIS

A TRAVERS LES SIÈCLES

2002-70930

L'ÉPISCOPAT [illegible]

L'ÉPISCOPAT

NANTAIS

A TRAVERS LES SIÈCLES

Illustré des blasons des Évêques

PAR

J. DE KERSAUSON DE PENNENDREFF

VANNES

LAFOLYE, ÉDITEUR

—

1892

BnF
PHS

AVANT-PROPOS

—

Il appartiendrait sans doute à une plume plus autorisée que la nôtre d'entreprendre un pareil travail. Quelqu'indigne que nous soyions pourtant, d'interpréter et de redire les actes des si nobles et si illustres pontifes qui ont jeté tant d'éclat sur le siège de Nantes, nous tenons à mettre au jour le résultat de nos études et de nos recherches. Bien des auteurs déjà, ont, il est vrai, traité le même sujet et le catalogue de nos évêques figure dans maints ouvrages historiques et hagiographiques de nos bibliothèques, mais nous nous persuadons — peut-être à tort, quoique notre opinion se fonde précisément sur nos études, — nous nous persuadons que la plupart de nos anciens auteurs, incomplets d'ailleurs, ont erré sur bien des points qu'il est de la gloire et de l'intérêt de notre histoire de rectifier.

Les uns, — c'est le plus grand nombre, et ce sont surtout ceux que nous aurons à cœur de contrôler, — n'ont traité la question qu'au seul point de vue historique, les autres ont principalement envisagé les côtés biographique, héraldique et sigillographique[1]. Réunissant en un seul faisceau ces divers éléments, nous voulons, s'il est possible, donner un ensemble de ces différents travaux.

[1] Nous entendons parler ici et avant tout, de notre excellent confrère et ami, M. S. de la Nicollière, archiviste municipal, dont la courtoisie et l'aménité, si connues de tous, nous ont pleinement autorisé à faire de fréquents emprunts à son *Armorial des évêques de Nantes,* ce dont nous le remercions bien cordialement.

Loin de nous la pensée que le travail, livré par nous aujourd'hui à la publicité, soit exempt lui-même de tous les reproches que nous signalons chez plusieurs de nos historiens. Rien n'est parfait sur la terre, et notre œuvre encore moins que toute autre. C'est cependant, avec une certaine confiance, dirons-nous, que nous abordons le jugement de nos contemporains, parce que nos études sont le produit impartial et consciencieux de longues et patientes fouilles dans nos archives et dans nos principaux dépôts publics.

Que l'on veuille donc bien pénétrer le fond de notre dessein, qui n'est autre que d'élever au diocèse de Nantes un monument qui puisse contribuer à sa gloire et surtout à celle de Dieu, en remettant sous les yeux de tous les vertus des dignes successeurs de saint Clair.

Daigne ce saint Pontife, lui-même, accueillir du haut du ciel, nos très humbles, mais très ferventes prières, et faire fructifier nos efforts.

Nous ne ferons pas ici la nomenclature des innombrables sources bibliographiques auxquelles nous avons puisé, les notes de bas de page devant suffisamment les faire connaître au lecteur.

L'ÉPISCOPAT NANTAIS

A TRAVERS LES SIÈCLES

---

1. — SAINT CLAIR

Il est universellement reconnu pour le premier évêque de Nantes. Mais à quelle époque vint-il en Bretagne ? On ne peut l'assurer. Le légendaire manuscrit de l'Eglise de Tréguier, et, probablement d'après lui, *l'Ordinaire de 1263*, (manuscrit composé à cette date par Hélie, grand chantre de la cathédrale de Nantes et contenant l'indication des fêtes et des offices qui se célébraient dès la plus haute antiquité dans le diocèse)[1], disent simplement que saint Clair fut envoyé par le Pontife Romain, qui lui donna le clou qui perça la main droite de saint Pierre, lors de son martyr. Malheureusement, ces livres ne nomment pas le Pontife romain qui dépêcha le saint apôtre dans l'Armorique. Faut-il donc admettre avec Albert-de-Morlaix que, disciple immédiat des apôtres, il fut envoyé par saint Lin pour évangéliser nos pères ? Ne vint-il, au contraire, comme l'indique une tradition de l'Eglise de Nantes, qu'à la fin du premier, ou au commencement du second siècle, ou enfin, comme l'assurent certains auteurs, vers la fin du IIIᵉ siècle, sous le pontificat de saint Euthychius et le règne de l'empereur Probus ? Cette dernière opinion est celle de Travers.

Quoiqu'il en soit, l'apostolat de saint Clair se rattache à la

---

[1] Il est aujourd'hui conservé à la bibliothèque de Ste-Geneviève à Paris.

prédication primitive de l'Evangile dans les Gaules, et Nantes
eut le bonheur de posséder le premier siège épiscopal fondé
en Bretagne.

D'après Albert-le-Grand, Clair aurait pénétré en Armorique
par Vitré, où il fit abattre les temples de Pan et de Cérès.
Mais Travers attribuerait plus volontiers ce fait à uu
saint Clair, qui fut martyr dans le Vexin (diocèse de Rouen),
si toutefois l'on pouvait assurer, que l'infâme Pan et la déess e
Cérès aient été adorés à Vitré. Pour nous, d'accord avec
Travers, nous aimons mieux croire que le saint Clair, évêque
de Nantes, arriva dans cette ville, et par conséquent en
Bretagne, par l'Aquitaine ou Poitou, qui n'était alors séparée
de Nantes que par la Loire.

Saint Grégoire de Tours ne dit rien de Saint Clair; il ne dit
pas non plus que Saint Gatien ait envoyé des missionnaires à
Nantes ou ailleurs. Un semblable témoignage doit détruire
sans retour l'opinion de ceux qui pensent que notre premier
évêque, est venu de Tours, ainsi que l'assure dom Lobineau
sans aucune preuve. Clair était probablement romain; nos
légendes le font descendre d'une famille illustre et sans doute
elles n'auraient pas tort, s'il était prouvé qu'il appartenait aux
familles des Septicius, des Erectius et des Junius, auxquelles
le surnom de Clarus fut assez ordinaire, comme on le trouve
dans Pline, Cassiodore et dans les fastes consulaires.

Travers fait de saint Clair, sinon le premier évêque, au
moins le premier évangélisateur des villes et pays de Vannes
et Quimper, ce qui n'a du reste, rien d'inadmissible[1], puisque
ces contrées ne furent, ecclésiastiquement organisées que
plus tard, à quelque date que l'on place l'arrivée de saint Clair.

Accompagné du diacre Adéodat, Clarus, conduit par l'ins-
piration de Dieu, arriva donc à Nantes et y bâtit, sur la
colline où s'éleva plus tard la basilique de St-Similien, un
modeste oratoire, qu'il dédia aux apôtres Pierre et Paul, et

[1] Chroniques et légendes de Bretagne.

où il déposa le clou vénéré, dont il était porteur[1]. Après avoir établi la religion catholique dans le comté nantais, saint Clair passa, comme nous l'avons dit tout à l'heure, dans les pays limitrophes où il remplit ses fonctions d'apôtre. Enfin, plein de jours et de mérites, il vint mourir à Réguiny, au pays de Vannes, le 1er octobre, et son corps fut transféré, au moins en partie, de là, à Nantes quelques siècles après. Mais, quand les Normands commencèrent à ravager la Bretagne, le corps du saint évêque fut transporté à Bourges, nous dit Pierre le Baud[2] ; d'Argentré ajoute que ce fut en l'an 878. Albert-le-Grand affirme que le corps fut porté à l'abbaye de St-Aubin d'Angers. En effet, la première chronique d'Angers, parle, sous l'année 1070, d'une translation d'un saint Clair, mais sans préciser si c'est celui de Nantes. L'église de Tulle revendique encore le corps du premier évêque de Nantes, qui lui fut, dit-elle, apporté d'Angers. Ne pourrait-on pas concilier toutes ces assertions, en disant que le corps de notre saint fut transféré d'abord à Bourges, puis à Angers et ensuite à Tulle.

A St-Aubin d'Angers, on possédait au grand autel, du temps de Travers, une précieuse châsse que l'on assurait être celle de saint Clair, mais ses restes n'y étaient plus dès le XVIIIe siècle. L'église de Nantes possédait le crâne du saint Pontife que lui avait cédé l'église de Réguiny, en échange de plusieurs parcelles de ses reliques. Tous ces précieux restes ont été dispersés en 1793. Le tombeau de saint Clair, à Réguiny, est dans une chapelle construite dans le cimetière et dédiée au saint évêque, dont la statue en costume épiscopal, est couchée sur la pierre.

Dans les années qui viennent de s'écouler, de très longues discussions ont été entamées au sujet de l'*apostolicité* de

---

[1] Une autre version placerait l'oratoire de saint Clair à l'emplacement où se trouve aujourd'hui la cathédrale, mais nous penchons beaucoup pour la première hypothèse.

[2] Chroniques et légendes de Bretagne.

Saint Clair. Nous ne reviendrons pas sur des débats et des polémiques, très savantes à coup sûr, qui dénotent de la part de leurs érudits auteurs des études approfondies ; qu'il nous soit seulement permis de dire qu'à notre avis, la question n'a pas fait un pas depuis que la commission liturgique, réunie en 1859, a donné son avis sur ce sujet. Le seul pivot autour duquel ont gravité les historiens est toujours le manuscrit du chantre Hélie et l'interprétation de son texte.

Sans rien conclure donc, et tout en laissant à de plus doctes que nous l'heureuse fortune de trancher définitivement ce nœud gordien, disons simplement qu'il est doux au cœur de tout breton appartenant au diocèse de Nantes, de se laisser aller à la croyance que le premier apôtre de notre noble cité fut contemporain des apôtres et fût envoyé en Armorique, sinon par saint Pierre lui-même, du moins par un des pontifes qui lui succédèrent immédiatement sur le siège de Rome[1].

L'église de Nantes et celle de St-Brieuc célèbrent la fête de saint Clair le 10 octobre, jour auquel les Bollandistes en font aussi mention.

2. — ENNIUS

Il est à croire que la chaîne des successeurs de saint Clair fut plus d'une fois interrompue pendant les persécutions du IIe et du IIIe siècle. Ennius est le seul, dont le

[1] Ce qui semble donner du crédit à cette opinion, c'est la note ci-dessous due aux études de M. le comte de l'Estourbeillon sur les saints d'autrefois et les anciennes frairies du comté nantais, qui prouve que le souvenir de saint Lin (successeur immédiat de saint Pierre) est toujours accolé dans le diocèse à celui de saint Clair. N'est-il pas permis d'après cela, d'induire avec grand fondement que le Pontife romain qui envoya saint Clair en Bretagne, ne fût autre que saint Lin lui-même. « Dans plusieurs paroisses rurales du « diocèse de Nantes, en particulier à Derval, Puceul, Guenrouët, Plessé, « Malville et Guérande, ce souvenir semble être demeuré dans la tradition, « populaire. A Puceul, deux des anciennes frairies de la paroisse ont, « l'une, pour patron : saint Clair (avec une antique fontaine qui porte son

nom soit parvenu jusqu'à nous ; et encore l'époque à laquelle il occupa le siège épiscopal de Nantes demeure-t-elle incertaine. Cependant tout porte à croire que ce fut vers l'an 290, sous les empereurs Dioclétien et Maximin.

Augustin du Paz, Claude Robert, et le P. Jacques de Longueval donnent à Ennius la qualité de *saint,* ainsi que le manuscrit de la reine Christine de Suède, rédigé à la fin du XII° siècle, au temps de l'évêque Robert ; mais cette qualification ne parait appuyée sur aucun monument authentique.

3. — SAINT SIMILIEN

(296-310).

Saint Similien est mentionné dans le martyrologe sous les noms de : *Simillinus, Similianus, Emilianus,* et dans le manuscrit de la reine de Suède sous ceux de *Similius* et de *S. Similinus.* Saint Grégoire de Tours *(de Gloria Martyrum,* L. I, *cap. 60.),* l'appelle également ainsi.

Il est encore nommé *Sambin.* Il vivait à la fin du III° siècle et au commencement du IV°. C'est le troisième évêque de Nantes connu. Appelé à gouverner l'Eglise de Nantes vers l'an 296, sous le pontificat de saint Marcellin, pape, il mourut le 16 juin 310. Cette date est celle qui nous a paru la plus rationnelle quoiqu'elle soit bien controversée. Ainsi Travers veut que la mort du saint évêque ait eu lieu en 330.

Ceux qui n'admettent l'épiscopat de saint Clair qu'au III° siècle, placent nécessairement à la même époque le martyre des

« nom et où l'on va de temps immémorial en pèlerinage), et l'autre, pour
« patron saint Lin. Un immense territoire formant ces deux frairies porte
« encore le vieux nom breton d'Enguerlin, *An Ker Lin.* La ville ou le village
« de Lin. — A trois lieues de là, en Derval, une région maintenant
« presque déserte, située entre le territoire susnommé et la frairie de
« saint Clair, en cette seconde paroisse, porte le nom d'Enguerdel *quondam,*
« Enguerdieul, et Enguerdeul, du breton *An Ker dieul* ou *diaoul,* La ville
« du diable. » — De l'Estourbeillon. *Les saints d'autrefois et les anciennes frairies du Comté nantais.* Mss.

saints Donatien et Rogatien ; mais pour nous, qui croyons devoir respecter la pieuse et constante tradition du diocèse qui veut que notre premier évêque ait été envoyé pour évangéliser notre pays par les successeurs immédiats des apôtres, contrairement aux auteurs qui placent le drame des Enfants-Nantais au temps de saint Clair, nous croyons devoir le reculer jusqu'à l'épiscopat de saint Similien, d'accord, en cela, avec Albert-de-Morlaix. Pour nous, Similien est donc le pontife qui versa sur le front de Donatien l'eau régénératrice du baptême.

Saint Grégoire de Tours appelle Similien le *Grand Confesseur*, ne prétendant pas par là, lui décerner la palme du martyre, mais bien faire entendre qu'il glorifia Dieu par la pureté de sa vie. Ce témoignage de l'évêque de Tours montre combien la mémoire du saint pontife était restée en vénération dans le pays. Aussi est-il le seul, parmi les évêques de Nantes, dont le nom se trouve inscrit dans le martyrologe romain.

Il n'existe aucune relique de saint Similien ; on montrait dans l'église qui porte encore son nom, un tombeau mausolée qui n'est pas le sien, mais celui de quelqu'autre ancien évêque de Nantes ou d'un grand personnage. En faisant l'historique de l'Église et de la paroisse de St-Similien, nous aurons plus tard occasion de reparler du saint, des légendes et des traditions qui s'y rattachent. Nous avons cru que dans le catalogue des évêques, il était mieux de taire ces détails, et de les reporter à l'histoire des paroisses.

On chômait la fête de saint Similien dans tout le diocèse, au commencement du XIII° siècle et peut-être longtemps avant ; c'est ce que nous apprend le *livre synodal*, rédigé vers l'an 1226. On a cessé de la chômer, il y a environ trois siècles et demi. Son office a rang de fête double dans le livre des anniversaires de la Collégiale de Nantes. Cette fête se célèbre actuellement le 16 juin avec mémoire de saint Cyr et de sainte Julitte, martyrs.

4. — EUMÉLIUS I.

(355 — 374)

Eumélius, autrement : *Emmelius, Emmetius, Eumerius, Emmerius, Emerus, Evhemerus.* C'est le premier évêque de Nantes dont l'époque soit bien certaine. Son épiscopat dut être fort long s'il succéda immédiatement à saint Similien. Ce qu'on croit pouvoir affirmer, c'est qu'il assista, en l'an 355 au concile de Rimini, convoqué par l'empereur Constance, où il eut le malheur, avec plus de 400 autres évêques, de succomber aux artifices des Ariens et de souscrire une formule captieuse. Eumélius, suivant le nom que lui donnent les deux manuscrits de la reine de Suède, souscrivit en 374 au concile de Valence, sur le Rhône. Albert-le-Grand, toujours très précis, trop précis même souvent, fixe sa mort à l'an 337. Les deux dates que nous venons de donner prouvent qu'elle doit être de beaucoup reculée.

Eumélius était pauvre et fut l'un des trois évêques qui aimèrent mieux vivre aux dépens du fisc que d'être à charge à leurs riches confrères. Mais ne devons-nous pas voir l'une et peut-être la plus grande cause de sa pauvreté dans l'érection qu'il fit d'une magnifique église sur le tombeau de saint Similien, l'*un* de ses prédécesseurs. Nous disons à dessein l'*un* de ses prédécesseurs, car une lacune d'un ou de plusieurs pontifes doit exister entre Similien et Eumélius, si toutefois, l'on fixe comme nous, la date de la mort de saint Similien à l'année 310. C'est probablement à l'emplacement de l'oratoire bâti par saint Clair et qui avait servi de temple à Ennius, puis à Similien, pour honorer le vrai Dieu, qu'Eumélius construisit son église en l'honneur de saint Similien. Il y fixa sa résidence, et cette église devint la première cathédrale de Nantes. Cette opinion semble si bien fondée que, dans la liste des recteurs de St-Similien, donnée à la fin du XVIIIe siècle, par l'un d'eux, Missire Le Breton de Gaubert, dont nous aurons occasion de reparler, figure avant tous les autres les premiers évêques de Nantes, depuis saint Clair jusqu'à Eumélius II, exclusivement, parce que ce dernier construisit une autre cathédrale, à l'emplacement de celle qui existe actuellement et alla s'y établir.

C'est à Eumélius Ier que l'on doit la destruction du fameux temple païen des Namnètes, dédié au dieu *Boul-Janus,* fausse divinité particulièrement adorée par les Armoricains-Gaulois, qui venaient, dit-on, trois fois l'an, au commencement de janvier, au milieu d'avril et à la fin d'août, offrir leurs sacrifices dans ce temple, desservi par douze prêtres de la secte des Druides. Ce qui ferait supposer que nos ancêtres, avant la diffusion de l'Evangile, avaient quelques notions du mystère de la sainte Trinité, c'est que le dieu Janus, d'après la médaille trouvée au pied du mur de la ville de Nantes, derrière l'évêché, en l'an 1592, et encastrée avant la Révolution, dans la muraille de la basse galerie de l'Hôtel de ville, était représenté avec trois faces, bien que tous les païens, à l'imitation des Romains n'en donnassent que deux au leur. Ces trois visages étaient renfermés dans un triangle qui portait l'*Alpha,* première lettre de l'alphabet grec; le *Nu,* celle du milieu et l'*Oméga,* la dernière. C'étaient les caractères symboliques de la puissance de leur divinité, qu'ils regardaient comme le principe, le centre et la fin de toutes choses. Missire Le Breton de Gaubert, ancien recteur de St-Similien, à qui nous empruntons les détails qui précèdent, nous apprend que la dédicace de la basilique érigée par Eumélius, sous le vocable de saint Similien, se fit le jour de la Nativité de saint Jean-Baptiste, 24 juin de l'an 329. Mais il est plus que probable que cette date est fautive, et beaucoup trop ancienne, car alors il en résulterait : 1° qu'Eumélius succéda immédiatement à saint Similien; 2° que, 19 ans après sa mort, ce pontife était mis sur les autels, et qu'on pouvait ériger des temples en son honneur, ce qui n'est pas admisssible.

L'église St-Similien fut la seule église épiscopale, non seulement du pays qui forme aujourd'hui le diocèse de Nantes, mais encore de tous, ceux qui composent les évêchés de Vannes et de Quimper, ce dernier n'ayant été distrait de Nantes qu'en l'an 392, au temps de Gradlon, roi de la Bretagne armorique. Ce fut sous l'épiscopat d'Eumélius que saint Hilaire, évêque de Poitiers, baptisa à RATIATE, saint Lupien[1]. Sous ce nom de RATIATE, quelques auteurs ont vu Rezai (Rezé); Baillet *(des saints)*, y voit au contraire le bourg de Saint-Viau, appelé auparavant, Scobrit, à l'extrémité du pays de Rais. De cette appellation mal définie, le P. de Ste-Marthe (Nouveau *Gallia Christiana, series episcopum pictavorum*) et Baillet, déjà cité, ont cru que le pays de Rais avait eu des évêques particuliers, dont le siège aurait été Ratiate. Mais, dans la seconde moitié du IV° siècle, le diocèse de Poitiers s'étendait jusqu'à Nantes, dont le séparait seulement la Loire; il est donc plus rationnel de penser que les évêques de Poitiers, se désignaient par une des provinces de leur évêché. Nous en verrons bientôt la preuve à propos de Nantes.

5. — MARCUS

(381-391).

Marcus, autrement : *Marsus, Marsius, Marsinus, Martinus,* n'est connu que par les deux catalogues manuscrits de la reine de Suède et ceux qui leur sont postérieurs. On croit qu'il occupait le siège de Nantes en l'an 383. Certains hagiographes font de Marcus un saint, et rien ne s'oppose à ce qu'il le soit en effet, surtout quand on voit plusieurs paroisses du diocèse de Nantes placées sous son vocable; telles sont : St-Mars-la-Jaille, St-Mars-de-Coutais, St-Mars-du-Désert. (Nous ferons remarquer cependant que, dans l'*Ordo* diocésain, ces

[1] Recherches archéologiques et hagiographiques sur S. Lupien de Rezé par M. l'abbé A. Cahours, chan. de Nantes et d'Autun. — Nantes, Imp. Forest E. Grimaud, 1879.

trois paroisses, ainsi que celle de Doulon sont placées sous le patronage de saint Médard (*Noviomensis episc.* 457-545). Mais ce que l'on ne peut admettre, c'est la confusion faite entre l'évêque de Nantes et un autre saint du même nom, qui abdiqua, dit-on, l'épiscopat, et se retira dans une solitude, à *Bais*, au diocèse de Rennes. Le saint Mars, honoré dans ce dernier évêché, vivait au VI⁰ siècle, et il est plus que probable qu'il est celui dont il est fait mention dans la vie de saint Melaine, mais il n'a rien de commun avec Mars ou saint Mars de Nantes. Celui-ci n'est connu que par les catalogues, sans qu'on puisse même assigner une date à son épiscopat. Cependant Travers le fait mourir en l'an 391 (*p. 36, t. I*). Albert de Morlaix prétend, mais à tort, qu'il fut sacré en 337. Du Paz et d'Argentré ne donnent pas la date de son sacre.

6. — ARISIUS

(391-404).

Arisius, autrement *Aristius*, *Alisius*, *Alitius*. Aritius ou saint Aritius d'après les mss. de la reine Christine fut le successeur de Marsus. Il paraît avoir vécu jusqu'aux premières années du V⁰ siècle. Il ne nous est, du reste, connu également que par les catalogues. Cependant saint Jérôme pourrait peut-être en avoir parlé dans une de ses lettres. En effet, dans celle qu'il adressa à Algasia, dame armoricaine, qui habitait près de l'Océan, aux extrémités de la Gaule, et qui lui avait demandé la solution de plusieurs difficultés sur l'Ecriture, il s'étonne de ce qu'elle l'envoie consulter jusqu'à Bethléem, lorsqu'elle avait auprès d'elle le prêtre *Alitius* capable de résoudre tous ses doutes. « Je ne sais, dit Travers, » lorsqu'il y a tant de ressemblance entre les noms d'*Arisius* » et d'*Alitius*, si Arisius, évêque de Nantes, n'est point » l'évêque que saint Jérôme désirait que sa dame bretonne eût

» consulté. Nous n'en connaissons pas d'autre dans l'Armo-
» rique, et il y a plus de vraisemblance à l'assurer, qu'à dire,
» qu'Alétius était évêque d'Aleth et que cette ville prit le
» nom du prélat, en considération de son mérite. Cette der-
» nière considération tombe d'elle-même. La ville d'Aleth est
» beaucoup moins ancienne que saint Jérôme (qui vivait de l'an
» 331 à 420) et n'a point été ville épiscopale avant le VIe siècle,
» plus de cent ans après la mort d'Arisius. » Selon Albert de
Morlaix, on devrait à Arisius les églises « parocchiales d'Oudon
de Donges et Cordemez (*nunc* Cordemais), » et même trois
autres non désignées. Mais cette assertion n'est appuyée
sur aucune preuve et la fable qui suit sur Conan Mériadec
(tous les auteurs jusqu'à nos jours ont cru à ce personnage
apocryphe), devrait jeter plus d'un doute sur ce fait.

7. — DESIDERIUS

(404-444).

Saint Desiderius ou Didier, archidiacre de Nantes, succéda
au précédent. Cet évêque, attentif à éloigner de son diocèse
l'hérésie naissante de Vigilance[1], envoya, de concert avec
l'évêque Riparius, les ouvrages de cet hérétique à saint Jé-

[1] Cet hérésiarque, qui vivait à la fin du IVe siècle et au commencement
du Ve, était gaulois et non pas espagnol, comme la plupart des historiens
l'ont cru. Il fut bien accueilli par saint Jérôme sur la fin de l'an 394 en Pales-
tine. A son retour, il le calomnia, prétendant qu'il était infesté des erreurs
d'Origène. Mais lui-même ne tarda pas à avancer des opinions peu ortho-
doxes ; il soutenait qu'on ne devait rendre aucun honneur aux reliques des
martyrs, ni croire aux miracles qu'on disait accomplis à leurs tombeaux ; il
n'admettait pas non plus les prières pour les morts, ni les lampes ou cierges
allumés en plein jour dans les églises. Il condamnait les veilles publiques,
excepté la nuit de Pâques, voulant même qu'on ne chantât *alleluia* qu'à
cette fête. Il désapprouvait la coutume d'envoyer des aumônes à Jérusalem
et de vendre son bien pour en donner le prix aux pauvres. Il déclamait
contre les jeûnes et la vie monastique et renouvelait les opinions des Juvé-
niens contre le célibat et la virginité. Du reste, son hérésie eut peu de partisans. (Voyez la Bibliothèque sacrée des PP. Richard et Giraud *T. XXVI
pp. 137-138.*)

rôme, qui, à la prière des deux prélats, écrivit pour réfuter les erreurs que contenaient ses livres. Desiderius engagea par des sollicitations pressantes et réitérées, Sulpice Sévère à écrire la vie de saint Martin. C'est à Desiderius que saint Paulin de Nole écrivit sa quarante-troisième lettre : il la lui envoya par Victor ou Victurius, depuis évêque du Mans. Desiderius priait saint Paulin de lui expliquer les bénédictions du patriarche Jacob à ses enfants ; le saint s'excusa, croyant Desiderius plus capable que lui d'approfondir ces mystères et d'en obtenir de Dieu l'intelligence par ses prières. En l'an 444, on tint à Bourges un concile dont saint Léon, évêque du lieu, Eustochius de Tours et Victurius du Mans, envoyèrent le résultat à l'évêque Desiderius et aux autres prélats de la IIIe Lyonnaise, comme sujets du même état[1]. Le père Sirmond a cru que la lettre des trois évêques avait été rédigée dans le concile d'Angers, l'an 413. C'est une méprise ; les lettres de Charles-le-Chauve au Pape adressées l'an 471, et quelques anciens manuscrits la font dater au concile de Bourges.

Si l'on en croit Albert-le-Grand, ce fut Desiderius qui fit bâtir à Nantes l'église de *St-Vincent*, pour y placer des reliques du saint apportées d'Espagne. Ce fut le même prélat qui bâtit l'église de *St-Julien* à la Fosse, où il fut enterré en l'an 444, dans un âge avancé, ayant siégé près de quarante ans.

[1] La troisième Lyonnaise, *Lugdunensis tertia*, métropole *Cœsarodunum*, aujourd'hui *Tours*, comprenait le territoire actuel des départements du Finistère, des Côtes-du-Nord, d'Ille-et-Vilaine, du Morbihan, de la Loire-Inférieure, de la Mayenne, de la Sarthe, de Maine-et-Loire et d'Indre-et-Loire. Les peuples principaux de ce pays étaient : les Osismiens, Corisopites, Vénètes, Biduens, Rhedones, Namnètes, Aulerques, Diablintes, Cénomans Andes et Turons.

8. — SAINT LÉON

(444-458)

Léon autrement : *Léo* ou *saint Léo* d'après le *mss* de la reine de Suède.

Pendant son épiscopat, les Huns assiégèrent Nantes en 453. L'assistance du ciel, plus que la valeur de ses habitants, les délivra de ces barbares. L'évêque Léon en rendit grâce à Dieu. On rapporte qu'au moment où il offrait le saint Sacrifice, il fit descendre du ciel, sur l'autel, trois gouttes d'eau égales et brillantes comme le cristal, lesquelles s'étant réunies, formèrent un riche diamant. L'évêque le fit enchâsser dans une croix d'or ornementée de beaucoup de pierres précieuses. Les pierres se détachèrent toutes aussitôt, cédant la place au diamant descendu du ciel. Celui-ci était brillant aux yeux des bons et restait obscur à ceux des méchants.

C'est Sijebert qui raconte ce fait dans ses chroniques ; Travers, ne semble pas y ajouter foi, en faisant remarquer que Grégoire de Tours, du reste très peu instruit, dit-il, des affaires de notre province, n'en fait aucune mention. Léon de Nantes se trouva ainsi, en 453, au concile d'Angers, à l'ordination de Thalassius. Selon la plupart des auteurs, Léon, grec d'origine, avait apporté de son pays des reliques de saint André, qu'il plaça dans une chapelle qu'il avait fait bâtir non loin de la rivière d'Erdre et à laquelle il donna le nom de l'apôtre. Cette chapelle a donné depuis le sien au quartier de la ville où elle se trouvait.

Léon mourut en 458, et fut enterré dans la chapelle saint André.

9. — EUSÈBE

(458-464)

Eusèbe, de noble race du pays d'Anjou, était moine de Lérins, quand il fut appelé à gouverner le peuple de Nantes. Il assista, comme évêque, au concile tenu à Tours, en 461, par l'archevêque Perpetuus. Ce fut, d'après Albert-le-Grand, pendant qu'il occupait le siège épiscopal que fut fondé, à Nantes, l'église de Saint-Léonard. On croit, dit Travers, que c'est à lui que Faust, évêque de Riez, (c'est-à-dire de Poitiers, comme nous l'avons démontré plus haut), envoyait ses livres de la grâce et du libre arbitre, que Sidoine Appolinaire *(Ep. g. litér. 9)* dit avoir lus et tirés des mains du moine Riochat qui les portait aux Bretons, ses compatriotes. Eusèbe, ajoute le moine historien, est l'auteur véritable de plusieurs homélies insérées dans la *Bibliothèque des Pères*, sous le nom d'Eusèbe, d'Emène. Les savants conviennent qu'elles ne sauraient être de celui-ci, mais qu'elles sont d'un évêque dont on ne marque pas le siège et qui vivait dans les Gaules, un peu après le milieu du V⁰ siècle. On ne voit pas d'autre évêque du nom d'Eusèbe, à qui l'on puisse les attribuer, que celui de Nantes, ou un autre Eusèbe, ami de Sulpice Sévère et prêtre, lorsque ce dernier lui adressa une lettre sur les vertus de Saint-Martin, mais évêque, lorsqu'il écrivit ses dialogues. Plusieurs des homélies (on ne peut l'assurer de toutes) sont de l'un ou de l'autre Eusèbe, mais plus vraissemblablement de celui de Nantes. Elles conviennent mieux au temps où celui-ci vécut. L'auteur parle souvent des Ariens ; les Visigoths, ariens de croyances, étaient dans le voisinage de Nantes et occupaient l'Aquitaine avec tout le pays jusqu'aux bords de la Loire et par conséquent une partie du territoire qui forme aujourd'hui le diocèse de Nantes, ou tout le climat d'Outre-Loire, qui, selon l'opinion commune, appartenait au diocèse de Nantes, dès la fin du quatrième siècle.

Albert de Morlaix attribue, avec quelques variantes, à Eusèbe le miracle des trois gouttes descendues du ciel, que Travers place au nom de son prédécesseur. Eusèbe mourut en 464, le 27 avril, lundi du deuxième dimanche après Pâques.

10. — NONNECHIUS

(464-475)

Nonnéchius, autrement : *Nonnichius, Nunechius et Nonetius*, était neveu de saint Sidoine Apollinaire, d'abord préfet de Rome et qui morut évêque de Clermont. Nonnéchius dut être sacré en 464, sous le pontificat du pape saint Hilaire, et le règne, en Bretagne, du roi Hoël Ier, lequel institua, en la même année, l'ordre de l'*Hermine*, dont les premières cérémonies furent célébrées par ce prélat, en présence du roi et de toute la noblesse, à la cathédrale de Nantes. L'évêque de Nantes assista, en 465, à Vannes, au concile tenu par Perpetuus, métropolitain de Tours, pour l'ordination de saint Patern, premier évêque de ce pays et la délimitation de son diocèse, (*Concil. Venet.*). Saint Sidoine, son oncle, évêque de Clermont en 472 décédé en 482, lui donne, dans une de ses lettres, (*Lib. 8, Ep. 13*) la qualité de *Pape* ; on appelait ainsi les évêques qui se distinguaient des autres par l'importance de leur siège, ou de quelque autre manière. Saint Sidoine parle de Nonnéchius comme d'un homme d'un grand mérite. Nonnéchius mourut en 475, et fut enseveli près le sépulcre des bienheureux martyrs saints Donatien et Rogatien, où depuis on édifia une belle église, en leur honneur.

11. — KARIUNDUS

(475-492)

Kariondus ou *Karmundus, Kariandus, Cariundus, Carvindus, Carmundus*, originaire d'Auvergne, d'autres disent Saxon ou Breton, fut envoyé par saint Sidoine Apollinaire voir Nonnéchius, son neveu, évêque de Nantes. Kariundus était juif mais Nonnéchius le convertit, le fit chrétien, et lui donna une éducation tellement supérieure qu'il le rendit digne de lui succéder sur le siège de Nantes, ce qui arriva en l'an 475, sous le pontificat de saint Simplicius et le règne d'Hoël I, en Bretagne. Ce fut ce prélat, dit Albert-le-Grand, qui bâtit le premier temple en l'honneur de saint Donatien et saint Rogatien, hors des faubourgs de Nantes, au lieu où les saints martyrs avaient été ensevelis. Un acte de 1160, qui en réfère à un autre de 576, parle de Cariundus évêque de Nantes. Missirien fait mention de cet acte. Le père Hardouin dans ses conciles, (t. III, *p.* 988. *Lettre* c), nous a donné un privilège accordé à l'église Saint-Denys et souscrit par l'évêque Kariondus ; mais ce prélat n'a pu souscrire le privilège dont il s'agit, l'abbaye de Saint-Denis et son église n'ayant été fondées par Dagobert que deux cents ans après environ.

Kariundus mourut, d'après Albert de Morlaix, le mardi 27 octobre 492, et fut inhumé dans l'église qu'il venait de faire ériger.

12. — CERUNIUS

(492-498)

Cerunius, *vel Cerimius, Cermicus, Cernicius,* qui fut sacré, la même année, 492, était natif de Nantes et fils d'un noble sénateur. C'est à lui que l'on doit l'érection de l'église Saint-Clément, aux faubourgs, dans laquelle il fut enseveli, le vendredi 2 octobre 498. De son temps, les Saxons, sous la conduite de Marcil Chillon, tinrent la ville de Nantes étroitement assiégée pendant deux mois. Le comte Budic, qui s'y était enfermé, la défendait. Grégoire de Tours rapporte que les assiégeants se retirèrent subitement, saisis de frayeur en voyant au milieu de la nuit, une procession venue de l'église de Saint-Donatien, s'avancer à la rencontre d'une autre procession qui sortait de l'église de Saint-Similien ; après s'être joints, les deux cortèges s'arrêtèrent, prièrent

ensemble, et retournèrent ensuite dans les églises d'où
ils étaient partis, Dom Lobineau estime qu'il n'y avait
rien de surnaturel dans cette apparition et que les deux
processions étaient composées des habitants des deux paroisses : ceux-ci n'ayant osé célébrer pendant le jour cette
solennité, par la crainte que leur inspiraient les troupes
de Chillon, la célébrèrent la nuit. Mais tel n'est pas le récit
de saint Grégoire dans son ouvrage (*De Gloria mart. lib.* I,
C. 60). — C'est de ce saxon (Marcil ou Mars Chillon), dit Travers, à qui nous empruntons ce récit, que le faubourg supérieur de la ville, par lequel il en faisait l'attaque, a pris
vraisemblablement le nom de : *Marcil,* aujourd'hui (1750)
le *Marcis* (*Marchix*).

13. — CLEMENS

(498–502)

Clemens, vel *Clematius, Clemanus, Clemarius, Clément,*
archidiacre de Nantes, dit Albert-le-Grand, fut élu évêque
de Nantes après Cerunius, et sacré par Volusianus de
Tours sous le pontificat de saint Symmaque et le règne
d'Hoël II, en Bretagne. Il fonda, dit-on, l'église de Saint-Saturnin, à Nantes et mourut le mercredi 13 novembre 502; il fut
enseveli à Saint-Similien.

14. — EPIPHANIUS

(502–527)

Epiphanius, *Epifanius, sanctus Epifanius,* vel *Epigonius,*
succéda à Clemens. Au catalogue des évêques de Nantes,
par l'abbé Trévaux, p. 58, nous lisons ce qui suit : « *Pierou*
» remplaça, dit-on, Clément, sur le siège de Nantes et assista

» au concile d'Agde, en 506 ; mais son existence comme
» évêque de Nantes, n'est pas bien certaine. » Cette existence d'un évêque nommé *Pierou* est d'autant moins certaine qu'il n'en a jamais existé en effet de ce nom. Mais
nous trouvons parmi les évêques souscripteurs du concile
d'Agde, tenu en 506, sous le consulat de Messala, la vingt-et-
unième année du règne d'Alaric II, roi des Visigoths, le 3 des
ides de septembre, la signature suivante : Petrus episcopus
de Palatio ; Pierre, évêque du Palait ou Palais, ou plutôt *le
Pallet*, près Clisson, faisant partie du diocèse de Nantes. Il est
donc plus que probable que la souscription dont nous parlons
était celle de l'évêque de Nantes, qui signait du lieu d'une
de ses résidences, comme nous avons vu précédemment,
un évêque de Poitiers signer : *évêque de Riez ou Raiz*. Seulement cette signature ne peut appartenir à Clément, mort en
502 ; elle est donc le fait de son successeur qui, en outre du
nom d'Epiphanus ou Epigonius, portait celui de Petrus,
Pierre. Cette explication sera, nous n'en doutons pas, admise
par tout le monde. Epiphanius, gentilhomme du pays d'Anjou,
était d'une naissance illustre. Renommé pour sa charité, il
donnait l'exemple de la plus grande piété. Les calamités qui,
selon l'expression de Salvien, débordaient alors de toutes
parts, demandaient un homme qui fît honneur au diocèse
de Nantes. Epiphanius fut à la hauteur de cette tâche. Il était
marié lorsqu'il fut appelé à l'épiscopat. Sa femme, dont il se
tenait éloigné depuis son élévation au sacerdoce et à la
dignité d'évêque, ayant voulu le surprendre, le trouva, dit-on,
dans sa chambre, ayant sur son sein un agneau blanc comme
la neige et éclatant comme la lumière. Cette femme, qui se
croyait méprisée, reconnut (dit Grégoire de Tours, qui rapporte
cette merveille dans son livre *de la Gloire des Confesseurs*
chap. 18, d'après le récit que lui en avait fait saint Félix),
que l'évêque Epiphane ne se séparait d'elle qu'en raison de
son élévation à l'épiscopat qui ne lui permettait plus de vivre
désormais avec sa femme.

Epiphane assista aussi au premier concile d'Orléans, tenu le 19 juillet 511 (*Labbe, t. IV, concil.*) par autorité du pape Symmaque et de Clovis, premier roi chrétien. Il s'y rencontra avec saint Melaine de Rennes et Modeste de Vannes. De cette assistance au concile d'Orléans, le P. Sirmond et dom Ruinart ont conclu à tort que Clovis était maître de Nantes. Les évêques des différentes nations assistaient aux conciles de la nation et de la province. Les Francs et les Armoricains étant alliés, il n'est point surprenant dès lors que l'évêque de Nantes ait pris part à cette assemblée, quoique n'étant pas sujet de Clovis. Selon quelques auteurs, Epiphanius fit le voyage de Jérusalem, d'où il apporta des reliques de saint Etienne, mort en 527 et non en 518, comme le dit Travers, il fut inhumé dans une chapelle qu'il avait fait élever en l'honneur du premier martyr, près de l'église des saints Donatien et Rogatien. — Biré, dans son Epimasie, p. 53. D'Argentré, Chenu, Charon, MM. de Sainte-Marthe. Bollandus, *T. I, janvier p. 33*. — Mabillon 2. Act. Bened 456 n. 46 — le P. Le Cointe, *3 Annal. Franc., a 530, n. 5* — Dom Lobineau, dans sa *Vie de saint Melaine*. — M. Baillet et plusieurs autres, font succéder Marsus à Epiphanius, et croient en trouver la preuve dans l'auteur de la vie de saint Melaine. On est étonné de voir tant de savants se méprendre si étrangement. D'abord, les deux catalogues manuscrits du onzième et du douzième siècle, ayant appartenu à la reine Christine de Suède, ne parlent pas de Marsus. En outre, le *Breviaire de Rennes*, de l'an 1552, qui en parle, dit expressément qu'il n'était pas évêque et parle de « sancti Marsi, confessoris, *non episcopi* » Le missel de la même église de l'an 1588, le signale au 21 juin, comme *simple prêtre*. Bandonet, dans ses *Evêques du Mans*, nous apprend qu'on voit à Saint-Melaine-lez-Rennes, un ancien tableau des obsèques du saint évêque, où Marsus n'a point rang parmi les évêques, mais qu'il est placé parmi les simples prêtres. On ne peut donc l'admettre dans les catalogues.

15. — EUMÉLIUS II

(527-549)

Eumélius II vel *Eumerus*, *Emnerus*, *Eumerius*, *Evhémérus*, originaire du pays d'Orléans, et de noble extraction, succéda la même année (527) à Epiphanius, sous le pontificat de saint Félix IV et le règne d'Hoël-le-Grand, en Bretagne.

Evhémérus, était un prélat de grand mérite, et la régularité de sa vie était tout à fait exemplaire[2]. Il était diacre de Nantes, lorsque Leutard, qui avait perdu la vue à son service, et qu'il retint toujours dans sa maison, la recouvra au tombeau de saint Martin, où il avait été mené après six ans de cécité. *(Grégor. Turon, de Mirac. Sancti Martini, l. 4, c. 20).* Elevé à l'épiscopat, Evhemerus se fit encore remarquer davantage par ses qualités supérieures ; car, s'il fut juge de son peuple, par sa qualité d'évêque, il en fut encore le père, par sa bonté. Tous les pèlerins éprouvaient, les effets de son hospitalité ; il distribuait de grands biens aux pauvres, visitait les malades avec un soin paternel, les disposait à bien mourir, faisait, par lui-même, toutes les fonctions de pasteur, autrefois attribuées au seul évêque dans sa ville épiscopale. Il était d'une si grande douceur, qu'aucune injure ne put jamais exciter en lui le moindre mouvement de colère ou de ressentiment, et sa piété lui fit entreprendre de bâtir une nouvelle cathédrale que son successeur fit consacrer. Fortunatus (Lib. IV, Poemat. I), le rapporte ainsi dans l'épitaphe de cet évêque.

Ruricius, évêque de Limoges, parle d'Evhémère dans une de

---

[1] Voir la *Revue de Bretagne et de Vendée*, janv. 1885.

[2] Si cette expression *régularité de mœurs* revient souvent sous notre plume à propos des évêques de Nantes, de cette époque, c'est que hélas ! en ces temps troublés, le clergé, même revêtu des plus hautes dignités, ne donnait pas toujours l'exemple de ce côté.

ses lettres (Liv. II, Lett. 8). D'impitoyables créanciers voulaient réduire un prêtre du diocèse de Nantes, en servitude.
Celui-ci prit le parti de quitter sa patrie. Evhémère écrivit à
Ruricius que ce prêtre fugitif avait des dettes, mais contrac-
tées dans le seul but de retirer son frère des mains des
Saxons qui, dans leurs courses sur le pays de Nantes,
l'avaient fait esclave. Ruricius donna à ce prêtre des lettres
lui permettant de quêter afin de pouvoir retourner à Nantes
et payer ses créanciers. Il paraît, d'après cela, que les prêtres
débiteurs n'avaient pas encore plus de privilèges que les
autres individus dans la même position et que l'on observait
à Nantes et dans l'Armorique, la loi des anciens Juifs et des
Romains, qui réduisait en servitude le débiteur insolvable,
qu'il fût prêtre ou non.

Nous avons une lettre de Trojanus, évêque de Saintes, en
réponse à une difficulté dont notre évêque lui envoya demander l'éclaircissement par ses diacres. Il s'agissait d'un jeune
homme n'ayant aucune preuve de son baptême, mais se sou-
venant seulement que, dans son enfance, on lui avait bandé
la tête, sans pouvoir dire à quelle occasion. Il fallait que ce
fut déjà l'usage à Nantes de faire des onctions à la tête dans
la cérémonie du baptême, ou plutôt de donner en même
temps le sacrement de confirmation par une onction au front,
et, qu'à cette occasion, on mit un bandeau aux enfants[1].

Trojanus répondit absolument, qu'on devait baptiser celui
qui n'avait aucun souvenir, ni aucun témoin de son baptême.
On ne baptisait pas encore sous la condition. *Si tu non es
baptizatus, etc.*

Evhemerus assista au concile d'Orléans (on se rappelle que
le premier avait eu lieu en 511), l'an 533, *Eumerius episcopus
Nannetensis subscripsi*. Il envoya le prêtre Marcellien au
troisième concile tenu dans la même ville en 538. *(Marcel-*

---

[1] On observait encore cette coutume à Nantes, sous l'épiscopat de M. de la
Beaune Le Blanc (1668-1677), son instruction pour la confirmation ordonne
ce bandeau.

lianus presbyter directus a domno meo Eumerio episcopo Ecclesiæ Nannetensis subscripsi). Evhemerus assista, par lui-même, au quatrième concile assemblé au même lieu, l'an 541. *(Eumerius, episcopus civitalis Nannetensis subscripsi[1]).* Il n'assista pas et n'envoya personne au cinquième concile d'Orléans, en 559, année de sa mort. Nous avons dit, au début de cette article, qu'Eumélius ou Evhemerus II entreprit la construction d'une cathédrale. Il la bâtit dans l'enceinte de la ville, à la place qu'elle occupe aujourd'hui, et peut-être, sans qu'on puisse l'affirmer, sur les ruines d'un temple bâti par Eumélius ou Evhemerus I, du temps de l'empereur Constantin, en même temps que la basilique élevée en l'honneur de Saint-Similien par le même évêque.

Comme nous l'avons dit alors (v. p. 9), après avoir construit la nouvelle basilique, Evhemerus quitta l'antique temple de Saint-Similien pour celui qu'il venait de faire édifier, et établit dans le premier un recteur pour gouverner cette église à laquelle lui, et son successeur laissèrent plusieurs prérogatives dont il ne restait à la Révolution que quelques monuments.

C'est à Evhemerus que revient seul l'honneur de la construction de sa cathédrale, à laquelle, saint Félix, son successeur, n'eut d'autre part que de l'avoir fait consacrer. L'épitaphe que lui dédie Fortunat, évêque de Poitiers en fait foi :

*Extulit Ecclesiæ culmen quod reddit unum
Venit ad hæredem qui cumularet opus.* Fortunat lib.... Car...

Dans ce texte on doit lire *celebraret* au lieu de *cumularet,* qu'on y a substitué, la consécration de l'église étant due à saint Félix.

Eumélius ou Evhemerus II mourut le 28 mars (dimanche des Rameaux) de l'an 549, laissant de grands revenus à son église, laquelle, nous dit Albert-le-Grand, « était desservie de son temps par *six vingt prêtres.* »

[1] Table T. 4 et 5. Concil. — Gregor. Turon. T. 5. Concil. — Martène T. 5. Collect. mss. p. 935.

Les *Annales de Bretagne* et quelques catalogues relativement modernes, font succéder en 549 à Evhémerus, Condius puis Modianus, soit trois évêques dans la même année. Evhémerus, Condius et Madianus sont évidemment la même personne sous trois noms : on sait que les Romains en avaient plusieurs. Fortunat, qui, ainsi que nous l'avons dit, a fait l'éloge funèbre d'Evhemerus, lui donne Félix pour successeur immédiat, et un ancien bréviaire manuscrit de l'église de Baz (Batz), à la légende de saint Félix, appelle Condius celui que Fortunat appelle Evhèmerus, et lui attribue la fondation de la cathédrale que Félix fit consacrer.

16. — SAINT FÉLIX

540-584

Saint Félix, né en 511, était de Bourges, en Aquitaine, et d'une naissance illustre. Il comptait parmi ses ancêtres trois consuls et un préfet du prétoire des Gaules. A son origine distinguée, il joignait tout le talent que le monde admire et respecte, de grandes richesses, quelque goût pour la poésie et une vive éloquence. Tous ces dons, alliés à une piété sincère, déterminèrent à le choisir comme évêque et en firent un des plus illustres prélats de l'église de Nantes, pourtant si fertile en grands hommes et en saints. Contemporain et ami de Vénance Fortunat, évêque de Poitiers, il a vu les principaux actes de son administration *civile* et *religieuse*, passer à la postérité, et par des travaux dont plusieurs se sont conservés jusqu'à nous, et par les vers impérissables du successeur de saint Hilaire.

Félix, établi gouverneur de Nantes par le roi Childebert, fils de Clovis, investi de droits régaliens, frappant monnaie aux initiales de son église, exerçant une juridiction presque royale, transmit à ses successeurs une puissance politique

incontestée sous la dynastie mérovingienne. Le pouvoir épiscopal et le pouvoir civil étaient si bien confondus et réunis
dans la même main à cette époque, et durant deux siècles
plus tard, que nous verrons les comtes-évêques Agathée,
Amelon, etc., tenir le siège sans aucun caractère ecclésiastique, tandis que Emilien et Salvius, etc., revêtus de la plénitude du sacerdoce, se distinguent à la tête des troupes de leur
diocèse, qu'ils opposent aux envahisseurs de la France.

Administrateur et magistrat non moins intelligent que pasteur actif et dévoué. D'après l'évêque Amauri d'Acigné dans
ses longues procédures devant les commissaires de Louis XI
contre le duc François II ; d'après la légende de plusieurs
bréviaires plus anciens et aussi d'après Pierre Le Baud, Félix
creusa un nouveau lit à la Loire, formant ainsi le beau port de
la Fosse, l'un des plus fréquentés du royaume, nous dit Travers,
avant l'envahissement des sables qui l'encombrent et rappela
à Nantes le commerce qui s'arrêtait alors à Ratiate (Rézé).
Non content de ce travail, il fit ouvrir un canal entre les
prairies de la *Hanne* et de l'*Hierme*, aujourd'hui la *Magde-
leine*, qui, auparavant, ne formaient qu'une seule et unique
prairie. Il créa sur ce canal des écluses, des pêcheries et
des moulins à eau qui subsistaient encore au XII* siècle.

« Les anciens sont vaincus, s'écriait avec enthousiasme le
« poëtc Fortunat. Si Homère eût vu enchaîner les fleuves, ce
» serait à de telles merveilles qu'il eût consacré le doux
» charme de ses vers. Personne ne connaîtrait Achille, mais
» le nom de Félix serait dans toutes les bouches. »

On peut suivre encore aujourd'hui sur le sol de Nantes les
œuvres du grand évêque. L'Erdre coule aujourd'hui à la
place de ces *marais infects*, dont parle Fortunat, et remplace
cette *eau fuyante* qui s'arrête tout-à-coup devant une digue,
et forme de vastes étangs ; ailleurs, le canal Saint-Félix,
garde fidèlement son nom : » Il fit fouyr, « dit Le Baud,

* Hist. de Bret., chap. X.

un profond et large fossé transversal dans l'ancien cour
» de Loyre, qu'il fist courir jouxte les murs de la cité, afin
» d'eschair le labeur des citoyens qui allaient quérir les
» marchandises jusques au fleuve. »

La prospérité de Nantes date de saint Félix.

Les saints aussi fleurissent bientôt dans le diocèse de
Nantes autour du glorieux évêque. C'est lui qui forma Martin
de Vertou, dont il fit son archidiacre, et dont il se servait
pour l'administration de son diocèse. C'est encore sous
l'épiscopat de saint Félix que vécurent, dans la paroisse de
Besné, les deux saints solitaires, Friard et Secondel. Une
affection toute filiale unissait le premier à son évêque.

Félix travailla aussi avec succès à répandre partout l'Evangile, ce qui prouve qu'il savait mener de front et à bonne fin
les affaires du Ciel et celles de la terre. Il eut le bonheur de
gagner à Jésus-Christ les populations saxonnes établies sur le
territoire nantais, probablement près des rivages de la mer,
où sont aujourd'hui Batz, le Croisic, le Pouliguen et les
baptisa solennellement dans sa cathédrale, à une fête de
Pâques[1].

Mais l'ouvrage qui a jeté le plus d'éclat sur l'épiscopat de
saint Félix fut sans contredit la dernière main qu'il mit au
magnifique temple élevé par son prédécesseur, Evhémérus.
Fortunat[2] a fait la description de ce monument, mais
sans dire qu'il fut l'ouvrage de Félix. La cathédrale de
Nantes fut considérée comme une des merveilles des Gaules.

Félix en fit la dédicace le jeudi, 30 septembre de l'an 568,
selon l'opinion commune, mais véritablement l'an 560,
comme l'atteste du reste l'ancienne Chronique de Nantes,
du temps du roi Clotaire Ier, mort en 561. Les évêques de
la province ecclésiastique furent invités à cette cérémonie.
Euphronius métropolitain de Tours y présida, assisté de Félix

---

[1] Fortunat, lib. III. Carmen 3.
[2] Liv. III, c. 1.

de Nantes, Victurius de Rennes, Domitianus d'Angers, Domnolus du Mans et Macliau de Vannes.

Fortunat qui nous donne ces différents noms ne donne pas, on le voit, le sien. Nous en dirons tout à l'heure la raison. Le texte de Fortunat, dit *Maracharius*, dans l'édition de Browère ; les éditions précédentes avaient *Macharius*, mais par erreur de copiste, qui, ayant pris les lettres *l* et *i*, liées ensemble, pour la lettre *h*, lut d'abord *Macha* pour *Macliu* et ensuite, par un changement nécessaire de la lettre *u* dans les lettres *r* et *i* perfection du vers, *lutrius* pour *vius*, et ainsi *Macharius* pour *Maclavius*, qui est la vraie leçon[1].

Cette rectification a son fondement dans Fortunat même, qui nous dit clairement (et son texte est le premier texte formel qui attribue la qualité de Métropolitain à l'évêque de Tours), que tous les évêques qui assistaient à la dédicace de l'église de Nantes, étaient membres de la métropole de Tours et qu'ils s'y trouvèrent tous. Quoiqu'en disent nos légendes, Fortunat s'est exclu lui-même de cette liste, vu que tout en y assistant, il n'avait pas le droit d'y prendre rang, n'ayant été élevé que plus tard à l'épiscopat.

Fortunat nous donne aussi lieu d'assurer qu'il n'y avait encore que trois évêchés en Bretagne, Nantes, Vannes et Rennes, ou du moins, qu'ils étaient les seuls qui, avec Angers et le Mans, reconnussent la suprématie hiérarchique de Tours. Les autres évêques de Bretagne ne reconnaissaient pas de métropolitain ou suivaient celui de Rouen[2].

L'intégrité et l'innocence des mœurs de saint Félix, sa science et son amour pour les pauvres, son zèle pour le salut des âmes, lui acquirent l'estime de tout le monde. Il sauva la vie à Macliau (frère de saint Tugdual, évêque de Tréguier) qui fut évêque de Vannes, en 553 et que son frère Chanao, comte

---

[1] Travers, t. I., p. 77.

[2] Sauf la Cornouailles et le Léon, où les évêchés étaient déjà établis, les autres parties de la Bretagne septentrionale n'avaient encore que des évêques régionnaires.

de Browérech voulait faire mourir. (Ce Macliàu était le Maclavius dont nous avons parlé plus haut).

Le nom de Félix se lit aux souscriptions des conciles de
Tours, en 567 et de Paris, en 573.

Dieu voulut couronner les glorieux travaux du saint
évêque, en le purifiant par la souffrance. De longues et
cruelles douleurs dans les jambes qui se couvrirent de plaies,
précédèrent sa mort qui arriva le 8 janvier 584, la 33ᵉ année
de son épiscopat et la 70ᵉ de son âge. On célébra longtemps
sa fête ce jour-là même, mais depuis trois cents ans, elle se
fait le 7 juillet, jour où ses reliques, retirées du tombeau,
furent déposées dans un coffret d'argent doré. Ces reliques
ont été conservées dans la cathédrale jusqu'à la Révolution,
dans une chapelle consacrée à son honneur, vis-à-vis de celle
de saint Clair, touchante et délicate pensée de mettre ainsi en
présence et de confondre dans une même vénération, celui qui
avait répandu la semence et celui qui l'avait cultivée.

Lors de la tourmente révolutionnaire, Fournier ancien
sacristain des Carmes, aide et confident de Soulastre, *vicaire
épiscopal* de l'intrus Minée (Soulastre était un ancien moine
de Buzay), Fournier, disons-nous, réussit à recueillir et à
étiqueter les ossements du saint évêque Félix, après que, sur
l'autorisation de Minée, les châsses et les coffrets contenant
les reliques eussent été livrés à la commune et les cacha soi-
gneusement pour attendre des jours meilleurs. Fournier périt
avec son secret le 15 mai 1800, lors de l'explosion de la pou-
drière du château. Depuis ce temps, toutes les recherches ont
été vaines.

En attendant l'heureux jour où les précieux restes de saint
Félix pourront être rendus à la vénération des fidèles, le saint
confesseur de l'église de Nantes n'est point resté sans honneurs : on lui a dressé une statue dans la cathédrale, une
église paroissiale s'est construite sous son patronage et dans
l'église Saint-Nicolas, sous les auspices d'un autre Félix, son
successeur et le continuateur de son œuvre, lui a élevé un autel.

17. — NONNÉCHIUS

(584-596)

Nonnéchius II, *vel Nonnichius, Nounichius, Nouvichius, Monnichius, Monachus, Monnéchius, Donéchius* se trouve mentionné sous tous ces noms.

Fortunat[1] donne la qualité d'*illustre* à Nonnéchius et nous apprend qu'il avait, à la sortie du pays nantais, une terre où sa femme et lui, reçurent saint Germain lorsqu'il retournait de Nantes à Paris, l'an 560. Il fut depuis comte de Limoges et, dans ce poste, il rendit quelques services au roi Chilpéric[2]. L'évêque Félix étant mort l'an 584, Nonnéchius qui était son cousin, lui succéda dans la même année, ayant été nommé par le roi. Il est le premier évêque de Nantes, arrivé à cette dignité par la nomination du prince[3]. Le sacre de Nonnéchius II eut lieu sous le pontificat du pape saint Pélage II, et le règne d'Alain 1ᵉʳ, roi de Bretagne Armorique. Au dire encore, de Grégoire de Tours, une peste affreuse désola Nantes à cette époque et cessa dès qu'on eût fait la procession ordonnée par Nonnéchius pour obtenir la cessation du fléau. C'était au mois d'avril 591[4].

Sur la fin de la même année, Nonnéchius eut une nouvelle consolation. Il se rendit à Tours, à la fête de saint Martin et obtint de Dieu, par l'intercession du saint, la guérison de Baudegesille, qu'il avait amené paralytique, et qui était son fils, selon les uns, et seulement son domestique, selon les autres[5].

On ne connait pas au juste l'année de la mort de Nonnéchius. Mais tout porte à croire cependant qu'il vivait encore

---

[1] Vit. s, Germain, c. s.
[2] *Aimoin*, l. III, cap. 9.
[3] Grég. Turon, l. VI, c. 15.
[4] Grég. Turon, l. X, cap. 29.
[5] Grég. Turon, *de Mirac s. Martin*, l. IV. c. 27.

au commencement de 596. En effet, Grégoire de Tours, qui
mourut vers la fin de la même année, écrivit dans son couvent
une lettre à l'évêque d'Angers et à plusieurs autres prélats,
pour leur recommander saint Augustin, missionnaire envoyé
par le pape saint Grégoire I, dans la Grande-Bretagne. Or,
Nonnéchius ne fut pas compris dans ce nombre et pourtant,
aucun des autres prélats n'était aussi favorablement placé
que l'évêque de Nantes, pour faciliter l'embarquement des
missionnaires et leur procurer des secours. Il est donc plus
que probable que Nonnéchius mourut dès les premiers mois
de 596.

18. — EUPHRONIUS

(599-613)

Euphronius vel Sophronius. On ne peut dire au juste quand
Euphronius commença à siéger à Nantes, ni comment il
parvint à l'épiscopat, si ce fut, comme Nonnéchius, par la
nomination du roi, ou par l'élection du clergé et du peuple.
On sait qu'il était évêque dès l'an 599[1] et qu'il l'était encore,
en 610, lorsque des officiers de Thierry, roi de Bourgogne et
d'Orléans amenèrent à Nantes, saint Colomban, avec ordre
de lui préparer un vaisseau pour le transporter en Irlande,
sa patrie. Le voyage de l'abbé de Luxeuil jusqu'à Nantes
ne fut qu'une suite de miracles, attestant visiblement que
Dieu était avec son serviteur pendant que les hommes le
persécutaient.

L'évêque Euphronius et le comte Theodbald, pour ne pas
déplaire au roi Thierry et à son aïeule Brunehaut, n'eurent
aucun égard pour saint Colomban ; ils le reçurent même fort
mal, si nous en croyons le moine Jonas, historien de sa vie,

---

[1] Adrian. Vates liv. 2 p. 547

mais le P. Lecointe a remarqué que Jonas n'est point exact et fait de nombreux anachronismes. Procule et Dodinde, deux dames de Nantes, d'une grande piété, supléèrent au *défaut* de l'évêque et fournirent abondamment et généreusement à tous les besoins du saint.

Saint Martin de Vertou mourut à cette époque, ou en 610.

Certains catalogues, placent l'épiscopat d'Euphronius entre 614 et 635, mais nous penchons, au contraire, à croire que ce prélat dut mourir vers 613.

19. — LEOBARDUS

(613-630).

Leobardus vel Leopardus, Leobaldus. — Les commencements de cet évêque sont incertains. Cependant on peut placer son élévation à l'épiscopat à l'an 613, contrairement à l'opinion de Jean de Maon[1] qui les recule jusqu'en l'année 625. Leobardus assista au concile de Reims assemblé par Sannatius, archevêque de cette ville, en 625. Le P. Richard donne cette date et nous croyons qu'elle est la meilleure. Flodoart qui nous apprend ce fait dans son *Histoire de l'église de Reims*, liv. II, chap. 5[2], n'a pas marqué l'année de ce concile ; mais Sulpice le Débonnaire, qui fut élu évêque de Bourges après la mort de saint Austrégésile, arrivée le 20 mai 625, et Sevroch, évêque d'Auch, que Clotaire exila en 626, ayant assisté à ce concile, il est difficile de lui assigner une autre date.

L'hégire de Mahomet qui part du 26 juillet 622, commença du temps de Leobardus, qui dut mourir vers 630.

[1] (Historia Ecclesiæ Turonensis).
[2] Liv. II, chap. 5.

20. — TAURINUS
(638)

Taurinus vel Theurinus est le successeur probable de Leo-bardus. Il assista, en 638, au concile de Paris ; c'est la seule date qu'on ait pu relever de son épiscopat, et aussi le seul fait qu'on en connaisse. Il n'est point le Taurinus qui a souscrit le privilège que Landri, évêque de Paris, accorda à l'abbaye de Saint-Denys, en 653. Taurinus évêque de Nantes était déjà mort depuis plus de treize ans.

21. — NAICO
(640)

Naïco vel Haïco, Haïcco Hairco, Harco, Haito. — Cet évêque qui ne nous est connu que par les catalogues, vivait vers l'an 640 et suit immédiatement Taurinus. Il est appelé Naïco dans le premier manuscrit de la reine de Suède et Haïco dans le second. On remarquera du reste le changement facile de la lettre *n* en *h* dans des temps où elles se ressemblaient singulièrement. Il est malheureusement bien difficile, à l'époque même à laquelle nous sommes rendus, d'assigner des dates précises aux différents prélats qui se sont suc-cédé sur le siège de Nantes et nous ne pouvons que dire avec Mézerai : « L'indigence des auteurs pour ces temps-là « est très grande et les monuments de ce qui nous reste sont « si confus, qu'on n'en peut presque rien dire de certain, « ni pour les actions, ni seulement pour les temps. »

22. — SALAPIUS
(650-658)

Salapius vel Salapus, Serapius ou S. Alapius. — Dacheri, dom Mabillon (ainsi du reste que les P. P. Lecointre et Longueval), donnent, Salapius pour successeur à Léobardus et veulent qu'il soit le Salapius qui, en 631 ou 637, peut-être même 638, souscrivit l'acte de fondation de l'abbaye de Sollinnac ou Solignac (diocèse de Limoges), par le comte Elidius qui fut depuis saint Éloi, évêque de Noyon. D'un autre côté, les mêmes auteurs placent (ainsi que nous allons le faire) saint Pasquier ou Pascaire qui mourut vers 680, entre le même Salapius et Agathée. Or, la présence sur le siège de Nantes, de Taurinus en 638 et de Naïco en 640, rend celle de Salapius impossible, en 631. Repoussant donc cette date de 631, nous dirons que la première à laquelle nous croyons devoir donner créance, est celle de 650. En effet, en cette année, Salapius envoya pour lui son achidiacre (il n'y en avait encore qu'un à cette époque à Nantes), Chaddo ou Chaddon au concile de Châlons-sur-Saône. Cette date de 650 est du P. Sirmond et est préférable à celle du P. Labbé (entre 655 et 658), Latinus, archevêque de Tours, mort en 654, ayant pris part à cette assemblée.

Du temps de Salapius, il y eut aussi un concile tenu à Nantes. Saint Nivard, de Reims y présida, soit comme l'évêque le plus distingué du royaume d'Austrasie, dont la ville et le territoire de Nantes étaient une portion, soit plutôt par le choix des autres évêques. Il ne nous reste, assure l'abbé Tresvaux, aucune souscription de cette assemblée. Cependant M. Pol de Courcy, dans *son Itinéraire de Saint-Pol à Brest*[1], affirme que saint Goueznou, évêque de Léon (de 650 à 675) y souscrivit. Les canons de ce concile se trouvent, pour la plupart, dans le second capitulaire de Théodulfe d'Orléans, qui vivait fin du VIIIᵉ et commencement du IXᵉ siècle, dans les capitulaires de Charlemagne et de Louis le Débonnaire compilés par Anségise, et ils ont été copiés par Hincmart de Reims, l'un des successeurs de Nisard, et par Reginon, qui les ont insérés, l'un dans ses *Capitulaires*, l'autre dans sa *Collection de canons*.

Le concile de Nantes défendit de recevoir à l'assistance des saints mystères ceux qui vivaient dans des inimitiés ou qui,

---

[1] Revue de Bret. et Vendée, t. VI. p. 306.

n'étant pas en voyage, se présentaient dans une autre église
que celle de leur paroisse. Il défendit aux clercs et aux prêtres
d'avoir en leur demeure aucune femme, fut-ce leur mère ou
leur sœur. Il donna aux recteurs d'excellentes règles pour la
visite des malades, leur défendit de ne rien exiger pour les
sépultures, et, quand ils assistaient à quelque repas ecclésiastique, *de ne boire que trois coups.* Il défendit le cumul des églises
ou bénéfices ; ordonna aux recteurs ou curés de fournir le
pain à bénir quand les fidèles n'en présentaient point ; il leur
apprit que les offrandes et les dîmes étaient le bien des
pauvres et, qu'en devant compte à Dieu, on devait en faire
quatre parts: l'une, pour l'entretien de l'église; l'autre, pour les
pauvres, la troisième, pour le curé et son clerc et la quatrième,
au bon plaisir et décision de l'évêque. Le concile ordonna
les pénitences canoniques et fit plusieurs règlements utiles.

C'est ainsi que par le vingtième canon, il était ordonné aux
évêques et à leurs ministres de s'opposer avec le plus grand
zèle à ce que le vulgaire, qui adorait et avait en si grande vénération les arbres consacrés aux démons, se permît d'en couper
soit un rameau, soit une greffe. Ces arbres devaient être
arrachés avec leurs racines et brûlés en entier, mais on dut,
dans plusieurs cas, éluder cette prescription absolue, en les
ornant de pieuses images, de même qu'on surmonta de croix
les pierres druidiques comprises dans le même anathème[1].
Cette dernière traduction est de M. de Courcy, dans son *Itinéraire de Saint-Pol à Brest*[2].

Salapius dut mourir peu après la tenue de ce concile.

23. — PASCHARIUS

Vers 660 Vers 680

Saint Pascharius, Paschasius, Pasquérius, nommé communément *Paschaire* ou *Pasquier,* dut devenir évêque de
Nantes vers l'an 660, sans qu'on puisse cependant le préci-

[1] Dom Morice, t. p. cos. 220.
[2] Rev. de Bret. et Vendée, t. VI, p. 306-307.

ser Bollandus prétend qu'il vivait du temps de Thierry III et les auteurs modernes sous Dagobert II. Ces deux opinions n'ont du reste rien de contradictoire en réalité. En effet, Dagobert II, fils de Sigebert, fut roi d'Austrasie de 674 à 679, et Thierry III, fils de Clovis II, roi de Neustrie et de Bourgogne, de 673 à 691. Selon nous, saint Pasquier vécut du temps des deux rois, puisqu'il dut mourir vers l'an 680.

L'abbé Travers tombe au sujet de saint Pasquier dans une erreur que nous croyons utile de relever ici. Il ne s'explique pas comment deux hommes aussi habiles que D. Acheri et Mabillon, veulent placer saint Pasquier à la fin du VIIe siècle, et en faire le contemporain de saint Hermeland. « L'auteur de « la vie du vénérable solitaire, dit-il, sur lequel s'appuient les « deux historiens, cités tout à l'heure, a rapporté que Pasquier, « dans une instruction qu'il fit à ses peuples, leur ayant fait « le récit de la vie sainte des moines dont ils n'avaient aucun « parmi eux, *et dont même ils n'avaient jamais entendu parler* « (ceci paraît un peu exagéré), ils lui firent beaucoup d'ins- « tances pour en avoir, et, qu'à leur prière, il avait écrit à « Lambert, abbé de Fontenelle, qui lui envoya Hermeland à « la tête de douze moines. Ce récit, » continue Travers, « ôte « toute croyance à l'auteur. La mémoire de saint Colomban « venu à Nantes en 610, n'était pas effacée. Saint Philibert avait « établi, près de deux siècles avant la venue d'Hermeland, « une communauté nombreuse dans l'île d'Hermoutier, Noir- « moutier, à l'embouchure de la Loire. Saint Florent avait « bâti sur le mont Glome un célèbre monastère..... enfin saint « Martin de Vertou avait eu trois cents disciples en différents « monastères aux portes et à la proximité de Nantes. »

A ces citations il est, croyons-nous, facile de répondre ceci : d'abord entre 618 et 676, date à laquelle on assigne la fonda- tion du monastère d'Aindre, près de trois quarts de siècle s'étaient écoulés, et aucun disciple de l'abbé de Luxeuil n'était d'ailleurs resté dans le diocèse. Quant aux moines de saint Florent et de Vertou, ils étaient, il est vrai, très rapprochés de Nantes, mais leurs monastères faisaient partie de l'évêché de Poitiers, séparé par la Loire, à cette époque, de celui de Nantes. Reste donc saint Philibert pour lequel l'erreur est encore plus apparente, puisqu'il fut précisément le contemporain d'Hermeland et fonda le monastère d'Her vers la même époque que le fut celui d'Aindre, étant mort vers l'an 684.

D'ailleurs Her, aujourd'hui Noirmoutier, ne dépendait pas non plus du diocèse de Nantes[1]. Donc rien ne s'oppose au contraire à ce que l'on place l'épiscopat de saint Pasquier à la fin du septième siècle.

L'acte par lequel le roi Louis-le-Gros confirme à l'évêque Brice, en 1123, la possession de tous les droits et domaines octroyés à ses prédécesseurs, ne donne pas à Pasquier la qualité de saint, mais il ne la donne pas davantage à Félix, donc elle ne prouve rien à cet égard.

Saint Pasquier était enfant de la ville de Nantes, ainsi que l'ont remarqué nos anciennes légendes du Bréviaire. « Toutes brèves qu'elles sont, lisons-nous dans les Saints de l'église de Nantes par Msr Richard alors évêque de Belley[2], il est facile d'entrevoir en les parcourant, que le saint évêque fut spécialement cher à nos aïeux, comme appartenant à une des familles chrétiennes de la Cité Nantaise. Ses concitoyens l'avaient vu grandir sous leurs yeux, donnant d'admirables exemples de vertus et se consacrant à toutes les bonnes œuvres. Il était fort par la foi, patient par l'espérance, brûlant de zèle par la charité. » Les mêmes légendes le représentent encore « paissant son troupeau du pain céleste de la vie avec une puissante éloquence. Ses aumônes se répandaient sur les pauvres avec abondance, la pureté de sa vie, sa mortification, sa douceur étaient merveilleuses. »

En dehors de ces vertus vraiment admirables, le seul acte important de l'administration de saint Pasquier, sa grande

---

[1] Il ne faut pas confondre cette île d'Her (Noirmoutier) avec une autre petite île du même nom, dans la paroisse de Donges, diocèse de Nantes.

[2] Les *Saints de l'Eglise de Nantes* par Msr Richard, p. 105 et suiv.

œuvre, fut la fondation du monastère d'Aindré, où il appela de l'abbaye de Fontenelle, diocèse de Rouen, le moine religieux Hermeland qui accourut à sa voix avec douze moines.

Il dut souvent aussi parcourir son diocèse en y prêchant la parole de Dieu et en laissant partout le souvenir de sa bienveillance, de ses vertus et peut-être de ses miracles. La reconnaissance des populations qu'il avait bénies demeura longtemps vivace et lorsque dans nos campagnes, les *Frairies* remplacèrent les anciens *Clans* bretons, plusieurs d'entre elles, comme la frairie du *Saint*, en Plessé, se placèrent sous son patronage.

Paschaire ou Pasquier mourut en paix après une vie pleine de mérites, sans qu'on sache l'année précise de sa mort ; mais ce dut être vers l'an 680. Les Bollandistes placent sa fête au 10 juillet, ainsi que l'Ordo du diocèse. Le Livre des Anniversaires de la collégiale de Nantes faisait la fête de saint Pasquier avec office double, par fondation du 15 juillet 1560.

24. — AGATHEUS

(Vers 700).

Agatheus, *Agathius*, *Agarius*, *Ascarius*, en français *Agathée*, comte de France et de Rennes. Ce prélat ne fut pas autre chose qu'un soldat, il doit être rangé au nombre de ceux que les rois de France gratifiaient de revenus ecclésiastiques, sans qu'ils fussent dans les ordres ; c'était un abus évident, mais qui selon l'observation de Flodoard[1] était fort ordinaire dans le siècle de Charles Martel.

Travers, poursuivant son système erroné, attribue au temps d'Agathée l'arrivée de saint Hermeland à Aindre. On ne connaît du reste rien de l'épiscopat d'Agatthée, qui dut mourir vers l'an 700.

[1] *Hist. eccl. Rem. lib. II. c. 12.*

25. — AMELO

(700).

Amelo, Amico, Amno, Anno, succéda à Agathée d'après
tous les catalogues et ne fut pas plus que lui revêtu du
caractère ecclésiastique. Le plus ancien des deux manuscrits de la reine Christine de Suède, dit d'Amelo, comme
de son prédécesseur : *Vocatus, sed non epicopus.* Il fut,
comme Agathée, plus soldat que clerc et comme lui encore
comte-évêque de Nantes, touchant les revenus, sans remplir
les fonctions attachées à l'épiscopat. On ne peut préciser
l'année de la mort d'Amelo.

26. — EMILIEN

(721)

Emilien aussi appelé *Milan,* était natif de Nantes. Tout
porte à croire qu'à l'exemple de ses deux prédécesseurs, il fut
en même temps qu'évêque, comte du pays nantais. Mais contrairement à ceux-ci, il fut revêtu de la plénitude du sacerdoce.
D'un visage agréable, nous disent les vieilles légendes, doué
d'une éloquence douce et persuasive, il se faisait surtout
remarquer par sa piété et ses vertus. Elevé par son mérite sur
le siège de Nantes à l'époque où Charles Martel gouvernait la
France avec le titre de Maire du palais, Emilien s'occupait à
remplir dans son diocèse tous les devoirs d'un bon pasteur,
lorsque Dieu l'appela à féconder un autre champ, non-seulement par ses sueurs, mais encore par son sang. Ayant appris
l'invasion en France des Sarrazins qui y avaient pénétré par
les provinces méridionales et s'avançaient vers la Bourgogne,
le pieux et patriote évêque réunit les principaux de son diocèse
et leur persuada de marcher sur ses traces au secours de leurs
frères. Le jour du départ, il célébra la messe en sa cathédrale, en présence de tous ceux qui allaient l'accompagner,

leur donna la communion, se mit à leur tête et partit au milieu des pleurs et des prières de tout son peuple.

La valeureuse troupe des Bretons se dirigea vers la Bourgogne et prit la route de la ville d'Autun, assiégée par les barbares. Après plusieurs victoires, le prélat et sa cohorte sont attaqués par de nouveaux ennemis, et, malgré des prodiges de valeur, l'évêque et sa vaillante phalange trouvent une mort glorieuse en combattant les ennemis de la foi. C'était le vingt-deux août de l'an 725. Les infidèles coupèrent la tête du généreux pontife, qui venait de faire une barrière de son corps aux envahisseurs de la France; mais les habitants d'Autun (la ville tomba du reste le même jour aux mains des Sarrazins), recueillirent avec respect, le corps du saint martyr, l'ensevelirent sur le lieu même de la bataille et établirent plus tard, sur son tombeau, un petit oratoire qui devint un but de pèlerinage très fréquenté et célèbre par les miracles qui s'y opérèrent. Au onzième siècle, les reliques du saint évêque furent tirées de leur tombeau et transportées dans l'église paroissiale où elles n'ont cessé d'être honorées jusqu'à nos jours.

Le culte de saint Emilien était resté complètement inconnu à Nantes qui n'en possédait aucune relique, lorsqu'en 1856, Mgr Jacquemet, alors évêque de Nantes, obtint de Mgr de Marguerie, évêque d'Autun, des parcelles notables des os et des chairs du saint pontife. Notre saint père le Pape Pie IX permit de célébrer, dans le diocèse de Nantes, sa fête qui fut fixée au trois septembre, premier jour libre après le 22 août, jour anniversaire de la mort du saint.

Le 6 novembre 1859, eut lieu la translation des reliques obtenues dans la cathédrale où le glorieux pontife rentrait en triomphe au bout de 1134 ans, entouré des saints martyrs, des saints évêques et des saints confesseurs de l'Eglise de Nantes. Ses reliques sont aujourd'hui conservées dans une magnifique châsse avec plusieurs fragments de celles des saints Donatien et Rogatien, et quelques ossements de saint Hermeland.

Saint Emilien mort sous le pontificat du pape Grégoire II,
a été passé sous silence par le P. Albert-le-Grand et plusieurs autres auteurs[1].

27. — SALVIUS

(732).

Cet évêque ne nous est connu que par l'auteur du *Livre
des Etats, Empires et Principautés du monde*, qui nous
apprend que Salvius, évêque de Nantes, se trouvait à la
bataille que Charles Martel donna un samedi du (4, ou 11, ou
18 ou 25) mois d'octobre 732, aux Sarrazins entre Tours et
Poitiers, mais plus près de Poitiers, et qu'il y fit très bien de
sa personne.

« Travers dit à propos de Salvius que c'était un évêque de la
« même espèce que Agathée et Amelo, évêques et comtes en
« même temps, sans l'ordination épiscopale. » N'adoptant pas
cet avis, nous regardons Salvius comme un véritable prélat.

Comme saint Emilien, son prédécesseur immédiat, qui à
l'inverse d'Agathée et Amelo soldats-évêques, fut un évêque-
soldat, il fut revêtu de la plénitude du sacerdoce.
Travers lui-même, tout en citant Mézerai, dont il partage
l'opinion au sujet de l'habitude malheureusement trop commune à cette époque, de récompenser les services militaires
par le don de quelque dignité ecclésiastique, se croit obligé
d'ajouter, comme hommage à la vérité : « Et d'ailleurs, il
« était assez ordinaire de voir dans ces temps des évêques
« endosser la cuirasse et d'en voir de très saints, comme

[1] Voir pour plus amples détails : *Notice sur Saint Emilien*, par M. l'abbé
Cahours, chanoine de Nantes, — 1859, Revue de Bret. et Vendée, t. VI et XI.
et les récents et fort curieux travaux de notre compatriote M. le Vᵗᵉ Hersart
de la Villemarqué, sur les *Joculatores bretons au Moyen-Age;* en particulier
le mémoire lu par lui sur *saint Emilien*, au congrès de la société française
d'archéologie, tenu à Nantes au mois de juillet 1886.

« saint *Ebbon* de Sens (et il aurait pu ajouter comme Emi-
« lien et Salvius de Nantes) prendre les armes contre
« les Sarrazins et se défendre de leurs attaques. »
Il y a donc une opposition flagrante encore une fois
entre Agathée et Amelo d'une part, et de l'autre Emilien et Salvius. Les premiers ne furent à proprement parler
que des soldats, qui, en récompense de leurs services militaires, reçurent les revenus de l'évêché de Nantes,
sans avoir aucunement le caractère d'évêque. Aussi nous
répugne-t-il de les intercaler dans cette longue suite de
saints pontifes qui font la gloire de notre beau diocèse.
Mais force nous est de nous soumettre, puisqu'ils en
eurent au moins le titre sans en avoir les vertus. Emilien et
Salvius au contraire, illustrèrent le siège sur lequel du reste
ils ne furent pas longtemps assis, puisqu'à peine revêtus de
la dignité épiscopale, ils partirent pour une véritable croisade
contre les ennemis de la foi. Saint Salvius est revendiqué
par le diocèse de Saintes où l'on conserve encore de ses
reliques et où il est pieusement honoré[1].

Saint Viaud ou *Vital* vivait du temps de Salvius; il était
d'origine anglaise et religieux profès du monastère d'Her
(Noirmoutier). Le désir de mener une vie plus retirée le fit
passer au pays de Rais, où il mourut vers l'an 740, sur le mont
Scobrit, sur ce point du diocèse que peu de temps après sa
mort, on commença et que l'on continua dans la suite
d'appeler le bourg de Saint-Viaud.

28. — DEOTMARUS

(752-776)

Deotmarus, Deomarus, Deornarius. Le père Le Cointe fixe
le commencement de l'épiscopat de Deotmar à l'année 752 et
le fait vivre jusqu'au temps de Charlemagne, en l'an 768. Selon
d'autres auteurs, cet évêque ne mourut qu'en 776. Déotmar

---

[1] Voir : *Bulletins des Archives historiques de la Saintonge et de l'Aunis.*

assista, l'an 756, au concile de Compiègne, en l'Ile-de-France et y souscrivit de la sorte : Deotmarus, ac si peccator episcopus subscripsi; il ratifia les privilèges que Chro-degand de Metz accorda en 757 au monastère de Gorze.

M. Le Boyer, dans ses *Notices*, place le sacre de Déotmar en 756 et sa mort en 776. D'après le même auteur, il fut enterré en l'église Saint-Donatien, dans un tombeau de marbre. Des moines du Berri, qui desservaient cette église, voulurent emporter la table de marbre qui le couvrait, mais ils furent forcés par un miracle de la remettre à sa place.

29. — ODILARD
(776–804)

Odilardus, Odilard, dut devenir évêque en l'an 776, sous le pontificat du pape Adrien Ier. Il est cité dans une dona-tion faite au monastère de Prum, par Charlemagne, en 797. Odilardus qui jouissait de quelque considération près de ce prince avait été chargé par lui, dès l'an 790 ou peu avant, de rechercher si le lieu appelé *Lauriacum*, dans l'Anjou[1], était du domaine royal. Odilard, par ses infor-mations, trouva que ce territoire appartenait au roi.

Quelques auteurs donnent à Odilardus la qualité de saint, et l'abbé Chatelain, qui place sa mort en l'an 804, met sa fête au 14 septembre ; mais il ne paraît pas qu'il ait jamais reçu aucun culte en Bretagne et aucun de nos *bréviaires* manuscrits ou imprimés n'en fait mention ; il est vrai qu'on n'y trouve également, ni saint Lupien, ni saint Friard, ni saint Secondel dont la sainteté est pourtant hors de doute ; dans tous les cas, cette qualité donnée à Odilard prouve au moins sa vertu.

[1] Ce point était en dehors du diocèse dès cette époque si on l'entend du bourg de Loiré, près de Roche d'Iré ; ou alors se trouvait aux extrémités du diocèse de Nantes, mais toujours dans l'Anjou, au spirituel comme au temporel, si l'on entend désigner Liré près Champtoceaux.

30. — ALANUS

(804-816)

Alanus, *Almanus*, *Asianius*. Autret de Missirien, dans ses suppléments à Albert-le-Grand, cite en 812 Olmanus comme évêque de Nantes ; il est évident que cet Olmanus n'est autre que notre Almanus ; mais de cette observation résulte ce fait, qu'Olmanus, c'est-à-dire Almanus a vécu au commencement du neuvième siècle en 812.

Alanus ou Almanus devint évêque sous le pontificat de saint Léon III. De son temps, Hoël, comte de Nantes, ayant été tué à Roncevaux, son corps fut apporté à Nantes et enseveli à Saint-Donatien. En l'an 812, Benoît, grec d'origine, né à Patras en Archaïe, d'une famille illustre, appartenant à l'ordre des sénateurs, aborda à Nantes avec sa sœur Avénie et neuf autres compagnons. Alain recueillit cette sainte émigration avec bienveillance. Avénie fut placée par son frère dans un monastère de vierges, près de Saint-Clément de Nantes, monastère probablement fondé par saint Colomban, lors de son passage en cette ville, en 610. Quant à Benoît, il vint s'établir avec quelques compagnons dans la solitude de Macérac (et non *Marcerac*, comme l'écrit l'abbé Tresvaux, t. VI, p. 61), située au confluent du Don et de la Vilaine dont il avait obtenu la concession de Gondebaud, comte de Nantes, à la recommandation de l'évêque[1].

Alain dut mourir vers l'an 816.

31. — TRUDGARUS

(816-835)

Trudtgarus, *Trugarius*, *Trutarius*, *Drutcarius*, *Druacarius*. Travers croit que ce prélat fut évêque à peine un an. Albert-le-Grand, au contraire, le fait occuper le siège depuis 816, et

[1] Voir *Saint Benoît de Macérac. Sa vie, sa légende*, par le comte Régis de l'Estourbeillon. In-8° raisin avec planches, Nantes, imp. Émile Grimaud, 1885.

ajoute que l'année suivante (817), il assista avec Auriscand II
de Rennes, Hélicar d'Aleth, Libéralis de Léon, N. de
Cornouailles et N. du Mans, à un grand synode convoqué
à Redon par commandement de l'empereur Louis-le-
Débonnaire et présidé par l'archevêque de Tours. Cette
date de 817, si elle est exacte, ce dont nous ne prenons
pas la responsabilité, s'oppose à l'intercalation entre Alain
et Trudgard d'un certain *Atto*, dont parlent Travers et
Tresvaux, qui donnent pourtant son existence comme certaine.
Le *Cartulaire* de Redon fait mention de Trudgarus à l'an
vingt-et-unième de l'empereur Louis (835). Richowen était
alors comte de Nantes, comme le prouve l'extrait suivant
d'une charte de ce même cartulaire :

« Fait et passé[1] dans le lieu appelé *Église d'Avizac* (Avessac)
« l'an vingt-et-unième de l'empire du vénéré seigneur Louis
« Richowen, tenant le comté de Nantes, et Trutcaire l'évê-
« ché ! » — *Actum est hoc in loco nuncupato Ecclesiæ Avizac,
anno XXI, imperii domni ac venerabilis Ludovici, tenente
Richowino comitatum Nanneticum, drutcarios episcopatum.*

Nous avons dit que Trudgarius mourut en l'an 835.

32. — ADON

(835-837)

Adon occupait le siège de Nantes en 837 et il est probable
qu'il fut promu à l'épiscopat dès la mort du précédent, en 835.
L'abbé Trévaux (*t. VI p, 62*) est le premier à avoir inséré
Adon dans son catalogue ; aucun auteur n'en a fait
mention. On trouve la signature du prélat entre celle de
quelques autres évêques qui souscrivirent une charte donnée
en 837 par Adelbert, évêque de Troyes, en faveur de l'abbaye
de Moutier-Ramery dans son diocèse. La *Gallia Christiana*
(t. XII. *Inter instrumenta*), ne donne aucune autre circonstance de l'épiscopat d'Adon qui ne fut pas de longue durée.

---

[1] *Cartulaire de Redon*, p. 17.

33. — GOHARD

(837-843)

Saint Gohard, Gohardus, Gunhardus, Gumbardus, Guihardus, Gurhardus, Gurnardus, Gumardus Cohardus, Gunthardus.
— On trouve cet évêque sous tous ces noms. Gohard débuta, dit-on, dans la carrière ecclésiastique par être enfant de chœur à la cathédrale d'Angers. Il était chanoine de la collégiale de Saint-Pierre en la même ville, lorsqu'à la mort d'Adon[1], le clergé de Nantes l'obtint pour pontife. Gohard assista à une assemblée d'évêques au Mans, le 1er avril, jour de Pâques 8 7, et y souscrivit le testament d'Aldric, évêque du lieu, et les privilèges que ce prélat accorda aux chanoines de son église : *Gunhardus, indignus episcopus, huic testamento subscripsi*[2].

Ce que l'on ne peut révoquer en doute, c'est la vertu éminente du saint pontife ; il menait sur la terre une vie angélique, lisons-nous dans ses actes, afin de « partager la « gloire des anges dans le ciel : *Gloriosus Christi martyr* « *Gohardus, vitam angelicam ducebat in terris, ut cum* « *angelis lœtaretur in cœlis.* » (2e antienne des vêpres).

Ce qui a rendu surtout célèbre la mémoire de saint Gohard, c'est son martyre dans la cathédrale de Nantes où il fut mis à mort avec une partie de ses prêtres et des fidèles dont il était le pasteur. Les Normands, attirés à Nantes par la perfidie du comte Lambert, ayant pris cette ville d'assaut, pénétrèrent dans la cathédrale le 24 juin de l'an 843, fête de saint Jean-Baptiste, au moment où l'évêque célébrait la sainte messe à l'autel de saint Ferréol. Gohard prononçait le *Sursum corda* qui précède la *Préface*, lorsque les barbares, « comme des bêtes féroces altérées de sang humain, »

---

[1] Et non de Trudgarus, comme le dit l'abbé Tresvaux, dans sa *Vie de saint Gohard* (t. II. p. 253) après avoir intercalé lui-même, et *le premier*, Adon dans le *Catalogue des évêques de Nantes* (T. VI p. 62.)

[2] Baluze, miscell T....

disent les Actes du saint martyr, « frappent les fidèles occupés
« à la prière, n'épargnent ni l'âge, ni le sexe, et se portent à
« un tel excès de cruauté envers le troupeau de Jésus-Christ,
« qu'ils n'hésitent pas à massacrer le pontife lui-même. »

Ici se place une légende dont nous laissons tout le mérite
à Albert de Morlaix, et dont l'originalité l'emporte peut-être
sur la véracité. La voici, telle que la raconte le pieux Béné-
dictin de Bonne-Nouvelle : A peine décapité, et au moment
où les Normands remplissaient encore la cathédrale, Gohard
se relève, prend sa tête gisant non loin de son corps[1] et l'ayant
placée sur ses épaules, sortit de l'église, suivi d'une foule cu-
rieuse de voir ce qui allait se passer. Il se dirigea vers la
Loire, en passant par le quartier de Richebourg, s'embarqua
dans un bateau qui semblait l'attendre, et où se trouvaient
deux cierges allumés, et fut, de la sorte, transporté jusqu'à
Angers, où le clergé de Saint-Pierre le reçut avec les honneurs
dus à son martyre. Le corps du saint évêque fut enveloppé de
soie et mis dans une châsse précieuse où l'on inscrivit sur
une première plaque de plomb : « *In hac sepultura quiescit*
« *humilis Gohardus, Nannetensium Pastor et Martyr.* »

Le martyre de saint Gohard et de ses compagnons eut lieu
sous le pontificat du pape Grégoire IV.

La purification de l'église de Nantes profanée par ce mas-
sacre, se fit le dimanche, seizième après la Pentecôte, 30 septembre 843, c'est-à-dire trois mois après sa pollution. L'évêque
Suzannus, de Vannes, présida la cérémonie.

On conserva longtemps à la cathédrale de Nantes la chasuble dont saint Gohard était revêtu au moment de son
martyre, et le calice avec lequel il célébrait son dernier
sacrifice, qu'il alla consommer dans le ciel. Le pape Urbain II
inscrivit en 1095, au concile de Clermont, le nom de
Gohard dans le martyrologe et fixa sa fête au 25 juin. Voici
comment s'exprime Travers à propos des reliques de saint

[1] Ceci rappelle la légende de sainte Eaude, sœur de saint Tanguy du Chas-
tel, au donjon de Trémazan au pays de Léon, et la décollation de saint Denis.

Gohard. « On ne possède son corps ni à Saint-Serge-lez-
« Angers, comme le P. Le Cointe et l'abbé Fleury l'assurent,
« ni à Saint-Pierre d'Angers, comme on le pense à Angers.
« Il est plus vraisemblable de croire que le lieu de sa mort
« fut aussi celui de sa sépulture. On honore à Créteil, à
« deux lieues de Paris, au même jour où saint Gohard est
« honoré à Nantes, un saint Agoard et ses compagnons,
« martyrs, dont M. Baillet assure qu'on ne connaît ni le
« temps ni le pays, ni le genre de martyre. Cette concurrence
« de jours, jointe à une grande ressemblance de nom, et
« à la multitude innombrable de martyrs dont on l'entoure,
« me ferait croire que c'est saint Gohard, de Nantes, dont
« on aura porté le corps à Créteil, avec ceux de plusieurs de
« ses compagnons, pour les sauver de la fureur des
« Normands, et qu'ils ne sont que par addition dans le mar-
« tyrologe d'Usuard. »

Nous avouons que nous serions presque tenté d'adopter cette
manière de voir et de croire que l'Agoard de Créteil est
bien le saint Gohard de Nantes. Jusqu'à la Révolution, le
culte de saint Gohard fut en honneur dans la cathédrale de
Nantes. Une chapellenie de son nom y avait été fondée, les
offices (d'après ce que nous apprennent, entre autres, un
acte de 1725, des Archives du chapitre) s'y célébraient à un
autel situé au-dessus du transept nord, dans la partie
proche du palais épiscopal. Nous croyons pouvoir avancer
que dans la partie neuve de la cathédrale, qui va bientôt,
au bonheur de tous, être livrée au culte, un autel sera spécialement dédié sous le vocable de saint Gohard.

34. — ACTARD

(843-872)

Actard vel Attardus, Aitardus, Ectardus. Issu d'une famille
noble de Touraine, prêtre de l'église de Tours, Actard fut
sacré, paraît-il, très peu de temps, de jours même peut-être,

après la purification de l'église de Nantes. Les habitants
ayant demandé un pasteur à Amauri, évêque de Tours, celui-
ci leur envoya Actard. On place son sacre en octobre 843,
sous le pontificat du pape Grégoire IV, pendant la tenue du
concile de Lauriac ou Liré, présidé par le métropolitain. Nous
avons six canons de ce concile, dont quatre ont été publiés ;
les deux derniers, reproduits dans le concile de Tours en
1583, ont été omis dans l'édition des conciles.[1]

Actard ne tarda pas à se brouiller avec le comte Lambert
et n'eut pas de peine à obtenir son éloignement. Quelques
années après, lorsque Nominoé secoua le joug de la France
et se rendit indépendant, ce prince, après avoir modifié les
limites de certains évêchés bretons, ou plutôt après en avoir
assigné de fixes à plusieurs évêchés de la Bretagne Domnonée
ou septentrionale, tels que ceux de Tréguier, Saint-Brieuc,
Saint-Malo et Dol, qui n'avaient eu jusque-là, sauf le dernier,
que des pasteurs dits régionaires, se fit couronner à Dol comme
roi de toute la Bretagne, par Festinien, évêque de cette ville.
Il lui donna le titre de métropolitain de toute la province, au
détriment du titulaire de Tours, qui était précédemment, et de
temps immémorial, reconnu pour tel. Mais Actard, dont le
cœur était plus français que breton, n'ayant pas acquiescé à
cet ordre de choses, fut chassé de Nantes (850). Il se retira près
du roi Charles le Chauve, dont il obtint l'administration des
revenus de l'église de Chartres, alors sans évêque. La charte du
comte Lambert, pour la fixation du nombre des chanoines de
Saint-Aubin-d'Angers, qui est de la même année, met
parmi les souscripteurs Actard, qui prend toujours le titre

---

1 Le concile de Liré condamne ceux qui tentent de connaître quelle sera
la durée du règne du prince et quel sera son successeur. Il établit l'obéissance et le respect que l'on doit aux lois de l'Église et de l'Empire, mais il
veut que ces lois soient justes et raisonnables, selon Dieu et conformes
aux canons. Ils ont été invoqués en 1803 par les évêques réfugiés en
Angleterre pour faire valoir les droits de Louis XVIII contre l'usurpation
de Bonaparte.

d'évêque de Nantes : « *Actardus* episcorum Dei servus, sedis *Nanneticæ, indignus episcopus, huic decreto subscripsi.* »

Gislard vel Gilardus, vel Gisloardus, vel Sislardus, prêtre de Vannes, fut mis à sa place, mais il n'y resta pas longtemps. Nominoé étant mort, Erispoé, qui lui succéda, accorda à Charles le Chauve, le retour d'Actard à Nantes, à condition que le diocèse serait partagé entre lui et Gislard. Hincmard de Reims nous apprend que le roi, de l'avis des évêques, avait condamné ce dernier à une prison perpétuelle dans les cloîtres de Saint-Martin de Tours ; cette sentence ne fut pas, on le voit, exécutée. Gislard abandonna à Actard Nantes avec le territoire qui forma depuis les doyennés de la chrétienté de Clisson et de Rais et se retira à Guérande, à l'autre extrémité du diocèse, dont il retint dans son obédience la partie qui composa plus tard l'archidiaconé de Mée, (*de Media*, entre l'Erdre, la Loire, la Sevonne et la Vilaine, jusqu'à la mer, sous les doyennés de la Roche-Bernard et de Château-Briant)[2].

Le rétablissement d'Actard à Nantes ne le rendit pas plus heureux : il n'avait recouvré que la moitié du diocèse et presqu'aussitôt son retour à Nantes, les Normands s'y montrèrent. Ils se ruèrent sur la ville à la fin du carême de 853 et firent un grand carnage du peuple et beaucoup de butin. Le moine de Saint-Bertin, connu sous le nom de Iperius, Réginon, Sigebert, les chroniques de Limoges, de Tours, etc, ajoutent que l'évêque fut tué pendant qu'il faisait la bénédiction des fonts baptismaux la veille de Pâques[3]. Actard ne fut pas tué, mais fut chargé de chaînes.

Son premier soin, dès qu'il eut réussi à se soustraire au pouvoir des Normands, et qu'il eut été rendu à son église, fut d'en réparer les ruines et de pourvoir à la subsistance de

---

[1] Martène, anecd. T. 1er, p. 36. (Ex. Carterio S. Albini Andeg.)

[2] *Chronique de Nantes.*

[3] Le 2 avril 853.

ses clercs. Il obtint d'Erispoé la restitution ou l'octroi de la
moitié des péages qui se levaient à Nantes et fit confirmer ce don par le roi Charles le Chauve[1]. Il était à la

---

[1] Titres de l'église de Nantes. Voir les deux pièces ci-jointes.

CHARTE DU ROI DES BRETONS, HÉRISPOË, an 862

(Copie concédant à l'évêque Actard et à ses successeurs, évêque de Nantes,
sous forme de restitution, la moitié des impôts de *Tonlieu*, prélevés sur
les marchandises amenées dans le port de Nantes par bateau, voiture ou
autrement, afin de contribuer à la restauration de la cathédrale qui tombe
en ruine et de réparer les désordres causés par les Normands).

In nomine sanctæ et individuæ Trinitatis, divinitatisque unicæ,
Herispogius, gentis Britanniæ Rex, omnisque suæ gentis nobilitas,
Christianæ religioni, cum petitionibus sacerdotum Christi utilitati
maximæ Ecclesiarum sibi commissarum pertinentibus, benignum
assensum præbemus, voci omnipotentis Dei obedimus, qui suos nos
admonet audire ministros, dicens : qui vos audit me audit et qui vos
spernit me spernit. Ac per hoc regni nostri patriæque consuetudinem exercendo nobilitamus ; atque Domini sanctorumque gratiam
facilius omnino nos adepturos confidimus. Igitur notum esse volu-
mus omnibus fidelibus sanctæ Dei Ecclesiæ præsentibus atque futuris, quia venerabilis Nanneticæ sedis *Attardus* episcopus, postulavit
nostram benevolentiam atque religionem Ecclesiæ sibi commissæ
consulens solatium atque consolationem de rebus ejusdem Ecclesiæ
faceremus, per scripturarum seriem quod nos fecisse monstratur
indicio hujus cartulæ. Cum ergo prius prædicta Ecclesia multis
solum rebus multisque possessionibus ac mescimoneis, theloneis,
nundinis, atque apparatibus foret ditata Ecclesiasticis prævalente
comitatûs.
Ac *prauvrum* hominum potestate necnon etiam piratica ac
paganorum ventatione ita destituta habetur propria facultate ut
videntur tantæ fabricæ in honorem principis Apostolorum sancti
Petri et Doctoris gentium sancti Pauli fundatæ ruinæ casus que
meminere cujusque precibus libentissime annuentes facientesque
voti ob honorem Dei et sanctorum apostolorum prædictorum et
pro animæ nostræ remedio genitorisque ac dilectissimæ Marmohec
conjugis sine pro amantissimo compatre nostro francorum rege
Carolo sine morà reddimus Ecclesiæ Sancti Petri luminaribus, et

veille de rétablir ses affaires, lorsque la mort d'Erispoé et l'avènement de Salomon, qui était favorable à Gislard, ainsi qu'une nouvelle irruption des Normands, déconcertèrent

---

prædicto venerabili Attardo Episcopo et Deo auctore, successoribus ejus atque episcopatus juxta morem aliarum civitatum in perpetuum habendam atque confirmavimus per hanc scripturam medietatem telonci omnis mexcimonei unde cumque ad præscriptæ civitatis partem sive navigio, sive alio quotibet mercatu carragine Rotatico atque taberni omnibus modis torialibus officinis defluentis et advenientis vie undecumque aliquid ut dictum est teloinei exiga potest *Invi* perpetuo possidendum.

Imprecatu Dei omnipotentis trementissimam potestatem utqui hujus telonei medietatem à prædictæ Ecclesiæ presumpserit auferre, suam sentiat ultionem proprie que corporis terminis multationem, nec mereatur clavigeri Regni celestis sancti Petri paradisiacam introductionem per cujus Reliquiarum clavens auro subornatam hoc reddidimus, sed potius incurrat Dathavi et Abixonis submersionem ut quicumque hanc nostram redditionem et confirmationem servaverint, sentiant divinam consolationem et dexteram suam contra suos adversarios victricem. Qua propter est hoc nostrum factum invalabile servietur fieri jussimus hoc scriptum per quod manifestetur reddidisse atque confirmasse medietatem telonei omnis Nanneticæ civitatis, necessitatibus et utilitatibus Ecclesiæ ejusdemque pastoribus recipiendam et habendam per suos proprios ministeriales, nostris et futuris temporibus. Et ut hac nostra redditionis et confirmationis auctoritas certius credatur, et diligentius confirmetur, manu propria eam subterfirmavimus et nobilitati gentis nostræ affirmari rogavimus, atque sigillo nostro jussimus insigneri, ut nullo calumniatore valeat inviolabilis perducare signum Hérispogii, regis Britanniæ gentis, qui hanc præceptionis, restitutionis et confirmationis auctoritatem fieri et affirmari rogavit — signum Marmohec, ejus conjugis — Signum Conani — Signum Rodiani — S. Bxam — S. Prejus — S. Rivolen — S. Ronsel — S. Bextimaldi — S. Humjenis — S. Wicomari — S. Salomonis consentientis — S. Gargusten — S. Pascueten — S. Bleidic — S. Dimimallon — S. Sennac — S. Sapiatinencher — S. Théanno — S. Halep — S. Comesnani — S. Allinret — S. Cathudic — S. Gersant — S. Matiradir.

Collationné par moy soussigné, Jean Gaultier, prêtre notaire

tous ses plans. Chassé de nouveau de Nantes, comme un
homme partial et plus favorable aux Français qu'aux Bretons, Actard continua à prendre part à tous les conciles de

---

apostolique, reçu, immatriculé et demeurant à Nantes suivant ordonnance du chapitre de l'Eglise dudit Nantes, sur un
transtemp en vellin rapporté fait par Jean Le Clerc et Jean Chevalier, notaires royaux de la cour de Nantes et d'eux signé le
quatorzième jour de mars mil quatre cent quatre-vingt-treize,
suivant l'ordre et commission du Roy de France alors regnant,
sur les lettres et chartes anciennes des archives et escrins de
laditte Eglise. Et la présente copie délivrée par moy scribe susd. et
soussigné à Nantes, le vingt-huitième jour de février mil six cent
quatre-vingt-deux.

Par ordonnance du chapitre.

J. GAULTIER,
Scribe.

Archives départementales série G. 87.

Diplôme de Charles le Chauve (Copie rappelant les termes de la charte du roi Erispoë et les confirmant) — An 862.

In nomine sanctæ et Individuæ Trinitatis. Carolus gratia Dei Rex.
Si petitionibus sacerdotum Christi utilitati maxima, ecclesiarum
sibi commissarum pertinentibus benignum assensum præbemus,
regiam consuetudinem exercemus; ac per hoc æternitatis gratiam
facilius nos adepturos omnino confidimus. Itaque notum esse vo-
lumus omnibus sanctæ Dei ecclesiæ fidelibus et nostris præsentibus
atque futuris, quia dilecti nobis compatris et fidelis nostri Heris-
pogii, cui siquidem marcam sive conserreticum Nannetium bene-
ficiario jure habendum, et secundum nostram fidelitatem tenendum
largiti fuimus, precibus instantibus juxta commonitionem et supli-
cem petitionem venerandi sanctæ sedis ecclesiæ Nanneticæ Ponti-
ficis Attardi eo quod eadem Ecclesia sæculi innumerabilibus œdibus
urgentibus, facultatibus destituta habebatur. Concessimus eidem
Præsuli Attardo, et, deo auctore, successoribus suis, habendam
midietatem telonei, omnis mercimonii unde cumque ad prœdictæ
civitatis portum sive navigio sive aliquo quolibet modulo mercatis,

France avec le titre d'évêque de Nantes. Il avait assisté à celui de Bonoile près de Paris en 856; il assista à celui de Poissy et au troisième d'Aix (862). Mécontent de l'appui que

---

carragine atque tabernis omnibus ministerialum officiis decurrentis et advenientis vel undecumque aliquid telonei exigi potest.

Quapropter altitudinis nostræ præceptum hoc fierijus simus perquid Augusti Ludovici et nostræ simul etiam et pro æterna retributione animarum prœmemorati eorumdem ad hoc idem negotium peragendum, vel uti promissum. Deprecatio intercessit, medietatem omnis telonei de quibus cumque rebus, sicut infra infertum est in prædictæ civitatis locis mercatis suburbio vel portu rationabiliter vel legaliter exigitur, utilitatis præfatœ ecclesiæ sancto sedis Nanneticæ sub honore beati Petri, apostolorum principis, fundata positaque necessitatibus servorum Dei. Ibidem famulantium secundum proprii Pastoris præsentis et futurorum canonicam administrationem recipiendam per suos proprios ministeriales et habendam nostris et futuris temporibus concedimus et confirmavimus, videlicet et quidquid ex eadem medietate supradicti omnis teleoni acquiri potest, utilitatibus memoratæ Ecclesiæ prœsulis et canonicorum ibi morantium sive cujûs piam contradictione aut substratione perpetuo jure habeatur in futuram nostram et eorum quorum supra fidelium nostrorum fecimus mentionem divina retributionis misericordiæ solutum. Ut autem hoc magnitudinis nostræ proaptum ab omnibus Dei nostrisque fidelibus et certius credatur et diligentius conservetur, de annulo nostro subter jussimus insigniri etc...

Par copie collationnée sur un transempt escrit sur vellin, extrait des arches et escrins de l'église de Nantes par Jan Le Clerc et Jan Chevalier, notaires de la Cour de Nantes, suivant leur commission et commandement du Roy et d'eux signé, en datte du quatorzième jour de mars mil quatre cens quatre-vingt-treize, estant aux archives de ladite Eglise et la présente copie délivrée par moy soussigné, Jan Gaultier, prêtre, notaire apostolique. Reçu immatriculé et résidant à Nantes, scribe dudit Chapitre, sous le sceau d'iceluy, à Nantes, le treizième jour de mars mil six cens quatre-vingt-deux.

Par ordonnance du chapitre.

JAN GAULTIER.
Scribe.

Archives départementales, série G. 87.

Gislard trouvait en Bretagne, il en portait ses plaintes à tous les conciles du royaume, et saisissait toutes les occasions de nuire aux pontifes partisans de l'*évêque* de Guérande. Le roi Salomon, fatigué de toutes les démarches d'Actard, qu'il regardait comme autant d'entreprises sur son autorité, se plaignit à son tour. Il écrivit au pape Nicolas Ier que l'évêque Actard était un brouillon qui réordonnait ceux que Gislard avait ordonné. Le pape répondit que si Actard n'agissait pas bien en réordonnant les clercs, il se trouvait que le dit Actard était cependant évêque avant Gislard et que le saint pape Léon IV, écrivant à Nominoé lui parle d'Actard et lui rend témoignage que sa vie et ses actes sont sans reproches.

Actard assista en 866 à Rouen à l'ordination d'Electram, évêque de Rennes, avec Robert du Mans. La cérémonie eut lieu le 18e dimanche après la Pentecôte, 29 septembre, et fut présidée par Hérard, archevêque de Tours. On trouve Actard au concile de Troyes, en 867 ; il en porta les lettres à Rome d'où le pape écrivit au roi Salomon et aux évêques qu'il accordait le *Pallium* à Actard, leur recommandant de le nommer au premier siège vacant, fut-il métropolitain.

L'almanach de Bretagne place à l'année 862 la fondation du chapitre de Saint-Aubin de Guérande par Salomon pour faire honneur à Gislard, afin qu'il eut auprès de lui un clergé semblable aux autres évêques et ne leur cédât en rien.

Actard souscrivit encore en 869, au concile de Vermeries, comme évêque de Nantes. Vers la fin de la même année, il reçut l'administration de l'évêché de Thérouane dont il prit dès lors le titre dans les diverses assemblées auxquelles il assista. Cependant Nantes restait sans titulaire. Enfin, en 872, à son retour de Rome où il était allé porter les actes du concile de Douzi, Actard fut promu à Tours : c'était le premier évêque de Nantes qui changeât de siège.

Quoique n'étant plus réellement évêque de Nantes depuis 870, on le compte dans la chronologie épiscopale jusqu'à son élévation au titre de métropolitain. Gislard vivait toujours à Guérande, conservant sous son autorité la partie du diocèse qui lui avait été assignée. Ce ne fut que sous Fulchérius, troisième successseur d'Actard, que ce territoire fut réuni à celui qui avait été possédé par Actard. Ce dernier mourut à Tours en 874, ayant tenu ce siège moins de deux ans.

35. — HERMENGARIUS

(872-886)

Hermengarius, Armengaud. — Actard, devenu métropolitain de Tours, choisit lui-même et sacra Hermengarius en 872. C'était sous le pontificat du pape Adrien II et le règne en Bretagne du roi Salomon, qui fut assassiné deux ans après. Hermengarius était auparavant doyen de Nantes, c'est-à-dire recteur de la paroisse Saint-Jean, autrefois contiguë à la cathédrale placée dans l'intérieur. C'était lui, qui comme doyen, administrait les sacrements et réglait l'ordre de l'office divin, en l'absence de l'évêque.

Hermengarius trouva une église pauvre ; il commença par lui donner les ornements et les vases sacrés dont elle avait besoin. L'abbé Travers prétend qu'il découvrit dans un ancien autel des cheveux de saint Pierre et de saint Paul où les aurait placés saint Félix, lorsqu'il dédia la cathédrale sous le vocable des saints apôtres. Hermengarius renferma ces précieux restes dans une croix d'argent, avec cette légende : *Hermengarius, sacerdos, fecit hoc signum in honorem Petri et Pauli.*

Notre évêque dit le *Cartulaire de Redon* (folio 64) conféra le sacrement d'extrême-onction à Alain, comte de Vannes, à Allaire, au diocèse de Vannes. Cet Alain guérit et devint plus tard duc de Bretagne, sous le nom d'Alain le Grand. Hermengarius mourut en 886.

36. — LANDRANNUS

(889-896)

Landrannus, vel *Landeranus*, *Landranius*, *Landroinus*, *Lauderanus* devint évêque de Nantes en 886, sous le pon-tificat du pape Etienne VI. Ce prélat était fort respecté et fort considéré du roi Charles le Gros. Son épis-copat ne fut pas plus tranquille que celui de ses prédé-cesseurs à cause des courses des Normands sur la Loire. Obligé de se retirer à Angers avec tout son clergé, l'empereur et roi Charles le Gros, touché de sa triste situation, pourvut abondamment à sa subsistance. Revenu en 889 dans son diocèse, il s'efforça de réparer les ruines amoncelées par les barbares. Il fut secondé dans son généreux projet par Alain, comte de Vannes qui, par sa valeur, avait acquis le nom de Grand, et que le peuple et les seigneurs avaient déclaré souverain de Bretagne.

Ne serait-ce pas à Landeran ou Landreau que l'on devrait la fondation de la paroisse de ce nom, au diocèse de Nantes. Ce prélat mourut le vendredi, 5 février 896, et fut inhumé à Saint-Donatien, sous une tombe de marbre.

37. — FULCHERIUS

(896-906)

Fulcherius, Fulcricus, Fulgerius, Fulcric ou Foulcher était abbé de Saint-Sauveur de Redon lorsqu'il fut élu, sous le pontificat du pape Formose qui mourut, du reste, cette même année. D'abord moine à la même abbaye de Redon, il est

¹ Voir la livraison de décembre 1888.

cité en cette qualité, en 878, sous Libere ou Livere, à qui il succéda dans la charge abbatiale en 888. Fulchérius, évêque de Nantes, avait du mérite et de l'activité. La chronique de Nantes le qualifie d'homme de bien, d'homme prudent et de bon conseil. Il répara les ruines de la cathédrale d'Evhemerus et de Saint Félix, l'allongea, l'augmenta considérablement et la fit presque neuve. Il fut puissamment aidé dans cet ouvrage par les évêques et les seigneurs voisins, sans le secours desquels il n'eut pu le faire, le diocèse, surtout le long de la Loire, étant d'une pauvreté extrême par suite des incursions normandes. Le duc Alain le Grand, maître absolu de Nantes à cette époque, donna à Foulcher (*Chron. de Nantes.*) la petite abbaye de Saint-André, tous les vassaux et la Cour ou seigneurie *Migno* sur le fonds de laquelle l'abbaye de Saint-Clément était probablement située.

Devenu riche par les gratifications du duc et des seigneurs, Foulcher orna sa cathédrale et fit élever au dehors de hautes et fortes murailles dans l'enceinte desquelles le peuple et le clergé pouvaient au besoin se retirer et se défendre contre les Normands qui continuaient toujours à se faire craindre. Ces murailles commençaient à l'église, fermaient l'évêché et les Régaires, descendaient par la rue Saint-Denis, entraient au haut de la rue Saint-Gildas, redescendaient à la maison du doyen et finissaient à la cathédrale ; elles enfermaient donc ainsi les paroisses de Saint-Jean et de Saint-Laurent, ou tout le canton dans lequel les anciens statuts du chapitre concentraient les chanoines, et dont ils leur défendaient de sortir sans être accompagnés d'un serviteur ou d'un clerc d'église.

Foulcher tenta encore avec succès, dit la Chronique d'où est extrait tout ce qui précède, de réunir à son église les territoires que l'évêque Gislard en avait démembrés, et que, depuis sa mort, les évêques de Vannes occupaient injustement. Soutenu par l'autorité d'Alain le Grand qui l'aimait, il rétablit son autorité diocésaine jusqu'aux bords de la Vilaine, et par la consécration qu'il fit dans ces contrées de plusieurs églises, interrompit la prescription de quarante ans que l'évêque de Vannes n'aurait pas tardé à invoquer. On vit alors deux archidiacres dans l'église de Nantes. L'archidiacre que Gislard I avait créé à Guérande, sous le nom d'archidiacre de la Mée et qui, après la mort du compétiteur d'Actard, s'était attaché à l'évêque de Vannes pour conserver sa dignité, revint à son évêque avec ses paroisses et conserva son titre et son territoire.

Vers l'an 900, l'évêque de Nantes assista au don que fit Alain le Grand à Rainon, évêque d'Angers, de l'abbaye de Saint-Serge-les-Angers. La charte de cette concession fut passée au château de Sé, *in castro Seio*, dans la paroisse *a plebe Seia*, appelée Plessé, au le diocèse de Nantes, près de Blain.

L'abbaye de Saint-Serge, avec tout ce qui est au-delà de la Maine, était alors du comté nantais, et comme dépendance de la Bretagne, soumise aux Bretons. Foulcher occupa le siège de Nantes de neuf à dix ans et remplit ses fonctions épiscopales d'une manière glorieuse et digne d'un évêque actif et vigilant. Il mourut l'an 906 et fut enterré à Saint-Donatien.

38. — ISAIAS

906-908

Isaias, Isaïe. Ce successeur de Fulchérius vécut peu de temps et tint le siège moins de deux ans. D'après le cartulaire de Marmoutiers il fut nommé en novembre 906 sous le pontificat du pape Sergius III. Il n'est connu que par une charte de la même abbaye de Marmoutiers, datée de la quinzième année du règne de Charles le Simple, c'est-à-dire, de l'an 908. Isaias dut mourir presqu'aussitôt après.

39. — ADALARDUS

908-920

Adalardus, Adraldus, Adalard, successeur d'Isaias, était évêque de Nantes, lorsque les Normands y vinrent pour la 4ᵉ fois et la ruinèrent entièrement, c'est-à-dire, de 919 à 920. Adalard se retira alors avec tout son clergé en Bourgogne d'où il ne paraît pas être jamais revenu. Après son départ, le siège de Nantes resta vacant pendant de longues années. Ce fut pendant cette vacance que le jeune duc Alain, surnommé Barbe-Torte, remporta, vers l'an 939, sur les Normands, une victoire qui les chassa à tout jamais du pays.

La Chronique ajoute qu'après sa victoire, Alain entra dans la ville de Nantes, et, qu'ayant voulu rendre grâce à Dieu dans l'église cathédrale, il s'en ouvrit le chemin avec son épée au travers des ronces et des épines, et qu'y étant entré avec ses premiers officiers, ils déplorèrent la ruine d'un édifice dont les restes révélaient assez l'ancienne splendeur.

A la vue de tant de désastres, Alain voulut tâcher de les réparer. Il obtint, sinon qu'un évêque titulaire fût immédiatement donné à Nantes, au moins qu'un prélat en fît les fonctions. Ce fut l'évêque de Saint-Pol-de-Léon, Hoctron, à qui incomba cette charge qu'il remplit pendant plus d'un an. Pendant ce temps le duc Alain partagea la ville et le pays en trois portions dont il garda une pour lui, accorda l'autre à différents seigneurs qui l'avaient servi contre les Normands, et donna la troisième à l'évêque. D'après la chronique, cette dernière commençait au mur du côté nord et s'étendait jusqu'à la porte Charière et aux prairies de la fontaine Notre Dame. La porte Charière, nous dit Travers, était entre le château d'aujourd'hui et la Tour du Mûrier ; les prairies de la fontaine Notre-Dame commençaient ou au bas de la Motte

de Saint-Pierre, (tout Richebourg n'ayant été autrefois qu'une
prairie), ou au bas de la Motte de Saint-André, derrière
l'église de Nottre-Dame, ce canton, le long de l'Erdre, n'ayant
été également que prairie. La portion de l'évêque est autrement bornée d'après la Chronique de Saint-Brieuc. Elle
commençait, d'après elle, à l'église Saint-Pierre s'étendait
jusqu'à Notre-Dame, descendait par la petite rue Saint-Denis,
remontait par la rue Saint-Gildas, continuait à descendre par
la petite rue des Jacobins et se terminait à la rue Germonde
au port Brilland Maillard, appelé autrefois le Port Tarare,
selon Pierre le Baud : *usque ad portum Tararium*, au lieu de
Portam Charariam, que d'autres y lisent. (Travers T. 1. p. 158).

Au temps où le duc Alain ramena à Nantes sa nouvelle
épouse, sœur du comte Thibault de Blois, (945) Hoctron, dit
la Chronique de Nantes, citée par Pierre Le Baud, « fit démolir
« une tour qui était encore demourée des anciens édifices de
« cette église de Nantes pour la convoitise d'une pomme
« dorée, qui était sur la dite tour, dont il fut mocqué et déprisé
« par le dit duc Alain, et par honte délaissa l'évesché de
« Nantes et s'en retourna à Saint-Paul où premier il avait été
« ordonné, et adonc le duc Alain eslut Gauthier, fils de Vicho-
« neus, archevêque de Dol et l'institua évêque de Nantes. »
C'était en l'an 949. Hoctron étant mort peu de temps après fut
remplacé sur le siège de Léon par Hesdrenus qui, à
l'exemple de son prédécesseur, fut chargé de l'administration du diocèse de Nantes. Devenu chancelier du duc Alain,
Hesdrenus rapporta, l'an 952, la donation que fit ce prince à
l'abbaye de Landévennec de l'église Saint-Médard de Doulon,
de l'église de Sainte-Croix de Nantes et de celle de Saint-Cyr
hors les murs, de la vicairie et de l'église de Sucé, à cinq
milles de Nantes, et de l'île de Batz, près Guérande.

Le cartulaire de Saint-Florent-le-Vieil mentionne Hesdren,
évêque de Nantes, comme ayant assisté en septembre 958,
à une assemblée aux extrémités du diocèse de Tours, sur
les confins de l'Anjou.

Pendant son séjour à Nantes, Hesdrenus, reçut dans le clergé Hervé et le fit exorciste, le saint n'ayant pas voulu monter plus haut. Le propre de Nantes de 1642 au 16 juin, semble dire que saint Hervé a vécu dans le diocèse en un lieu désert proche la rivière de Lixène, appelée *Leyne*, dans la fondation de l'abbaye de Villeneuve. On dit que les reliques de saint Hervé furent portées à Nantes dans le XIe siècle. Il est certain que l'on a longtemps juré dans cette ville par ordonnance du juge, sur la chasse de saint Hervé. Hesdrenus partit vers l'an 959 pour Rome, d'où il rapporta au monastère de Fleury ou de Saint-Benoît-sur-Loire, le corps de saint Maur et embrassa la vie monastique.

40. — WALTERIUS

959-980

Walterius ou *Gaultier I* était fils de Wichoneus, archevêque de Dol ; il avait été désigné dès avant 952 par le duc Alain pour devenir évêque, dès que son âge le permettrait. Il fut donc sacré en 959 après le départ d'Hesdrenus pour Rome. C'était sous le pontificat de Jean XII. En Walterius, Nantes vit se renouer la chaîne de ses pontifes interrompue, en fait depuis le départ d'Adalard pour la Bourgogne en 920, puisque Hoctron et Hesdren ne furent qu'administrateurs et non évêques de Nantes. A peine Gaultier commençait-il à gouverner qu'il eut la douleur de voir la ville tomber pour la cinquième fois au pouvoir des Normands. La Chronique de Nantes rapporte que l'évêque et plusieurs autres personnages furent faits prisonniers par les envahisseurs ; mais Gaultier fut délivré par la libéralité de ses diocésains qui payèrent pour lui une forte rançon. Le calendrier ecclésiastique de Nantes de 1748 met la fondation de l'abbaye de Blanche-Couronne à l'an 969, sous l'épiscopat de Walterius. Celui-ci mourut en 980.

Après la mort de Walterius ou Gauthier, le siège de Nantes fut occupé par *Werecus*, autrement *Guerechus, Erechus* ou *Warochus*, fils d'Alain Barbe-Torte et frère du comte Hoël. Son père l'avait fait élever à Orléans, chez les Bénédictins, sous la conduite desquels il avait fait des progrès assez considérables dans les études ecclésiastiques nécessaires à un évêque, mais il était encore laïc, lorsqu'il fut élu en 981 par le clergé et le peuple. Or il arriva, qu'étant en route pour la cour du roi Lothaire, Guérech apprit la mort de son frère Hoël. Cet évènement le rappela à Nantes dont il fut aussitôt reconnu comte. Guerech se maria alors et épousa la princesse Aremburge. L'Eglise de Nantes resta par conséquent sans évêque.

Dom Lobineau dans son *Histoire de Bretagne* met Guérech au nombre des évêques que l'on remarque en Bretagne comme étant marié postérieurement à leur élévation à l'épiscopat. On ne peut tirer conséquence de ce fait en ce qui concerne le fils d'Alain Barbe-Torte, car s'il fut élu, il ne prit à la vérité, aucun ordre sacré et on ne le trouve dans aucun acte avec la qualité d'évêque.

Les deux manuscrits de la Reine de Suède l'ont omis, et la chronique dit expressément que Nantes fut sept ans sans avoir d'évêque. Guérech toucha, il est vrai, les revenus de l'Eglise de Nantes, mais tout autre prince eut pu le faire dans les mêmes circonstances pour un usage aussi légitime que celui auquel il les employa, car il s'en servit pour réparer la cathédrale qu'il fit rebâtir dès ses fondements. On ne sait point quelle fut cette église, dont il ne restait rien au XVIII⁰ siècle, si ce n'est peut-être quelques ruines du côté de l'évêché.

La Chronique de Nantes prétend, disions-nous plus haut, que Nantes resta sept ans sans évêque. Elle aurait dû porter cette espace à neuf années, car en 988, le comte Guérech étant mort empoisonné, dit-on, à l'instigation de Conan le Tort, comte de Rennes, *Judicaël*, son neveu, fils d'Hoël, fut élu évêque de Nantes. Ce prince tint le siège en commende pendant deux ans, jusqu'en 990, époque à laquelle son cousin Alain, fils de Guérech, étant mort, il renonça à l'épiscopat pour devenir comte de Nantes. Il serait même plus juste d'avouer que Conan le força à abdiquer les deux titres d'évêque et de comte, s'étant saisi, peu après la mort d'Alain, de la ville et du château bâti par Barbe-Torte et ayant choisi Hugues pour évêque.

Nous n'avons pas cru devoir faire entrer les deux noms de Werech et de Judicaël dans le Catalogue des évêques de Nantes, puisqu'ils ne reçurent aucune consécraton épiscopale. On pourra, nous le savons, nous objecter qu'Agathée et Amélon, n'étant pas plus revêtus qu'eux du caractère sacerdotal y ont pourtant pris rang, mais la raison qui nous a décidé à établir cette différence, c'est que ces deux derniers (Agathée et Amelon) furent alors les seuls possesseurs du siège, tandis que durant la vie de Werech et de Judicaël, l'église de Nantes fut administrée par Hugues ou Hugo, dont nous allons parler et qui leur succéda même hiérarchiquement.

44. — HUGUES

(990-992)

Hugues ou *Hugo*, personnage de vie sage et austère, nous dit Albert le Grand, et administrateur de l'Eglise de Nantes depuis l'an 981, reçut en 990 le titre effectif d'évêque dont il exerçait depuis neuf ans les fonctions. Les deux catalogues de la Reine de Suède le font succéder immédiatement à Waltérius, et avec quelque raison, comme nous venons de le voir. Nous ne nous expliquons pas que l'abbé Travers, après avoir dit expressément (T. Ier p. 176) que l'Eglise de Nantes fut administrée par Ugo (ou Hugo) pendant les neuf ans des règnes de Guerech et de Judicaël, avoue ingénuement (T. Ier p. 182) qu'il ignore absolument qui remplit les fonctions épiscopales à Nantes pendant ce laps de temps et comment le spirituel fut gouverné dans le diocèse[1].

L'évêque Hugues, élu en 990, sous le pontificat du pape Jean XVI, signa le 9 août de la même année avec les huit autres évêques de Bretagne[2], mais le dernier, comme étant le plus jeune d'ordination, la donation que Conan le Tort, comte de Rennes, fit de quelques domaines et paroisses à l'abbaye du mont Saint-Michel[3]. On perd sa trace en 992, soit par suite de sa mort ou de sa démission.

42. — HERVEUS

(992-1005)

Herveus, Hericus, Herulfus, Hevisus, Hervisus, Hervisius, Hernitius. Ces différentes appellations viennent de l'explication diversement appliquée aux syllabes *Her* et *He*, qui commencent son nom et par lesquelles on se bornait à le désigner dans les anciens actes et manuscrits. Prélat d'une grande sainteté, Hervé était chanoine de Nantes quand il devint évêque et fut nommé aumônier du duc Geoffroy. Fulbert, évêque de Chartres, (Epistol. 28) le blâme de ce qu'à la prière de Thibault, comte de Blois et de Chartres, il ait bénit en 1003 Mégenard, abbé de Saint-Père en Vallée, près de Chartres, qui avait été élevé à cette dignité contre toutes les règles.

On dit que le duc Geoffroi, fils de Conan le Tort, donna à

---

[1] Il est bien difficile, en effet, d'admettre que Hugo ait été chargé du temporel.

[2] Les huit autres évêques étaient : Warin ou Guérin, de Rennes, Main, de Dol, — N. de Saint-Malo, — N. de Saint-Brieuc. — Paul, de Tréguier. — Mabbo ou Mabbon, de Léon. — Oratius, de Cornouailles et Auriscand, de Vannes.

[3] D. Lobineau. Extrait du Cart. du *Mont Saint-Michel* T. II p. 95.

l'évêque de Nantes, le corps de Saint-Hervé, mais du saint Hervé du pays de Nantes et non de celui du pays de Léon. Albert le Grand, et après lui l'abbé Travers, ont confondu le saint exorciste vivant, comme nous l'avons vu, sous Hesdrenus, c'est-à-dire au milieu du X⁰ siècle, avec un autre saint du même nom et aussi exorciste, vivant au pays de Léon vers le milieu du VI⁰ siècle. C'est évidemment du premier qu'il s'agit ici.

Il paraît qu'Hervé, évêque de Nantes, ne revint pas de Blois. Son absence fut l'origine de la mense du chapitre par l'abandon qu'il lui fit alors de quelques fonds de la sienne propre. Hervé mourut à Blois en 1005.

43. — WALTERIUS II

(1005-1042)

Walterius II, Gualterius, Gualterus, Gauterius, né soldat plutôt qu'évêque, eut toujours les armes à la main contre Budic, comte de Nantes et fils de Judicaël. Gentilhomme du pays de Rennes, il avait été marié, devint évêque après la mort de sa femme, et eut son fils légitime, Budic, pour successeur[1]. L'inclination de Gaultier pour les armes, l'esprit de domination qui le possédait et les ordres secrets du comte de Rennes lui firent mépriser Budic *(Chronique de Nantes).*

Gauthier diminua sensiblement les revenus de son église par les présents qu'il fit aux seigneurs de son parti. Il

[1] Une branche de cette famille, passée en Normandie au commencement du XV⁰ siècle et actuellement existante, a abandonné le nom de Gauthier pour relever les armes de la maison de Beaurepaire, marquis de Beaurepaire, comte de Louvagny etc. etc... Les armes de la maison Gauthier étaient avant ce changement : *De gueules à deux croix d'argent, liées d'azur en sautoir.* Voir *Ann. de la noblesse de France* par Borel d'Hauterive, année 1886. p. 217).

fut sacré sous le pontificat de Jean XIX et le règne du duc Geoffroy Ier. Il assista en 1008, avec Warin ou Guérin de la Guerche, évêque de Rennes, et Raoul, évêque d'Aleth, au rétablissement de l'abbaye de Saint-Méen de Gaël, par la duchesse Havoise (veuve de Geoffroi) et ses deux fils, Alain et Eudon. En 1025, on le trouve à la dédicace de Saint-Hilaire de Poitiers, et en 1026, à la confirmation par Alain III de l'abbaye de Saint-Gildas des Bois, fondée en 1020 par Simon, fils de Bernard, sieur de la Roche. A cette confirmation, assista Guérin de la Guerche, évêque de Rennes. Enfin on le voit en 1032 à la fondation de l'abbaye Saint-Georges, avec le même Guérin, de Rennes, — Ascaud, de Cornouaille — Judicaël, de Rennes — Salomon de Léon-Hamon, d'Aleth — Adam de Saint-Brieuc et Guillaume, de Tréguier. En 1041, le 15 octobre, son nom figure parmi les assistants à la dédicace de l'église de Saint-Florent de Saumur. Gauthier mourut en 1042.

44. — BUDIC

1042-1049.

Budic, Budicus, Pudicus, Benedictus, fils du précédent, et élevé dans les écoles de Saint-Martin de Tours, succéda, encore jeune, à son père en 1042, sous le pontificat du pape Benoît X et le règne du duc Conan II, en Bretagne. On accusa Budic au conseil de Reims, en 1045, d'être arrivé à l'épiscopat par simonie, ce qu'il avoua. Il fut déposé dans la session du 2 novembre et on lui ôta l'anneau et le bâton pastoral; mais les évêques obtinrent qu'il demeurât dans

.'ordre des prêtres, avec l'exercice des fonctions sacerdotales. Budic conçut tant de chagrin de sa déposition qu'il mourut l'année suivante. Il était à ce moment le seul évêque de Bretagne qui eut reconnu la métropole de Tours.

. Dom Mabillon *(Annales Bénédictines)* commet une confusion entre Budic, comte de Nantes et Budic, évêque de Nantes, en attribuant à celui-ci le fait d'avoir brûlé des titres de Saint-Florent que lui avait apportés un clerc et qui constataient que la plus grande partie de son domaine appartenait à l'abbaye. La chronique de Saint-Florent donnée par dom Lobineau. (T. II) et plus correctement depuis, par dom Martène dans son *Amplissima collectio,* attribue ce fait à un comte et non à l'évêque Budic.

45. — AIRARD

1049-1052

Airard, Aerardus, Arrardus, Agilardus, Errardus, Eilardus, Evrardus, Hairardus. Airard était abbé de Saint-Paul de Rome, et même cardinal au dire de Travers, lorsque le pape Léon IX le nomma de son autorité, évêque de Nantes.

On le trouve comme abbé de Saint-Paul, au concile de Rome de l'an 1049, assemblé, selon Herman Contract, dans la semaine qui suivit celle de Pâques, contre les *Simoniaques* et il n'a pu y signer avec un autre titre puisqu'il ne fut nommé à Nantes qu'en octobre suivant, au concile de Reims où fut déposé son prédécesseur. Dom Mabillon avance

dans ses *Annales Bénédictines* (Liv. LIX, p. 69), que le
concile de Rome auquel souscrivit Airard est de 1050,
qu'après ce concile il fut nommé à l'évêché de Nantes;
que le clergé de cette ville se plaignit de n'avoir pas
été consulté, et lui représenta qu'Airard ne méritait pas d'être
évêque. Le Père ajoute que le clergé abandonna ses prétentions et qu'Airard donna bientôt des preuves qu'il était digne
de l'épiscopat par son zèle à faire observer le décret du concile de Rome qui ordonne aux laïques de rendre à l'Église les
dîmes et autres droits ecclésiastiques usurpés sur ses
ministres.

Dom Mabillon s'est évidemment trompé dans une des
deux allégations. D'abord Airard n'a pas souscrit au concile de 1050 tenu à Rome en avril, mais seulement à celui de
1049. Il lui eût été très difficile d'assister à celui de 1050,
puisqu'il venait d'arriver depuis quelques mois seulement à
Nantes et précisément de Rome. Ensuite on fut obligé de
constater que le zèle d'Airard dont parle dom Mabillon vio-
lait tant soit peu les règles de l'équité puisque les resti-
tutions qu'il encouragea et qu'il fit faire en grand nombre
eurent pour objet les monastères qui n'avaient aucun droit
à les recevoir, au lieu de les faire aux églises des paroisses
auxquelles ces biens appartenaient originairement et sur
lesquels les laïques les avaient usurpés.

Ce fut ainsi que furent fondés par Ruald le prieuré du Pè-
lerin, celui de Béré-lez-Châteaubriant par Brient de Châteaubriant et celui de Frossai, par Droalé, fils de Frédor,
sr de Donges. Le clergé, le comte Hoël et le peuple de
Nantes ne tardèrent pas à se plaindre d'Airard au pape
Léon IX. Dans une lettre fort vive, écrite à ce pontife
en 1051 ou 1052, ils protestèrent contre la nomination de
l'évêque faite sans leur participation, disant en outre que
l'élu n'avait aucune des qualités requises pour faire un bon
évêque. Dom Mabillon n'attribue cette lettre qu'au seul clergé,

mais Martène dans son *Trésor des anecdotes* et ailleurs, la donne bien réellement comme émanant des trois états du diocèse. On agit donc à Nantes conformément à ce qu'on avait écrit à Rome. Airard fut rejeté comme intrus et incapable et l'on élut en 1052 *Quiriace* ou *Guérech* pour occuper le siège de Nantes. Dès ce moment, Quiriace prit le titre d'évêque de Nantes, qu'Airard de son côté s'efforçait de retenir.

Ne voyant aucun moyen de se maintenir à Nantes, ce prélat se rendit à Rome pour intéresser par sa présence et ses sollicitations, Léon IX dans une cause qui leur était commune. Il fallut néanmoins temporiser et Airard reprit le gouvernement de son monastère de Saint-Paul, que le fameux Hildebrand, depuis pape sous le nom de Grégoire VII, avait gouverné pendant son absence[1].

La ville de Nantes avec ses deux évêques, se trouva comme si elle n'en eut point eu, pendant sept ou huit ans. Airard était à Rome, et Quiriace, soit à cause de son âge, soit par déférence du métropolitain de Tours pour le Saint-Siége, n'était point sacré.

En 1059, Airard, toujours à Rome, souscrivit au concile qui se tenait dans cette ville ; il y prit les qualités d'abbé et d'évêque, sans ajouter de Nantes, par ménagement pour les Bretons, que la Cour de Rome ne voulut pas irriter. De Farfe en Italie, où l'avait envoyé Nicolas II en 1060, il revint en Bretagne, mais sans oser paraître à Nantes. Airard resta encore quelque temps dans le pays ; on le trouve en 1064 à Marmoutiers, confirmant toutes les donations qu'il avait faites aux moines de ce lieu et les faisant confirmer par son successeur Quiriace. A partir de ce moment on ne parle plus de lui ; il dut retourner à son monastère de Saint-Paul à Rome. Une charte de l'abbaye de Redon fait connaître qu'il vivait encore en 1093.

[1] Vita Hildebrandi in *Actis Bolland.* 25 mai.

46. — QUIRIAC

1052-1079.

Quiriac, Quiriace, Werech, Guerech, (Cyriacus), fils d'Alain Caignart, comte de Cornouaille ou de Quimper, et de Judith, fille de Judicaël, comte de Nantes, était par sa mère, arrière-petit-neveu de Guérech I, fils d'Alain Barbetorte[1]. Quiriac fut élu en 1052, âgé tout au plus de vingt-quatre ans, et même peut-être de beaucoup moins, puisque sa jeunesse, plutôt qu'une opposition du côté de Rome, fit différer sa consécration. Quelques titres de l'église de Nantes mettent son ordination à l'an 1060. La *Chronique de Bretagne* rapporte sa consécration à l'an 1063[2]. On donna cependant le nom d'évêque à Quiriace dès 1052 et Airard, son compétiteur, ne parut plus à Nantes. Le samedi, 1er mai 1059[3], il assista au sacre du roi Philippe 1er à Reims, dont il souscrivit l'acte de cette sorte. *Werecus, episcopus Nannetensis* et[4], et au concile de Reims en 1061. En 1062 il se trouva avec plusieurs de ses frères de l'église de Nantes à Angers où il avait emprunté territoire par égard pour la vieillesse d'Albert, abbé de Marmoutier. Avant de retourner à Nantes il assista au concile qui fut tenu dans cette ville contre Bérenger, et aussi à la Dédicace de l'église de Saint-Sauveur.

[1] Cete filiation est facile à établir. Alain II eut de Judith, veuve du comte de Thouars, deux fils : Hoël et Guérech (le 1er du nom sur le siège de Nantes). Hoël eut pour fils Judicaël, comte de Nantes et celui-ci laissa aussi deux enfants : Budic et Judith. Cette dernière épousa Alain Caignart, comte de Cornouaille, et de ce mariage issut Quiriac ou Guérech II.

[2] Le sacre de Quiriace eut lieu sous le pontificat d'Alexandre I, à Rome, et sous le règne, en Bretagne, du duc Conan II.

[3] Vieux style pour 1060.

[4] Du Tillet.

Le samedi, 25 octobre 1063, après son sacre, Quiriace convint avec Almodius, abbé de Redon, que l'abbaye de Saint-Sauveur paierait d'indemnité à l'église de Nantes, cent sols d'or pour les églises paroissiales qu'il achèterait dans le diosèce, et moins si l'on en convenait dans le temps de l'achat, et si l'église n'était pas paroissiale. En outre un denier d'or très pur de cens annuel devait être payé à la fête de saint Pierre, sans diminution du droit synodal[1] et des autres redevances dues par les églises au siège épiscopal. L'évêque donna aussi aux moines par le même acte son droit de sacrilège[2] dans les paroisses de Mouais (ou Moie), Marsac et Masserac, à l'entier sur leurs vassaux et seulement de moitié sur les non-vassaux. Cette concession fut rapportée à Nantes et signée par l'évêque, le consul Hoël, les deux archidiacres, deux prêtres, un diacre, trois sous-diacres, l'abbé Almodius et quatre-vingt-dix-neuf moines[3]. Le denier de Saint-Pierre, que le chapitre perçut jusqu'en 1790 sur la plupart des cures, tire son origine des concessions dont nous venons de parler. Son inégalité venait de ce que dans la concession, il avait été stipulé moins fort, du temps de l'évaluation de l'or en sous. Il y avait des églises qui ne le payaient pas, soit qu'elles n'eussent pas été concédées aux moines, soit qu'elles leur eussent été accordées quittes de toutes charges. On l'appelait *Denier de Saint-Pierre*, parce qu'il devait être payé le jour de la Saint-Pierre ; mais originairement c'était les moines qui le devaient, parce qu'ils l'avaient stipulé pour les dîmes et les autres droits curiaux que l'évêque leur accordait et dont ils jouissaient.

[1] Le droit synodal était de deux sous six deniers. Cette modicité et la cessation des synodes le firent abolir dans le diocèse.

[2] Le sacrilège est ici un terme général qui comprend tous les grands crimes, comme l'inceste, l'adultère, l'homicide, le parjure, en un mot ce que l'on appella depuis *cas réservés*, dont la pénitence ecclésiastique consistait alors dans une amende pécuniaire qui fut une aumône au profit des pauvres ou des fabriques des églises, en compensation de la pénitence publique dont on punissait les crimes publics.

[3] Cart. de Redon dans l'*Hist. de Bret.* T. II, p. 257.

L'an 1063, le mercredi, jour des ides du mois d'août (13) indiction I, l'an troisième de son ordination, l'an quatrième du règne du roi Philippe, Hoël étant comte de Nantes, Quiriace ratifia les donations que les évêques Hervé et Gautier II avaient faites au chapitre[1]. Il lui céda de plus toutes les oblations que l'on ferait à la cathédrale et à l'église de Saint-Jean-Baptiste, à l'exception de l'or et des ornements qu'il se réservait et qu'il appelle *Pallium*[2]. On voit dans cet acte sur lequel nous aurons occasion de revenir à propos du chapitre, que les chanoines honoraient l'évêque comme un père, et que l'évêque les aimait comme ses enfants et avait toute autorité sur eux. En cette même année 1063, l'évêque ayant voulu dépouiller les moines de Bourgdéol en Berri, de l'église Saint-Donatien qu'ils tenaient, ceux-ci citèrent Quiriace au tribunal du pape Alexandre II, qui, sans juger au fond le procès, ordonna la réintégration, au moins momentanée, des religieux[3].

En 1054, Quiriace confirma aux moines de Marmoutier, avec ses fils et ses frères les chanoines et les archidiacres, les concessions que l'évêque Airard, (qui était actuellement en ce monastère, et que nous rencontrons pour la première fois avec Quiriace) leur avait faites et leur en assura la possession. Quiriace leur donna aussi, mais pour le temps de sa vie seulement, l'église de Sainte-Marie-du-Passage (*de Pontello*, c'est-à-dire : du Pellerin) sous la condition d'un denier d'or de cens annuel à la fête de saint Pierre. L'acte de cette concession fut passé à Marmoutier où Quiriace se trouvait alors et fut rapporté par le secrétaire du siège de Nantes, signé de lui et de douze chanoines et scellé du sceau de l'évêque.

Ce sceau, de forme orbiculaire, est l'un des plus anciens sceaux bretons qui nous restent[4]. Il est appliqué sur

[1] Dom Morice, *Hist. de Bret.* T. I, col. 413, *Ex titulis Ecclesiæ Nannetensis.*
[2] Voyez du Cange, verbo *Pallium.*
[3] *Chron. Dol., Bibl. L'Abb.* L. T. I, *Annal. Bened.* lib. LXII, N. 33.
[4] Voy. les sceaux donnés par D. Lobineau, *Hist. de Bret.* T. II.

10

le parchemin même et non en queue pendante. Il représente les bustes des apôtres Pierre et Paul, patrons de l'Église de Nantes, avec une croix au milieu, vers laquelle les deux saints sont tournés. Voici l'inscription : P. E. et PAV et dans le tour ou circonférence du sceau, on lit : S. SACDO TIS NANENSIS CVIRIACI ; c'est-à-dire : *Petrus et Paulus signum sacerdotis Nannetensis Cuiriaci.* Ce sceau est une parfaite imitation de l'ancien sceau des évêques de Rome, sans autre différence que celle qui vient de la ville et du pontife. La charte de 1063 fait mention d'un protonotaire du Saint-Siège de Nantes et d'un diacre, son secrétaire. Rome avait aussi son protonotaire. On trouve encore Quiriace à Tours en 1065, et le 11 mars 1067 à Saint-Florent-le-Vieux, où il souscrivit l'accord que le légat Etienne Corticole y ménagea entre les moines du lieu et les chanoines de Saint-Florent de Saumur[1]. L'affaire de Béré près Châteaubriant, intentée par Redon contre Marmoutier, évoquée au tribunal de Quiriac en 1062, et jugée en 1063, recommença en 1068 et, malgré les efforts du légat Etienne aux conciles de Bordeaux, même année et de Tours, l'année suivante, voire même à celui de Rome en 1070, l'affaire resta pendante et ne se termina qu'en 1104, au concile de Nantes.

Les moines de Kimperlé, acquirent aussi, du temps de Quiriace, quelques domaines dans le diocèse de Nantes. Hoël, comte de Nantes depuis l'an 1054 donna, en 1064 à Benoist, abbé de ce monastère, en présence de Quiriace, leur frère[2], et à sa sollicitation, la maison et la vigne du prêtre dit *le Pictavin* touchant l'église Notre-Dame et tous les biens que ce prêtre avait possédés dans le comté nantais[3].

Ils étaient dévolus à Hoël par le droit d'aubaine, le prêtre dont il est question n'étant pas breton, mais poitevin, comme

---

[1] Sched. Cl. Ménard, propr. et andeg.

[2] Le comte Hoël, l'abbé Benoist et l'évêque Quiriace étaient tous trois, on se le rappelle, fils d'Alain Caignard, comte de Cornouaille.

[3] Cart. Kimp. et dans l'*Hist. de Bret.*, t. II, pp. 116 et 120.

le mot *Pictavinus* le désigne. C'est peut-être ici que l'on trouve ce droit seigneurial exercé pour la première fois.

Le Cartulaire de Redon[1] fait mention d'un différend qui s'éleva entre Quiriace et les moines de Saint-Sauveur, au sujet de la juridiction épiscopale que l'évêque soutenait lui être immédiate et en premier lieu sur les églises que les moines tenaient dans le diocèse, et telle qu'il l'avait avant qu'ils les eussent acquises. La contestation fut vive, dit le Cartulaire, et l'évêque défendit ses prétentions avec tant d'opiniâtreté que le pape Grégoire VII, élu en 1073, excommunia le prélat dans un concile tenu à Rome. Etonné de ce coup terrible, Quiriace consentit à n'exercer sa justice contre les prêtres commis par les moines à la desserte de leurs cures dans le diocèse, qu'en cas de négligence des religieux à punir leurs desservants, et Grégoire VII lui donna l'absolution. Cette allégation contre Quiriace, dit Travers, paraît invraisemblable et est d'ailleurs contraire à l'ancien droit qui soumettait absolument les moines à la juridiction des évêques. On doit se rappeler en outre que l'évêque était frère du duc régnant. Quiriace s'intitulait : *Quiriacus Dei gratia Nannetensis, episcopus — Nannetensium episcopus — Quiriacus, ac si indignus divina propitiante misericordia, Nanneticœ sedis episcopus*. Son monogramme nous est conservé dans une charte du Cartulaire de Redon, un peu différent, mais beaucoup plus exact que celui reproduit par les Bénédictins[2].

Guérech ou Quiriace de Cornouaille mourut le 2 des calendes d'août 1079, selon le Martyrologe de saint Martin de Tours et le nécrologe de l'abbaye de Landévennec[3].

---

[1] D. Morice, *Hist. de Bret.*, t. 1, col. 441.

[2] Cartulaire de Redon, p. 231. — D. Morice, *Preuves*, 1, col. 423.

[3] La Chronique de Bretagne donne 1076 et celle de Quimperlé 1078.

47. — BENOIT

1079-1111.

Benedictus ou *Benoit de Cornouaille* succéda à son frère en 1079. C'était sous le pontificat de Grégoire VII et le gouvernement, en Bretagne, du duc Hoël, frère aîné du nouveau pontife. D'abord simple religieux à Landévennec, il était abbé de Sainte-Croix de Quimperlé depuis 1066, lorsqu'il fut appelé au siège de Nantes, qu'il occupa sans quitter sa charge abbatiale. Il fut sacré en 1080, à Issoudun, après la tenue du concile qu'Amat, évêque d'Oleron et légat du Saint-Siège y avait assemblé. Il retint son abbaye de Quimperlé soit par affection pour cette maison dont son père était le fondateur, soit que, lui vivant, les religieux n'aient pas voulu élire un autre abbé.

On rapporte que le duc Alain Fergent, qui avait succédé en 1084 à son père Hoël, et était par conséquent neveu de Benoit, tint en l'an 1087 un parlement général ou assemblée de ses états à Nantes et y régla les rangs des évêques et barons[1].

Benoit se trouva à Redon à la Cour du duc, le 30 décembre, dimanche dans l'octave de Noël de l'an 1089, et, sur la contestation élevée entre les religieux de Saint-Sauveur et les chapelains du duc pour savoir à qui les offrandes faites aux

---

[1] D'Argentré (*Histoire de Bret.* liv. I, ch. 22) a donné la charte de ce règlement sur un vidimus dont l'écriture est du quinzième siècle au plus. Cet historien dit l'avoir tiré des archives de la chambre des Comptes, sur le premier feuillet d'un petit registre intitulé : *Hosts du Duc.* D'Argentré et après lui Hévin (*Notes sur l'Assise du comte Geoffroy*, T. II, p. 516), D. Lobineau et M. Béchameil de Nointeil, commissaire nommé par arrêt du conseil du 6 février 1679 pour faire le rapport de cet acte important, l'ont jugé faux, ou au moins altéré par l'interpolation de plusieurs faits. Le conseil, par un arrêt soutenu de lettres patentes du premier avril 1692, enregistré à la chambre, a rétabli l'authenticité de cette charte, de la vérité de laquelle plusieurs auteurs ont pourtant douté depuis.

trois messes de Noël par le dit duc et les seigneurs de sa suite devaient appartenir, il opina qu'elles étaient dues aux moines qui avaient célébré ces messes.

En 1092, l'évêque de Nantes assista au concile de Bordeaux et y termina le grand procès existant entre son église et Audebert, abbé de Bourgdéol, au sujet de l'église des saints Donatien et Rogatien. L'année suivante 1093, il bénit à Nantes le mariage de son neveu, le duc Alain Fergent, veuf de Constance d'Angleterre, avec la princesse Ermengarde d'Anjou, femme répudiée de Guillaume, comte de Poitiers.

Ce fut pendant l'administration de Benoit que les Bénédictins vinrent s'établir à Nantes. Nous voyons le même Benoit assister au concile de Clermont, tenu par le pape Urbain II à la fin de novembre 1095, et à la consécration de l'église de Saint-Nicolas-lès-Angers, que l'évêque fit au commencement de 1096. Benoit suivit Urbain II à Tours et assista au concile général que ce pape célébra dans cette ville au mois de mars avec 54 évêques ; il se trouva la même année à Bordeaux comme un des juges adjoints par Amat, légat du pape, dans le différend des moines de la Trinité de Vendôme avec ceux de Saint-Aubin-d'Angers[1].

L'année suivante, 1097, ou peu après, mais avant 1109, Benoit demande au pape de prendre sous la protection du Saint-Siège l'église de Nantes et l'abbaye de Quimperlé, ce qui lui fut confirmé, et de procéder à la canonisation de saint Gurloës, premier abbé de ce monastère. Urbain II répondit que ses prédécesseurs avaient déjà octroyé les premières demandes, qu'il confirmait avec plaisir, mais qu'au sujet de la canonisation, il ne pouvait décider sans un concile général.

Benoit est le premier évêque de Nantes pour lequel on fasse mention de ses visites épiscopales. Le Cartulaire de Saint-Florent[2] dit, qu'en 1104, Guillaume, abbé de Saint-Florent, vint trouver l'évêque de Nantes et le suivit dans ses visites

---

[1] Baluz miscell. T. II.

[2] Dans l'*Hist. de Bret.* de dom Lobineau, t. II p. 258.

jusqu'à la Bénaste. Il demandait la confirmation de tout ce que son abbaye possédait depuis peu dans le diocèse. Après bien des retards, Benoît, à la sollicitation du duc, revint à Nantes et se rendit avec ses deux archidiacres et le clergé au *dortoir* des chanoines. L'abbé obtint enfin de cette façon la confirmation qu'il sollicitait. La mention faite ici du *dortoir* des chanoines, nous apprend qu'à l'époque de Benoît, ces chanoines vivaient en commun sous le même toit, sous la direction de leur évêque. Le cloître de Saint-Pierre dont il restait encore des vestiges au dix-septième siècle en est du reste une preuve.

Il se tint un concile à Nantes en 1105[1], un autre l'année suivante, en l'église Saint-Laurent, qui fut présidé par l'archevêque de Tours[2]; enfin un troisième en 1107, présidé par Gérard, évêque d'Angoulême, légat du Saint-Siège[3]. On ne possède aucun canon de ces conciles. Dans ceux de 1105 et 1107, quelques donations furent faites par des seigneurs, à des monastères, et on y jugea quelques différends entre des moines. Le sceau de l'évêque de Nantes, attaché à un acte de 1105, vu par dom Lobineau, portait en légende circulaire : *Sigillum Sancti Petri Nannetensis.*

Benoit assista au concile de Loudun, le lundi 18 octobre 1109, lequel fut encore présidé par le légat Gérard d'Angoulême[4].

Un acte de 1101[5] qui se termine ainsi : « *Quod ut firmum et stabile permaneat in perpetuum, sigilli nostri robore confirmavi* » nous montre ce prélat comme gouvernant l'église de Nantes d'une façon ferme et active. « *laboriosissime regente.* » Benedict ou Benoit, usé par les labeurs et les années, se démit de l'évêché de Nantes et de l'abbaye de Quimperlé en

---

[1] Cart. Roton.
[2] Anecd. Marten, t. I, p. 315.
[3] Tit. de Marm. dans l'*Hist. de Bret.* par D. Lobineau, t. II, p. 264.
[4] Anecd. Marten, t. I. p. 318.
[5] Dom Lobineau. *Preuves*, col. 133.

1111, d'après la *Chronique* de ce monastère et y mourut, selon l'obituaire de Landévennec, près de quatre ans après, le jeudi 6 mai 1115, âgé de 85 ans et plus. Benoît, frère du duc Hoël, de l'évêque Quiriace, son prédécesseur et d'un autre Benoit ou Benedict qui occupa le siège de Cornouaille de 1064 à 1113, fut un évêque humble, quoique le premier du clergé de Bretagne par sa haute naissance, sans faste, actif, laborieux, aimant le bien, homme de bien lui-même. C'est à lui que l'on doit le vieux chœur roman de Saint-Pierre de Nantes qui vient de disparaître, et dont l'architecture offrait de grands rapports avec celui de Sainte-Croix de Quimperlé également élevé par ses soins.

48. — ROBERT Ier

1111—1113

Il était archidiare de Nantes en 1104[1], neveu de l'évêque Benoît, frère du duc régnant, Alain Fergent, et du comte Mathias et ami d'Hildebert, évêque du Mans. Une fâcheuse affaire, probablement la mort de son frère Mathias, qui survint pendant qu'il était archidiacre, l'obligea de quitter Nantes. Hildebert (Epis. 12, al. 2) l'invita à venir au Mans. Il l'égale, dans la lettre qu'il lui écrivit, à Virgile et à César, s'étonnant de ce que Robert, excellent poète, soit en même temps vaillant soldat, et de ce qu'étant à l'armée, il trouve du temps pour vaquer à l'étude. Hildebert représentait à son ami que l'armée n'était pas le lieu où il devait être. Robert profita de l'avis, embrassa la vie monastique et lorsque son oncle Benoît se retira, il fut appelé à lui succéder[2].

Nous avons[3] une lettre très caractéristique de Robert,

[1] Titres de Saint-Florent dans l'*Hist. de Bret.* p. D. Lobineau, T. II. p. 258.
[2] Titres de Saint-Sulpice dans l'*Hist. de Bret.* T. II, p....
[3] Miscell Baluzii, T. V.

évêque de Nantes, l'an 1112, adressée à Lambert, évêque
d'Arras. C'est un démissoire accordé à un jeune homme
pour lui permettre de recevoir les saints ordres par l'entremise de l'évêque qu'il lui plairait. Robert fut transféré
cette même année, ou plutôt la suivante à Quimper, où il
succédait aussi à un de ses oncles, également nommé Benoît.
Robert occupa le siège de Cornouaille jusqu'à 1130. Il mourut
le 4 novembre d'après la Chronique de Quimperlé et l'*Obituaire* de Landévennec.

49. — BRICIUS

1113-1140

Bricius, Britius, Briceius, Brixus, Bricio. — Brice est le 3ᵉ
évêque après Quiriace ; le Cartulaire du Roncerai le dit for-
mellement. *Cognovi etiam ex litteris domini Bricii, viri
utique qui felicis memoriæ, qui a præfato Quiriaco tertius
extitit et a quo (Bricio) ego quartus fui, etc[1] ».*

Brice était archidiacre de Vannes quand il fut appelé au
siège épiscopal de Nantes, qu'il accepta sans quitter son archidiaconé. C'était sous le pontificat du pape Pascal II, et le
règne, en Bretagne, du duc Alain Fergent. Deux actes anciens, l'un du duc et l'autre de son fils, Conan le Gros, le men-
tionnent comme évêque dès l'an 1112. Brice fut sacré en 1113
et c'est de cette année que la Chronique de Bretagne et la
Chronique de Quimperlé commencent à compter les années
de son épiscopat. Il commence ainsi l'un des actes de cette
année : *Dum Ego B. Dei gratia Nannetensium episcopus,
in fide mea sederem,* etc., au bout duquel était placé son sceau
que l'on ne connaît pas[2].

---

[1] Litteræ Roberti, II épisc. Nannet.   x Cartul. B. Mariæ Andegav.

[2] Cet acte n'existe plus qu'en copie à la bibliothèque d'Angers qui en est
devenue propriétaire à la vente du cabinet de M. Grille, au catalogue duquel
il figurait sous le n° 3158 (*Armorial des Evêques de Nantes*, par M. S. de
la Nicollière, p. 39.)

A son arrivée à Nantes en 1113, Brice eut à terminer un différend entre les prêtres et les moines de Pornit[1]. Il confirma en 1114 toutes les donations précédemment faites dans le diocèse à l'abbaye de Marmoutier. En 1117 il assista au concile célébré à Angoulême par Gérard, évêque de cette ville et légat du pape en France et en Bretagne et fit publier, à son retour, dans toutes les paroisses du diocèse, la sanction du concile qui excommuniait Hervé, abbé de Redon, et mettait l'interdit sur l'abbaye et ses dépendances jusqu'à ce que le territoire de Belle-Ile fût restitué aux moines de Quimperlé. Cette restitution s'opéra en 1118, en présence de Brice.

L'année suivante l'évêque de Nantes vint à Redon rendre les derniers devoirs à Alain Fergent, duc de Bretagne, mort à l'abbaye de Saint-Sauveur. A cette cérémonie assistèrent avec Brice : Baldric, archevêque de Dol, Marbode, évêque de Rennes, Galon, de Léon et plusieurs autres prélats. Nous croyons devoir ne pas omettre qu'en 1118, pendant l'administration de Brice, la ville de Nantes fut, le 1er mai, réduite en cendres, on ne sait par quel accident. C'est la Chronique de Mellerai et celle de Bretagne qui nous l'apprennent. Les plus anciens bâtiments de la ville actuelle, publics comme particuliers, ne datent que de cette époque. Le 7 septembre 1119, XVIe dimanche après la Pentecôte, Brice assista à la consécration d'un autel que le pape Calixte II fit dans l'église de Notre-Dame du Roncerai, à Angers. En 1120 le légat Gérard d'Angoulême tint à Nantes un concile en faveur de Marmoutier et Hildebert, de Tours, en présida un autre dans la même ville en 1127, devant le duc Conan II . Ce dernier renonça, dans ce concile, au droit de bris qui lui donnait tout ce qui, dans les naufrages, était jeté à la côte et à un autre droit qui le rendait maître des meubles d'un homme

[1] Titres de Saint-Serge, dans l'*Hist. de Bret.* T. 11, p. 347 — Ann. Bened. T. V. p. 693

[2] Concil. Labb. T. x et inter opera Hildeberti.

et d'une femme à leur mort, comme à des droits odieux, barbares, inhumains que l'injustice et la violence avaient seuls introduits.

A la prière d'Hildebert, le pape Honorius II confirma tous les règlements du concile de Nantes, le premier de province qui ait obtenu cette ratification par le Saint-Siège.

En la même année 1127, nous retrouvons l'évêque Brice à Redon pour la réconciliation de l'église de Saint-Sauveur, après les sacrilèges dont elle avait été témoin de la part d'Olivier de Pontchâteau, Savary, de Donges et plusieurs autres seigneurs. La cérémonie se fit le 23 octobre, XXIIe dimanche après la Pentecôte, jour de la première dédicace de l'abbaye Elle fut présidée par Hildebert, métropolitain de Tours, assisté de Guy, du Mans ; Hamelin, de Rennes ; Brice, de Nantes ; Donoald, d'Aleth ; Galon, de Léon ; Robert, de Quimper ; Hervé, abbé de Redon ; autre Hervé, abbé de Saint-Mélaine : Gautier, abbé de la Chaume et de plusieurs seigneurs.

En 1128 Brice assista avec Gérard d'Angoulême, légat du pape, et quelques autres évêques à la translation des reliques de saint Aubin dans une châsse plus précieuse[1]. En 1132 les moines de Poutron jetèrent les fondements de l'abbaye de Mellerai. En cette même année, Brice alla à Rennes et y fut témoin de la donation que le seigneur de Vitré fit du prieuré de Notre-Dame aux religieux de Saint-Melaine, de Rennes[2]. Hildebert de Tours tint le concile de sa province à Redon, le 5 février 1134. L'assemblée excommunia Raoul de Montfort, après avoir pris le consentement du duc Conan, du clergé et du peuple. En 1134, Brice eut aussi à défendre ses droits contre les moines de Marmoutier auxquels le duc Conan le Gros et sa mère Ermengarde venaient de donner les églises de Notre-Dame, Sainte-Croix, Saint-Saturnin et Saint-Aubin[3].

[1] Calend. S. Albini, dans l'*Hist. de Bret.* p. D. Lobineau, T. II. p. 281.
[2] Titres de Notre-Dame de Vitré.
[3] Depuis Saint-Vincent qui était son premier nom.

L'affaire fut évoquée au tribunal du pape qui ordonna aux parties de comparaître devant lui dans l'octave de la Saint-Martin. L'évêque de Nantes, sans tenir compte de son âge avancé et de ses infirmités, se rendit à Pise où, Innocent II tenait sa Cour. Brice revint à Nantes avec des bulles du 22 avril 1135, qui le rétablissaient dans tous ses droits, excepté sur l'église Notre-Dame, qui appartenait à Quimperlé. Ce fut l'année suivante, 1136, que saint Bernard accompagné du légat Geffroi de Chartres, vint à Nantes pour accepter la fondation de l'abbaye de Buzay, ordre de Citeaux, faite l'année précédente. La grâce des miracles qui accompagnait partout le saint abbé de Clairvaux le suivit en Bretagne. Il délivra une femme de qualité d'un démon qui la tourmentait et qu'il chassa. La cérémonie de cet exorcisme, comme on le pratiquait alors pour les excommunications, se fit à l'église, du consentement du clergé et du peuple, en jetant à terre des cierges allumés[1].

En l'an 1137 Brice fonda sept prébendes dans son église, par union de riches fonds à la mense capitulaire. Innocent II confirma cette érection par ses bulles de la même année[2].

Vers la même époque Brice autorisa la restitution que fit Marcis de Goulaine aux moines de Vertou des églises de la Chapelle-Heulin et de Goulaine, qu'il tenait d'eux à féage. Il consentit aussi à la donation de l'église d'Oudon aux moines de Saint-Aubin d'Angers[3]. Brice mourut le 29 octobre 1139 selon la Chronique de Saint-Aubin d'Angers. La Chronique de Rhuis et la Chronique de Bretagne, ainsi qu'un manuscrit de la Reine de Suède disent 1140. La Chronique de Bretagne loue l'évêque de sa grande justice : « *M. C. X. L. obiit Bricius, episcopus Nannetensis, vir miræ justiciæ.* » C'est à Brice que l'on doit le premier palais épiscopal qui ait été construit à Nantes.

[1] Alan. Antisiod. Ep., Vit, S. Bern. c. 2.
[2] Titres du chapitre, Bulle d'Innocent II.
[3] *Hist. de Bret.* par D. Morice, T. I. col. 561 et 563.

50. — FRANÇOIS Ier

1140-1141

Le Cartulaire de Marmoutier fait mention de François, évêque de Nantes, Riwallon étant archidiacre de Nantes; or Riwallon occupait ce poste du temps de Brice et d'Itier ou Itère. Il n'est point surprenant que François, n'ayant siégé que fort peu de temps, ne soit point entré dans les catalogues. Cependant il ne peut être exclus puisque Robert II, qui fut élu en 1170, se dit le 4ᵉ successeur de Brice ; or il serait le 3ᵉ si l'on rejette François. Donc François doit être maintenu. Les partisans de l'unité de personne entre Brice et François attribuent à ce dernier la louange que la Chronique de Bretagne donne au premier et que nous avons signalée plus haut. François est nommé dans l'acte le plus ancien du prieuré de Varades[1].

51. — ITERIUS

(1141-1147)

Iterius, Itère, Itier, natif de Saintes et de noble race, nous dit Albert de Morlaix, était abbé de Bourgueil lorsqu'il parvint à l'évêché de Nantes en 1141, sous le pontificat du pape Innocent II. Il fut sacré l'année suivante. Ce fut en cette année que les Templiers furent établis à Nantes et que les moines de Pontron vinrent définitivement prendre possession de Mellerai.

[1] Archives départementales. *Prieuré de Varades.*

Pierre Abélard, que ses infortunes et son esprit ont rendu si fameux, né au Pallet (Palatium), dans le diocèse de Nantes, mourut le 21 avril 1141, selon la *Chronique de Sens* et celle de Saint-Gildas-de-Rhuys, dont il avait été abbé.

L'abbaye de Buzay avait été, on se le rappelle, fondée en 1135 et saint Bernard y avait mis en 1136 quelques religieux auxquels il avait donné pour prieur, son frère Nivard. Le saint abbé vint voir ses frères à la fin de 1143 ou au commencement de 1144, et sur ses instances, le duc Conan III consentit une nouvelle charte de fondation.

Le cardinal Albéric, évêque d'Ostie, vint en 1145 à Nantes où, en présence d'une nombreuse assemblée, comme l'atteste Hugues, archevêque de Tours, qui assista à la cérémonie, il fit la reconnaissance des reliques de saint Donatien et de saint Rogatien.

Itère mourut le dimanche, 21 décembre 1147, d'après les Chroniques de Bretagne et de Mellerai.

52. — BERNARD

(1148-1170)

Bernard I, *Bonard*, *Bonal*, qui, de chanoine de Nantes, s'était fait moine à Clairvaux, fut élu évêque en 1148. Il était d'Escoublac, dans le territoire de Guérande[1]. Le duc Conan III étant mort dans la même année, son fils Hoël, devenu comte de Nantes, commença par renoncer au droit odieux que ses prédécesseurs avaient exercé à la mort des évêques ; ce droit leur donnait tous les meubles du défunt et tous les revenus de l'église, le siège vacant. Hoël fit serment de ne point empêcher l'évêque mourant de tester, de ne point s'ap-

---

[1] Chron, de Bret. dans l'*Hist. de Bret.* T, II. p. 354 — Vita S. Bern. l. II. c 7, 8.

proprier les biens meubles du défunt et de les laisser à la garde du clergé pour les remettre en entier à l'évêque successeur, de ne point toucher aux revenus de l'Eglise et de ne rien exiger de l'évêque pendant la vacance[1]. Il renonça aussi à tout ce qu'on appelle *droit de régale*, que les comtes de Nantes avaient exercé jusque-là. Ce droit, revendiqué dans la suite, causa beaucoup de troubles à Nantes et jeta dans de grands embarras les ducs qui tentèrent de le rétablir.

Allant à Rome dans le commencement de son épiscopat, Bernard (appelé *Bonald* dans le titre de concession) fit sa première couchée à Saint-Florent-le-Viel. Il donna à l'abbé Mathieu l'église de Nozay, tant pour acquitter la promesse qu'il lui en avait faite précédemment que pour le salut de l'âme de son père, mort moine de Saint-Florent[2].

Ayant eu un différend avec les religieux de Marmoutier au sujet de plusieurs églises du diocèse que tenaient ces derniers, Engelbaud, archevêque de Tours, fut choisi pour médiateur. Un accord intervint entre les parties ; cet accord fut signé à Angers, où l'évêque de Nantes, les autres suffragants et Engelbaud, leur métropolitain, se trouvèrent en mars 1152 pour la translation des reliques de saint René[3].

L'évêque Bernard obtint cette même année du pape Eugène III et quelques années après d'Adrien IV des bulles confirmatives de tous les privilèges de son église et des dons qu'on lui avait faits[4]. Il se trouva à Angers le XV des calendes de février à la réception des reliques de saint Serge et de saint Bach[5]. En 1159, l'évêque de Nantes assista à la dédicace de l'église Saint-Julien du Mans par l'évêque Guillaume[6],

---

1. Tit. de l'égl. de Nantes, dans l'*Hist. de Bret.*, par D. Lobineau T. II, p. 298.
2. Cartulaire rouge de Saint-Florent, fol. 38 et 39.
3. Titres de l'église d'Angers.
4. Titres de l'église de Nantes.
5. Titres de Saint-Serge.
6. Act. Epis. Cénom ; *Analect. Mabil.* T. III. p. 370.

et en revenant, à la translation des reliques de saint Florent,
par Josce, archevêque de Tours et quelques autres prélats
commis à cet effet par Adrien IV[1]. En 1160 on le trouve
présent à la réconciliation d'Eudon de Pouchâteau avec les
moines de Redon. Il était assisté de Rolal ou Rouaud,
évêque de Vannes, et de Tual, abbé de Saint-Gildas-des-
Bois. Sylvestre était alors abbé de Saint-Sauveur.

Bernard fonda à Genestou, dans son diocèse, une abbaye
de chanoines réguliers, auxquels il donna pour premier
prieur un homme de mérite, nommé Clément. En 1163, il obtint du pape Alexandre III, au concile de Tours, des bulles
confirmatives de sa fondation. L'évêque de Nantes, à ce
même concile de Tours, prêcha devant le souverain Pontife
avec une liberté qui convenait à un vrai disciple de saint Bernard. On a de lui quelques sermons que la ressemblance de
nom et d'institut a fait quelquefois attribuer au saint abbé
de Clairvaux. Le sceau de Bernard, de forme ogivale, mesure
0,ᵐ 077 sur 0,ᵐ 053. Il représente l'évêque revêtu de ses ornements pontificaux, bénissant de la main droite et tenant
de la main gauche la crosse tournée en dedans. Légende :
† *sigillum Bernardi Nannetensis Epioi.* Ce monument sigillographique, le plus ancien qui reste maintenant de nos
évêques, est en cire rouge sur lacs de fils blancs[2]. Bernard
s'intitule : *Bernardus, Dei patientia humilis Nannetensis ecclesiæ, dictus episcopus ; Dei gratia, Nannetensis Ecclesiæ
humilis magister.* L'obituaire de Nantes qui le qualifie, *vir
magnæ libertatis et benignitatis,* place sa mort au 5 janvier
1169 (1170, n. s.[3]) Il légua un sol à chaque chanoine pour sa
mémoire ou anniversaire ; c'est la plus ancienne fondation
d'obit acceptée par le chapitre[4].

1 Chronique de Saint-Florent, dans l'*Hist. de Bret.* T. II p. 91.
2 *Archives départementales*. Fonds de Buzay, boîte 1, liasse, 4pⁱⁱ.
3 D. Morice, *Preuves* I, col. 104. 132   Haureau. etc.
4 Liber annivers. Eccl. Nannet.

53. — ROBERT II

(1170-1185)

Robert II, fils de la sœur de Bernard qui précède, était archidiacre de Nantes quand il fut élu pour succéder à son oncle (avunculus) le vendredi 25 décembre, jour de Noël de l'an 1170, c'est-à-dire près d'un an après la mort du précédent. Henri II, roi d'Angleterre, avait fait différer l'élection jusqu'à son arrivée, afin d'avoir à Nantes un évêque qui lui fût tout dévoué. Le continuateur de Sigebert met l'élection de Robert à l'an 1170, parce qu'il commence l'année à Pâques, au lieu qu'en Bretagne, on la commençait indifféremment à Pâques ou au 1er janvier. C'était sous le pontificat du pape Alexandre III et le règne en Bretagne de la duchesse Constance. Robert prend dans ses lettres la qualité d'humble ministre de l'église de Nantes, par la permission divine : *Ego, R. Dei permissu, Nannetensis Ecclesiæ humilis minister.* L'évêque de Nantes se trouva en 1172 à l'assemblée qui se tint au Mans pour délibérer de la croisade. Il revint à Nantes dans la compagnie des légats du pape, qui y avaient assigné les moines de Redon et de Quimperlé, à l'occasion de Belle-Isle, sur la possession de laquelle ils plaidaient depuis plus de soixante ans. Ce long procès fut terminé par l'abandon que les religieux de Quimperlé firent de l'église de Notre-Dame de Nantes à ceux de Redon, qui se désistèrent de leurs prétentions sur Belle-Isle.

En 1176, Barthélemy de Vendôme, archevêque de Tours, tint à Rennes un concile provincial pour chercher les moyens de s'opposer à la fureur des Albigeois, qui dévastaient le midi de la France ; à cette assemblée prirent part : Etienne de Fougères, évêque de Rennes ; Robert, de Nantes ; Geoffroi,

de Quimper ; Rothald ou Rouaud, de Vannes ; Barthélémy,
de Léon ; Albert, de Saint-Malo ; Geoffroi, de Saint-Brieuc ;
et Yves Hougnon, de Tréguier, tous suffragants de Tours.

Robert régla plusieurs différends entre les diverses églises
de son diocèse. Après avoir travaillé à pacifier les églises
des autres, il n'oublia pas celle de son siège. L'an 1180, le
pape Alexandre III lui accorda des bulles données à Tuscu-
lum le jour des nones de février (5 février) qui mettaient
sous la protection du Saint-Siège l'église et le chapitre de
Nantes[1]. En la même année Robert assista au traité de Gi-
sors, passé entre les rois de France et d'Angleterre.

Les moines de Mellerai firent en 1183 consacrer leur église
le lendemain de la Saint-Laurent (11 août). Robert de Nantes
et Guéhenoc, de Vannes, assistèrent à cette cérémonie et
furent témoins des dons que Bonabes de Rougé fit aux
moines des dîmes qu'il avait à Saint-Aubin-des-Châteaux[2].
L'année suivante notre évêque traita de quelques dîmes
avec Sebrand, abbé de Blanche-Couronne. C'est le dernier
acte de son épiscopat à Nantes[3]. Il se mit aussitôt en chemin
pour Jérusalem, et mourut à Brunduse (Brindes) en Italie,
pendant son retour, l'an 1184, selon la chronique de Bretagne[4],
l'an ou 1185, selon Pierre de Baud. Le continuateur de Sigebert, qui connaissait Robert et était son ami, le dit homme
d'une grande probité : *Obiit Robertus, episcopus Nannetensis,
vir magnæ honestatis et amicus noster, cum rediret Hieroso-
limam*. A l'exemple de son prédécesseur, Robert légua
douze deniers à chaque chanoine pour faire mémoire de
lui. L'ancien obituaire de la cathédrale la fixe au 15 janvier,
qui est aussi la date de sa mort[5]. Le sceau de Robert, de forme

---

[1] Titres de l'église de Nantes.

[2] Titres de Mellerai dans l'*Histoire de Bretagne* T. II ; p. 1183.

[3] Titres de l'église de Nantes.

[4] D. Lobineau, *Histoire de Bretagne* , T. II, p. 354.

[5] D. Morice, *Preuves*, I, col. 104 105, 132, 136 — Haureau, etc.

ogivale, mesure 0ᵐ 070 sur 0ᵐ 045. Il est en cire brune et représente l'évêque bénissant. Légende : *Sigillum Roberti (Nannetensis) eppi :* Contre-sceau presque rond de 0ᵐ, 024, sur 0ᵐ, 022; dans le champ le sacrifice d'Abraham. Légende : *Fac mihi quod tibi vis*[1].

54. — ARTUR

(1185)

D'Argentré, Augustin du Paz, Claude Robert et Albert de Morlaix n'ont point inséré Artur dans leurs catalogues, que Alain Bouchard, Vincent Charon, chanoine de Nantes, Jean Chenu et MM. de Sainte-Marthe donnent pour successeur à Robert.

Nous croyons, avec Travers, qu'on ne doit pas le rayer de la liste des évêques de Nantes Le sénéchal de la Mée, l'archidiacre de Nantes et un troisième personnage du nom de Geffroi, témoins dans l'enquête que le roi Philippe-Auguste fit faire à Nantes, l'an 1206, au sujet des droits de l'évêque et du comte, déposèrent que depuis Robert ou les quatre derniers évêques, ils avaient vu le comte prendre la régie des fruits, le siège vacant. Ce témoignage ne peut avoir de valeur si on rejette Artur, car il ne se trouverait alors que trois évêques, au lieu des quatre dont les témoins déposent.

Artur n'occupa le siège que quelques mois en 11 5, mais il doit néanmoins prendre place dans le catalogue de nos évêques.

[1] *Archives départementales*. Fonds de Buzay, boîte A, liasse 4, n⁰ 2 — Bibliothèque nationale; *Archevéchés et évéchés de Franse*. Collection Gaignières, T. CXLI.

55. — MAURICE DE BLASON

(1185-1198).

Maurice de Blason ou Blaison, issu de la maison de Mire-
beau, à laquelle plusieurs auteurs donnent une extraction
royale du côté maternel[1], fut élu évêque de Nantes en 1185,
sous le pontificat du pape Urbain III et le règne, en Bretagne,
du duc Geoffroi, époux de la duchesse Constance.

C'est le premier prélat pour lequel on trouve trace d'armoiries. Il portait :

Bandé de six pièces de.... et de ....[2].

Le sceau ogival de Maurice, en cire blanche, était appendu
sur lacs de cuir à une charte de Fontevrault, de 1190. Dans
le champ, évêque bénissant, crosse en dedans. Légende :.
Sigill. Mauricii Nannetensis episcopi[3]. Contre-sceau rond ;

---

[1] Hugues du Temps, *Le clergé de France*, T. II. p. 420.

[2] Archives nationales, *Douët*. d'Arcq. *Collect. de sceaux*. T. I p. 488, n°
1443, sceau de Thibault de Blason, en 1246.

[3] Bibliothèque nationale, *Arch. et évêch. de France*. Collect. Gaignières,
T. CXLI.

dans le champ main droite bénissant. Légende: *Sigill. Mauricii Epi. Nan'*.

L'assise ou ordonnance du comte Geoffroi pour les partages nobles, que quelques manuscrits datent de 1185, met parmi les évêques témoins : Maurice, élu de Nantes, et le pape Urbain III, dans une bulle du 10 décembre de la même année, le dit également élu de Nantes[2].

Maurice fut, croit-on, sacré en 1186. Il fut un des médiateurs du différend de Pierre Giraud, évêque de Saint-Malo avec les moines de Marmoutiers. Il en prit connaissance à Vitré en 1187 et signa l'accommodement à Tours, où le procès avait été porté[3]. De là il se rendit au Mans où il assista en 1188 à l'assemblée que le roi d'Angleterre, Henri II, y réunit pour délibérer sur les moyens de fournir aux frais de la croisade et sur la conduite que les croisés devaient tenir dans leur voyage[4].

Attentif aux besoins des pauvres clercs de son église, Maurice, d'accord avec le chapitre, dont l'évêque et l'archidiacre étaient alors les chefs : *Maur   tius, Dei gratia Nannetensis episcopus et Alanus archidiaconus, et cæteri fratris Nannetensis capituli.... etc*[5], régla, l'an 1192, que les chapellenies à la présentation du chapitre et desservies à la cathédrale et dans les églises de la ville et des faubourgs, ne seraient présentées à l'avenir qu'aux clercs servants à la cathédrale et que les chanoines en seraient exclus. Le pape Célestin III confirma le jugement[6].

---

[1] Le contre-sceau dont Maurice aurait usé, d'après Travers, chargé d'une main tenant une double clef, est celui que le prélat employa étant évêque de Poitiers et qui se trouve aux archives départementales de la Vienne.

[2] Codex ms. 184 Reg. succ., D. Lobineau, *Hist. de Bret.*, T. II, p 318.

[3] Titres de l'église de Saint-Malo, dans *l'Hist. de Bret.*, T. II p. 322.

[4] Rog. de Hoveden, ann. ang. part. II concil. Labbe T. X.

[5] Titres de l'église de Nantes.

[6] Titres du Chap. — D. Morice, *Hist. de Bret.*, T. I, p. 712.

Les liaisons de l'évêque de Nantes et ses alliances dans le Poitou, le firent, en 1197, proposer pour l'évêché de Poitiers par une partie du chapitre de ce diocèse ; l'autre partie élut Adhémar. Le pape Innocent III confirma cette élection[1]. Mais Adhémar étant mort peu après, tout le chapitre se réunit pour demander pour évêque Maurice, dont le pape accorda la translation le 29 novembre 1198[2]. (n. s.)

Maurice était le 3e évêque, depuis saint Clair, transféré à un autre siège : ces évêques avaient été Actard, qui passa à Tours en 872, Robert 1er à Quimper en 1112 et Maurice à Poitiers en 1198. L'épiscopat de Maurice fut témoin de plusieurs grands événements. Le comte Geoffroi mourut à Paris en 1187 et fut inhumé à Notre-Dame que l'on venait de rebâtir. Sa veuve, la duchesse Constance, vendit dans ces temps aux habitants de Nantes, pour la somme de cinq mille sols ou 250 livres, le ban de vin ou le droit qu'elle avait sur les vins vendus en détail à Nantes pendant le cours de l'année, sans aucune réserve. L'évêque qui par une vente aussi absolue se vit frustré de son ban de 15 jours pendant lesquels il avait seul, tout le droit de la vente des vins, par exclusion du comte, mit aussitôt l'interdit sur la ville[3]. Cette affaire n'eut pas de suites, le roi d'Angleterre Henri II, beau-père de la duchesse, ayant fait rendre à l'évêque ses 15 jours de ban pour en jouir comme auparavant. On ne sait d'où ce droit venait à l'évêque et depuis quand il l'exerçait, et on n'en avait point entendu parler jusqu'alors. Il subsista jusqu'à la Révolution par l'abandon que les Etats de Bretagne en firent à l'évêque.

Maurice de Blason occupa le siège de Poitiers pendant 16 ans et mourut en 1214.

[1] Innocent III, lib. I. Epist. 75.
[2] Innocent III, lib. I. *Epist.* 490, et lib. XV, *Epist.* 125.
[3] Titres de l'église de Nantes.

56. — GEOFFROY PANTIN

(1199-1213)

Gaufridus succéda au précédent en décembre 1198, sous le pontificat du pape Innocent III et le règne, en Bretagne, de la duchesse Constance. Elu par l'influence du roi d'Angleterre, Richard, Geoffroy ne fut pas immédiatement sacré, car un acte de 1199 porte ; *Gauffridus, electus Nannetensis*[1]. Tous les historiens qui ont dressé le catalogue des évêques de Nantes, ont ignoré le nom de famille de ce prélat. C'est à M. de la Nicollière, dans son *Armorial des évêques de Nantes* (p. 42) qu'est échu l'honneur de rendre à la maison Pantin l'une de ses illustrations. L'évêque Geoffroy appartenait bien à cette race d'ancienne chevalerie, originaire d'Anjou, qui a fourni deux chevaliers aux croisades (Hardouin à la 3e, Raymond à la 7e) et qui compte encore aujourd'hui plusieurs rameaux, tels que ceux de Landemont et de la Guère.

Suivant une antique tradition, les Pantin devraient leur nom et leur origine à la paroisse et châtellenie de Pantin,

---

[1] *Inventaire et documents inédits,* publiés par M. Teule. T. I, p. 200.

située dans la banlieue de Paris. Nous n'avons pas à examiner ici la valeur de cette assertion, détaillée au reste dans le manuscrit II du président des Etats de Vitré en 1706[1], notre travail, bien plus biographique que généalogique ne nous permettant pas de nous étendre trop longuement sur la maison de notre prélat[2]. Disons seulement qu'elle remonte à Renauld, vivant au Xᵉ siècle. Pantin portait et porte encore: *D'argent à la croix* (*pattée* pour la branche de Geoffroy) *de sable, cantonnée de quatres molettes de gueules*. Devise : *Crux, dux certa salutis*.

Ce blason, en effet, moins les émaux, était un de ceux que porte la tour absidale de la cathédrale de Nantes, que, d'après Travers, l'évêque Geoffroy fit achever en 1208[3]. La seule différence à noter, c'est que l'écu gravé sur la tour de Saint-Pierre, a dés molettes à six raies, au lieu de cinq qu'il comporte ordinairement.

Geoffroy était le second fils de Philippe Pantin, sire de Berthun, de la Motte, etc, et de Hameline de Beaupréau, dame de la Hamelinière, d'où la branche a retenu la dénomination. M. Haureau l'a confondu à tort avec un autre Geoffroy, archevêque de Bordeaux et le fait naître fautivement au Loroux-Bottereau.

Un fragment du sceau de Geoffroy se trouve au bas d'un acte de 1203[4]. Il est en cire brune, sur queue de parchemin, et suffit pour indiquer que le sceau était de forme ogivale et représentait l'évêque bénissant.

[1] Trincaut, *Hist. généal. de la maison de Savonnières*, p 21.

[2] Voyez pour plus amples détails : *Nobil.* Courcy, T. 1, p. 230 — *L'Ouest aux croisades*, de Fourmont, T. III, pp. 138 et ss. — *Geoffroy év. de Nantes*, Essai biographique, par le Cᵗᵉ de la Guère, Caen, imprim. de Henri Delésques, 1888.

[3] Cette tour, dit M. de la Nicollière (p. 42),qui présente encore dans sa base des parties pouvant remonter à Geoffroy, et même au-delà, fut reconstruite à différentes époques et reçut dans le premier tiers du XVᵉ siècle, la corniche que nous voyons aujourd'hui. Sur cette corniche sont sculptés sept écussons aux armes des évêques qui y ont successivement fait travailler;

[4] *Archives départementales*, Fonds de Buzay, côte A, liasse 6; nᵒ 11. Cet cte est aussi copié à la Bibl. nationale, mss 22.325.

En 1199 l'évêque de Nantes souscrivit et scella la donation que Pierre de Bain fit aux moines de Béré-lez-Châteaubriant pour avoir accordé la sépulture dans leur chapitre, à sa femme qui avait demandé à y être inhumée[1] ; même année, il confirma les donations d'Olivier de Chateaufromont à l'abbaye de *Pont-Otran*[2], puis celles d'Olivier, sieur de la Roche, à Saint-Gildas-des-Bois[3]. Nous le trouvons présent le 25 mars, dimanche de Pâques 1201, à la fondation de l'abbaye de Villeneuve, avec presque tous les évêques de la province tels que Guéhennoc, de Vannes ; Pierre Giraud, de Saint-Malo Jean, de Léon et plusieurs abbés. L'année suivante, 4 septembre 1202, il assiste, en la même abbaye et avec les mêmes dignitaires ecclésiastiques, aux obsèques de la fondatrice, la duchesse Constance. Le jeune duc Arthur, âgé de 14 ans seulement, et qui succéda à sa mère, députa, tôt après son avènement, l'évêque Geoffroy et quelques autres prélats, à Tours pour acquiescer en son nom à la sentence du pape Innocent III, datée de 1199 et qui mettait Dol et les autres évêchés de Bretagne, sous la métropole de Tours. La soumission se fit le mardi, 17 septembre 1202, par un acte solennel consenti au nom du duc. Ainsi prit fin ce grand procès qui durait depuis plus de 300 ans, et auquel du reste Nantes n'avait jamais été mêlé, ne s'étant jamais séparé de Tours.

L'infortuné Arthur ayant été traîtreusement assassiné par son oncle Jean-sans-Terre, le 3 avril 1203, les Etats de Bretagne se réunirent à Vannes pour aviser aux moyens de venger ce meurtre. A cette assemblée prirent part : Pierre de Dinan, évêque de Rennes et chancelier de Bretagne ; Geoffroy, de Nantes ; Jean, de Léon ; Guillaume, de Cornouaille ; Josselin, de Saint-Brieuc ; Guéhennoc, de Vannes, etc. En la même année (1203) fut consacrée par Barthélémy, ar-

[1] Titres de Marmoutiers dans Dom Lobineau, T. II, p. 326.
[2] D. Morice, *Histoire de Bretagne*, I. 770, Ex *archiv. Pontis-Otranni*, D. Lobineau II, p. 163, III liv.
[3] D. Lobineau IIe vol. p. 197, IIIe liv

chevêque de Tours, assisté de tous les prélats de la province, l'église de l'abbaye de Villeneuve, où furent transportés les restes de la duchesse Constance, morte depuis plus d'un an.

Philippe-Auguste s'étant saisi de Nantes après le meurtre du duc Arthur, eut à traiter avec l'évêque, dont les droits, sans autre titre que l'usage et la coutume, étaient considérables dans la ville épiscopale. Le roi ordonna de faire à ce sujet une enquête qui eut lieu en 1206[1]. André, homme d'une vieillesse respectable et 3ᵉ abbé de Sainte-Marie de Pornit, le sénéchal de la Mée et un nommé Geffroy y furent appelés comme témoins. Le premier, âgé de 80 ans, attesta que les évêques de Nantes, au moins depuis Brice, qu'il avait connu, n'avaient jamais prêté de serment aux ducs de Bretagne, ni plaidé à leur cour, que les hommes du comte avaient toujours eu la liberté de passer ou de s'établir sur les terres de l'évêque et réciproquement, que l'évêque Bernard avait reconnu que ses hommes pouvaient faire aveu et serment aux nouveaux comtes, sans préjudice de ceux qu'ils devaient à l'évêque, ce qui s'était toujours observé depuis ; que lors de la publication du ban pour l'armée, le comte, comme l'évêque, devait assembler ses troupes au jour indiqué ; que celles de l'évêque marchaient sous sa bannière et étaient conduites par son bailli ; que les défaillants à la *harelle* payaient l'amende à l'évêque ; que celui-ci a ban de vin pendant 15 jours dans la ville de Nantes, laps de temps pendant lequel il a droit de crédit sur ses hommes et ceux du comte ; que quand l'homme de l'évêque fait meslée *(mesleiam)* ou batterie sur la terre du comte, la justice en est à ce dernier et vice-versa. Le vieil abbé ajouta que les assisses ou ordonnances, communes à toute la ville, se faisaient du consentement de l'évêque ; que l'évêque et le comte assignaient ensemble les foires du Marcheilz *(in Marchileio)* etc., etc. Le sénéchal de la Mée et le nommé Geffroy dépo-

[1] Titres de l'église de Nantes dans D. Lob. T. II, p. 528.

sèrent les mêmes choses, ajoutant toutefois que, durant la
vacance du siège, le comte a la régie ou administration du
temporel *(regalia)* mais sans pouvoir faire de taxe ni de
nouvelle levée ; que lorsque le siège est occupé, le comte, à
la réquisition du chapitre et sans aucune obligation pour
l'évêque de se présenter devant lui, rendait tous les fruits
perçus pendant la régie ; qu'ils étaient témoins de ces usages
depuis Robert ou les quatre derniers évêques.

Maurice, évêque de Poitiers, rendit aussi témoignage par
lettres, au Roi et au public, du droit dont il avait joui lorsqu'il
occupait le siège de Nantes, et que l'évêque n'était point dans
le ressort de la cour du comte[1]. Après toutes ces informations,
Philippe-Auguste accorda à Geoffroy et aux habitants de
Nantes des lettres patentes.

En cette année 1206, Jean-sans-Terre, continuant à ravager
la Bretagne et voulant réunir entre ses mains tout l'héritage
des Plantagenêts, vint mettre le siège devant Nantes, mais
le roi de France le força presqu'aussitôt à le lever.

Dans le même temps notre évêque reçut du pape Innocent
III commission d'accommoder l'affaire des moines de Redon
avec Guéhénoc, évêque de Vannes[2]. En 1207 Geoffroy obtint
de Guy de Thouars sept livres de rente (plus de 130 aujour-
d'hui) sur les revenus de la prévosté de Nantes, en dédom-
magement d'un terrain de son église qui avait été pris pour
les fossés de la ville. En mars 1207, on trouve encore
Geoffroy, de Nantes, et Guillaume, d'Angers, approuvant
la fondation du prieuré de la Primaudière, aux confins des
deux diocèses.

Le 1er septembre 1208, Jean-Sans-Terre qui, déjà, deux ans
auparavant, était venu mettre le siège devant Nantes, qu'il
n'avait abandonné que sur l'injonction du roi de France,

---

[1] Titres de l'église de Nantes.

[2] Décrétales, lib. 2, titre 41, cap. 2.

reparut devant ses murs; cette fois, l'évêque et les barons suffirent pour l'en éloigner[1].

C'est en l'an 1208 que Geoffroy acheva le clocher de la cathédrale de Nantes, en même temps qu'il servait d'arbitre entre les moines de Redon et Guéthénoc, évêque de Nantes. (Dom Taill. P[r] 1208).

En 1210, l'évêque de Nantes fit restituer à l'abbaye de Blanche-Couronne l'île de *Pullent*, détenue injustement par Eudon de Pontchâteau : cette restitution fut confirmée par André de Vitré partant pour la croisade contre les Albigeois[2]. Toujours en 1210, Geoffroy attesta l'aumône faite par *Pasticus de Boing* aux moines de Buzay.

Nous venons de dire qu'à cette époque l'hérésie armée des Albigeois désolait le midi de la France, en même temps que les Maures d'Espagne menaçaient d'envahir notre patrie. Le chef de l'Église de Nantes ne pouvait rester indifférent à

---

[1] Plusieurs auteurs, dont entre autres Travers (T. 1, pp. 310-311) font mourir Geoffroy, évêque de Nantes en 1208 et le remplacent par un *Gualterius*, Gauthier, auquel on attribue les faits qui signalèrent la fin de l'épiscopat du premier. Nous avouons ici, en toute sincérité, que nous avons nous-même soutenu quelque temps cette thèse, mis en éveil par cette affirmation de Travers, d'une pièce, datée d'avril 1208 et publiée par D. Lob. de laquelle il constait qu'à cette date, *le siège de Nantes était vacant*. Il est vrai que sur nos observations, M. le comte Alph. de la Guère, avec qui nous échangeâmes à ce sujet une correspondance des plus intéressantes pour nous, nous fit remarquer que le *siège vacant* voulait dire : *l'évêque absent* ! Mais ne pouvant nous rendre à cette traduction... plus que libre, nous voulûmes en avoir le cœur net et nous allâmes aux archives consulter la pièce manuscrite en question. Nous y trouvâmes bien avec la date 1208, la mention du *siège vacant*, mais en nous aidant des lumières et de l'érudition de l'excellent M. Léon Maitre, archiviste départemental, nous arrivâmes tous deux à reconnaître paléographiquement que la date était supposée et la pièce postérieure d'au moins deux siècles au XIIIe et cela par le style, la contexture, etc. Ici donc tout l'édifice croulait, puisque sa seule base était la date énoncée, et nous dûmes alors, et sans hésitation, rayer du catalogue le prétendu Gauthier et étendre l'épiscopat de Geoffroy jusqu'en 1213. La chose nous fut d'autant plus facile que de 1208 à 1213 les deux noms de Gauthier et de Geoffroy se trouvent l'un et l'autre dans les auteurs, le tout selon la couleur d'esprit des copistes, les actes primordiaux et authentiques ne portant presque tous que la seule initiale G.

[2] Mss. de la Bibl. nat. n° 22325.

ces dangers courus par la religion. A l'appel du souverain Pontife conviant les évêques au secours du roi d'Aragon, Geoffroy n'hésita pas : à la tête de sa *harelle* et d'un bon nombre de seigneurs, il partit pour l'Espagne. Après de brillantes prouesses et des succès éclatants pour les chrétiens, l'évêque de Nantes repassa les monts ; mais, non content d'avoir combattu les infidèles en Espagne, il voulut encore se mesurer avec les Albigeois sur le sol de France. Il se mit donc à la disposition de l'intrépide Simon de Montfort, chef de la croisade, mais la mort l'attendait sur ces nouveaux champs de bataille. Environné d'ennemis et sommé de se rendre, Geoffroy prononça ces belles paroles : « Je me suis depuis trop longtemps donné à Jésus-Christ pour me livrer à ses ennemis ! » Percé de coups et frappé à mort[1] sur son coursier tombé avec et sous lui, il passa ainsi de la terre au ciel pour y cueillir la palme du martyre ! C'était le 10 février 1213.

En prévision peut-être de son départ pour la croisade — nous ne pouvons néanmoins l'affirmer — Geoffroy, au moment où il terminait le clocher de sa cathédrale, en 1208, avait fait don au chapitre d'une rente de 40 sols pour faire son anniversaire. Un catalogue manuscrit de la fin du XVIe siècle dit qu'il augmenta les revenus de son église et l'enrichit d'ornements.

Le corps de l'évêque de Nantes fut-il rapporté en Bretagne et lui éleva-t-on un tombeau ? C'est ce qu'on ignorait jusqu'à nos jours, lorsque la découverte, il y a trois ans, d'une statue couchée d'évêque dans l'antique crypte de la cathédrale mise à jour, fixa tous les doutes, puisqu'un écusson aux armes des Pantins était placé au-dessus. On était donc bien en présence de la statue de l'évêque Geoffroy. Mais ce sur quoi nous

---

[1] *E quibus Gaufridus*, du nombre (des morts) fut Geoffroy. Il est à remarquer, dit M. de la Guère, p. 25, que l'abbé Bareille, continuateur de Darras, traduit évidemment par inattention, «*e quibus Gaufridus*, » par : *le chevalier Geoffroy !*

ne saurions être aussi affirmatif, c'est à propos d'une tombe dans laquelle on trouva, toujours dans la même crypte, un vase contenant de la terre et une dent d'animal. M. le comte de la Guère y voit immédiatement — mais dubitativement, il est vrai — le lieu où durent être enfermés les restes de son arrière-grand-oncle avec de la terre imprégnée de son sang et une dent du cheval mort sous lui ! Nous confessons ne pas professer pour la destination de ce tombeau une opinion aussi *dubitativo-affirmative* que celle de M. le comte de la Guère, surtout la statue en *rond de bosse* précitée, ne la surmontant pas lors de la découverte, Il en est de même en ce qui concerne un haut-relief ornant, dit-on, autrefois, le portail de l'évêché et actuellement au-dessus de la porte Saint-Paul, dans lequel M. de la Guère, contredisant M. Guépin et M. l'abbé Cahours qui ont cru y reconnaître l'un une mise au tombeau, et l'autre un miracle posthume de saint Paul, y découvre un débris des scènes de la vie de l'évêque Geoffroy.

Terminons cette courte digression par des faits admis de tous. L'habitation de Geoffroy Pantin à Nantes fut celle des évêques à cette époque, c'est-à-dire, le château de la Tour-Neuve, construit ou agrandi par Fulcherius (896-906) et restauré par Alain Barbe-Torte ; c'est le château actuel. Geoffroy fut aussi le fondateur de l'église Sainte-Croix, de Nantes, dans la maîtresse vitre de laquelle cet évêque était même représenté avec ses habits pontificaux et l'écu de ses armes[1].

En conséquence de cette fondation, la famille Pantin de la Hamelinière y possédait une tombe seigneuriale « en la chapelle de la benoiste et glorieuse vierge, où aucuns de ses devanciers » — dit le testament de Guillaume, inhumé en 1336 — « avoient été ensépulturés. »

----

[1] *Essai biographique* du Cte A. de la Guère, p. 32.

57. — ESTIENNE DE LA BRUÈRE

1213-1227

Estienne de la Bruère (de Brueria), ainsi appelé, du lieu de sa naissance, près de l'île Bouchard, en Touraine, succéda au précédent en 1213, sous le pontificat d'Innocent III, et le règne en Bretagne de Guy de Thouars, veuf de la duchesse Constance et agissant au nom de sa fille Alix. Etienne fut sacré presqu'aussitôt qu'élu. Son sceau ogival, en cire verte sur queue de parchemin, le représente debout, vêtu des ornements épiscopaux, tenant de la main gauche la crosse tournée en dedans. La légende offre les mots : *S. Steph. Dei gra. Nannetensis Episcopi.* Il est appendu à un acte de 1215 du Cartulaire de Chéméré[1], et se trouve décrit dans le tome 141 de la collection Gaiguières[2]. Le *Chronicon Britannicum* le qualifie : *Homo miræ simplicitatis, qui multa bona contulit ecclesiæ.*

A son admirable simplicité et à une grande fermeté, Etienne joignait un grand zèle pour la défense des droits et des libertés de son église. Toutes ces qualités lui attirèrent de la part de Pierre de Dreux, devenu duc de Bretagne, par son mariage avec la princesse Alix, bien des démêlés pour lesquels il fit, à plusieurs reprises, le voyage de Rome. Pierre, que sa conduite fit surnommer *Mauclerc*, ne tint aucun compte des menaces de l'évêque, et fit des fossés sur les terres de l'église. Le recours de l'évêque et du chapitre au Souverain-Pontife

[1] Archives départementales de la Loire-Inférieure.
[2] *Archevéchés et évéchés de France*, Bibliothèque nationale, section des manuscrits.

ne firent même qu'irriter le duc, qui ne changea rien à son
procédé. Saint Dominique, revenant de Rome pour se rendre
à Toulouse, descendit à Nantes, avec ordre du roi d'Angleterre de voir duc et de l'exhorter à la paix. Les remontrances
du saint furent inutiles. Cependant, au bout de quelques
années, Pierre sembla revenir à de meilleurs sentiments. Un
accord intervint entre lui et l'évêque de Nantes, accord que
le pape Honorius III approuva par un bref donné à Viterbe le
28 janvier 1219. Le duc, qui ne pensait qu'à gagner du temps
et à éloigner la conclusion d'une affaire où il avait tout le
désavantage, fit naître à dessein plusieurs incidents afin de
la prolonger. Le principal de ces incidents fut le nouveau
tribut qu'il imposa sur les salines de Guérande et sur la
vente des sels, qu'il voulait avoir seul, mais que l'évêque
prétendait lui être commun avec lui. Après enquête faite sur
ordre du roi de France, Philippe-Auguste, en 1220, le jour de
la Trinité (24 mai), par Tétrique, sénéchal de Tours et de
Poitiers, jugement fut rendu en faveur de l'évêque, et on le
publia à ban et à cri public dans les deux villes de Nantes et
de Guérande.

Le 24 novembre de l'an 1224, vingt-cinquième dimanche
après la Pentecôte, Etienne de la Bruère, évêque de Nantes,
sur l'invitation de Jean, abbé de Notre-Dame de Villeneuve,
procéda à la consécration de la nouvelle église de l'abbaye,
assisté de Guillaume, d'Angers; — Josselin de Montauban, de
Rennes; — Robert, de Vannes; — Rainaud, de Cornouaille;
— Raoul, de Saint-Malo; — Guillaume Pinchon, de Saint-
Brieuc; — Jean, de Léon et Etienne, de Tréguier. Le lendemain eut lieu le transfert dans la même église des
restes de la duchesse Alix, morte depuis trois ans. La cérémonie se fit en présence des mêmes prélats, de douze abbés
de l'ordre de Cîteaux, et de plusieurs seigneurs et barons.

L'évêque Etienne attesta, en 1225, les donations que Hugues
de Thouars, seigneur de la Garnache, sa femme Marguerite,
Garsire de Rais, et Olivier de Coche, firent aux religieux de

l'Isle-Dieu, dans l'île de Bouin. Cette dame, devenue veuve, épousa Pierre Mauclerc en 1226.[1]

Le même prélat que nous avons vu, dès le début de son arrivée à Nantes, défendre avec tant de vigueur et de fermeté les droits de son église, employa tous ses soins, sur la fin de son épiscopat, à faire fleurir, dans son diocèse, la piété, la vertu et la plus exacte discipline. Nous avons de lui de longs statuts synodaux, connus dans les siècles suivants sous le nom de *Livre synodal*, et de sa feuille pliée en quatre ou de forme carrée, appelé le *Quaternio synodalis*[2]. Nous les devons à D. Martène[3]. Ils méritent d'être lus et nous n'avons pas de manuscrit où l'on apprenne mieux l'usage et la discipline de l'église dans les commencements du treizième siècle. On y voit que le curé était appelé à tous les testaments des laïques ; que l'on jeûnait le jour de saint Marc et des Rogations, comme en carême, c'est-à-dire sans user d'œufs, de beurre, ni de laitage ; que les bans de mariage ne se faisaient que le dimanche et non les jours de fête. Il fallait être nubile pour recevoir l'Extrême-Onction. Les malades devaient être communiés sous la grande espèce, ou, en cas d'empêchement, sous la petite avec un peu de vin. Les curés étaient obligés de se confesser une fois l'an à leur évêque. *Les cabaretiers ne pouvaient donner à boire en aucun jour aux domiciliés du lieu, sous peine d'interdit de l'entrée de l'Eglise.* Ces statuts édictaient aussi des peines sévères contre les fautes commises dans le mariage ou autrement contre la sainte vertu de pureté. De telles règles peuvent paraître effrayantes aujourd'hui, et d'un rigorisme que quelques-uns trouveront peut-être outré, mais à cette époque cela paraissait si naturel que plusieurs églises, entre autres celles d'Angers, du Mans, de Coutances et de Rouen, se firent un mérite de les

---

[1] *Titres de l'abbaye Blanche de Noirmoutier*, D. Morice, t. I, p. 860.
[2] Ducange, *Verb. quaternio.*
[3] *Thes. anced.*, 10, 4.

suivre, de les copier et de les insérer dans leurs statuts. Etienne mourut le 6 des ides de février de l'an 1227, la quatorzième de son épiscopat. Cet évêque fit de grands biens à son église. Il laissa par testament dix marcs d'or[1] au chapitre, dont sept furent employés à l'achat de trois calices et les trois autres à celui d'une croix pour l'adoration du vendredi *aoré* ou vendredi-saint, et cinquante sols de rente pour faire sa mémoire à perpétuité. Etienne fut inhumé à la cathédrale, dans la vieille chapelle de Saint-Michel[2].

58. — CLÉMENT DE CHATEAUBRIANT

(1227)

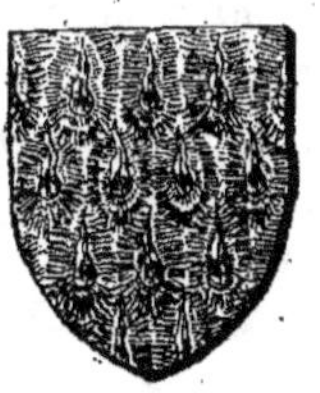

Clément de Châteaubriant, de l'illustre et antique maison de ce nom, était chantre de l'église de Nantes lorsqu'il fut appelé à succéder au précédent en 1227, sous le pontificat du pape Honorius III et le règne en Bretagne de Pierre de

---

[1] En 1226, le marc d'or non ouvré valait 20 l., et 36 l., 19 s., 7 d., en monnaie d'agnels, or fin.

[2] *Chron. de Bret.*, catalogue mss.; liv. des anniversaires.

14

Dreux, veuf de la princesse Alix. Ce prélat ne fit que passer à Nantes, la mort l'ayant enlevé quelques mois après son élévation à l'épiscopat, le 6 des ides de septembre, même année; suivant le nécrologe de Géneston.

Clément avait eu pour père Geoffroi II, du nom, et pour mère Guessebrune. Son neveu, Geoffroi IV, combattit à la Massoure avec saint Louis, lequel, d'après le P. du Paz « en recognoissance de sa valeur au fait des armes, luy donna « pour luy et successeurs, permission et privilège de porter « les fleurs de lys d'or[1]. » Il semble bien difficile d'attribuer au combat de la Massoure, livré en 1250, le changement d'armoiries des Chateaubriant, quand le *semi de fleur de lys* qu'ils portent actuellement, paraît déjà sur l'écu de Geoffroi en 1242 et 1247. Quoi qu'il en soit, et malgré celui du sire de Chateaubriant et de ses deux frères Jean et Brient, à la première croisade : *d'azur, à une fleur de lys d'argent*, avec des brisures pour ces derniers, nous donnons à Clément pour blason : *semé de plumes de paon, au naturel*, puisque le sieur de Chateaubriant et ses contemporains (son père et son frère) portaient le même écu en 1199 et 1217.

Quoique Du Paz ne mentionne nullement l'évêque Clément dans sa généalogie des seigneurs de Chateaubriant, nous pensons cependant, d'accord avec MM. de Courcelles, de Courcy et Albert Le Grand, qu'il est issu de cette illustre maison[2].

Clément eut comme son prédécesseur à supporter bien des désagréments de la part du duc Pierre de Dreux. En l'année 1227, ce dernier fit démolir les églises de Saint-Clément et de Saint-Cyr. La discipline ecclésiastique souffrit de grandes atteintes dans le peu de concert du comte avec e clergé et par le support que Mauclerc, qui semblait ne plus ne plus rien craindre depuis la mort d'Etienne, donna

Du Paz, *Hist. généal. de la race de Châteaubriant*, p. 16.

Armorial des év. de Nantes, par M. de la Nicollière, p. 44.

aux excommuniés, à se faire absoudre pour pouvoir plaider[1]. Les évêques de Rennes, Saint-Malo, Saint-Brieuc, Tréguier, Vannes et Léon avertirent plusieurs fois le duc. Celui-ci s'irrita de leurs monitions et convoqua la noblesse à Redon. Tous jurèrent de ne plus acquitter le *jugements des morts*, au *tierçage* ; c'était le *neume*, qui a subsisté jusqu'en 1750 en quelques lieux, mais réduit d'abord à la neuvième et depuis à la vingt-septième partie de meubles, toutes les dettes mobilières payées. Ce droit était assez récent, tout au plus du siècle précédent.

L'évêque élu de Nantes fut sacré au Mans par Juhel, archevêque de Tours qui y tint en même temps le concile de sa province. La mort ne tarda pas à le saisir, il avait siégé cinq mois et demi depuis sa consécration[2]. Il légua vingt sols de rente au chapitre pour faire son anniversaire, et les assigna sur la maison du chantre, dont le titulaire les a payés jusqu'à la Révolution[3].

59. — HENRI Iᵉʳ

(1228-1235)

Henri Iᵉʳ. — On ne possède aucun monument généalogique ou sigillographique sur cet évêque. Sacré peu après son élection, sous le pontificat de Grégoire IX, il officia, le jeudi 29 juin 1228 à la cérémonie de la pose de la première pierre de la chapelle des jacobins, qui venaient de s'établir à Nantes. Le 22 septembre 1235, nous le voyons consacrer à Nantes l'église Saint-Michel. Le même prélat transigea avec Marmoutier le 30 novembre suivant, du droit de procuration

[1] Bulla Grégor. IX, an. 1228, dans l'*Histoire de Bretagne*, t. ii, p. 280.
[2] Anc. catal. mss.
[3] Livre des annivers.

que lui devaient les moines pour la visite de quelques-uns de leurs prieurés situés dans ce diocèse. Henri mourut le 4 février 1235, dimanche de la septuagésime, et fut inhumé à l'abbaye de Meillerai. Il légua à chacun des chanoines douze sols de rente, pour faire sa mémoire : et trois cents marcs d'argent, soit près de quinze mille livres, pour l'augmentation des prébandes.

60. — ROBERT III

1235-1240

Robert III, que MM. de Sainte-Marthe, et, d'après eux, Albert-le-Grand, l'abbé Travers et l'abbé Trévaud prétendent natif de Saintonge, et évêque d'Aquilée en Italie, fut promu à l'évêché de Nantes, en 1235, par le pape Grégoire IX, sous le règne du duc Pierre Mauclerc. Ce dernier continua, sous Robert, le système de vexations qu'il avait déjà employé contre Etienne de la Bruère, Clément de Chateaubriant et Henri Ier, et persécuta à outrance le prélat, ainsi que les clercs qui lui étaient attachés. Robert en appela au pape dès 1238, et demeura à Rome, où il s'était rendu, jusqu'en 1240, date à laquelle il fut nommé patriarche de Jérusalem.

Ce fut après son départ de Nantes, mais avant sa translation à Jérusalem, que le duc, par un édit du mardi d'avant Pâques 1239 ou 1240, chassa tous les juifs de Bretagne, remit à leurs débiteurs tout ce qu'ils leur devaient, tant en principal qu'intérêts et les obligea au moins à rendre tout ce qu'on leur avait engagé, meubles et immeubles. Pierre de Dreux rendit son ordonnance à la prière des évêques et des seigneurs et aussi à la demande de tout le peuple, irrité des exactions de cette nation. Les juifs avaient à Nantes un sénéchal et des juges à eux, pour leurs affaires. On croit que la rue qui, de leur nom, s'appelle *de la Juiverie* est le lieu où ils habitaient[1].

<hr>

[1] *Titres de Noirmoutier*, dans D. Morice, t. 1, p. 884 et 914.

Il ne nous reste de Robert aucun monument sigillographique. Sans qu'on puisse préciser l'année de sa mort, on
peut croire qu'il vécut jusqu'à un âge fort avancé ! Il fut, en
Orient, l'ami de saint Louis et prit, lors de la première croisade
de ce prince, une large part à sa captivité et à ses malheurs.
Il est rangé entre le plus illustre défenseurs de la croix[1].

61. — GALERANUS

(1240–1264)

Galeranus, *Galerandus*, *Galeran*, natif du pays de Léon et
doyen de saint Gatien de Tours, fut sacré en 1240 par Juhel
de Mathefélon, archevêque de Tours, sous le pontificat du
Pape Grégoire IX et le règne du duc Jean Ier en Bretagne.

« Un acte daté de mars 1258[2] conserve encore un fragment
» du sceau en cire brune de Galeran, représentant l'évêque
» bénissant ; le contre-sceau orbiculaire nous montre une
» main tenant sa double clef. Il ne reste rien de la légende.
» Le sceau de l'officialité de Galeran se trouve conservé aux
» *Archives départementales de la Loire-Inférieure*[3], apposé
» sur queue de parchemin, a un acte de 1259 ; il mesure
» 0ᵐ025 sur 0ᵐ017. Dans la marge, une main tenant une
» crosse tournée à gauche ; la légende est tout à fait fruste[4]. »

Le duc Jean Ier, à qui le peu de succès de la procédure de
l'évêque Robert contre lui et son père donnait quelque espérance d'établir le droit de régale, à Nantes, prit en mains la
régie du temporel, lors de la translation de Robert. Il se saisit

---

[1] Quelques auteurs donnent rang parmi nos évêques, à Gui et Daniel, l'un
en 1236 et l'autre en 1238. Ils sont évidemment supposés et ne peuvent au
plus qu'avoir été évêques sans titres ou régionnaires suffragants de Robert,
ou nommés par les ducs Pierre et Jean.

[2] *Arch. départ. de la Loire-Inf.*, cartulaire de Chéméré.

[3] Fonds de Buzay, boîte A, liasse 6, nº 12.

[4] *Extrait de l'armorial des Ev. de Nantes*, p. 46, par M. de la Nicollière.

des meubles de l'évêché, des bestiaux et des fermes, leva à son profit les dîmes de blé, vin, sel, etc., pour une valeur de 1000 l. tournois, exigea des vassaux de l'évêque, pendant la vacance, 1500 l. de monnaie courante, et leur fit payer 500 l. pour les dispenser de le suivre à l'armée, hors les limites du diocèse, ce à quoi ils n'étaient pas obligés.

A l'exemple de son prédécesseur, Galeran, dès son arrivée à Nantes, se plaignit au Saint-Siège. La mort de Grégoire IX et la vacance de deux ans qui suivit le pontificat de quelques jours de Célestin IV, empêchèrent de donner suite à l'affaire. Mais Innocent IV ayant été élu le 24 juin 1243, Galeran, qui était à Rome présenta aussitôt requête au nouveau pape. Celui-ci, par bref du 15 mars 1244, commit Michel Loiseau, évêque d'Angers pour examiner les griefs de l'évêque de Nantes. Après bien des longueurs, ce différend fut porté devant le Souverain Pontife lui-même qui présidait alors le 13e concile général, 1er de Lyon. Par un nouveau bref, daté de Lyon, Innocent IV nomma l'évêque, le doyen et l'écolâtre du Mans pour faire exécuter le jugement provisionnel qui portait un rétablissement entier des évêques de Nantes dans les droits dont le duc Pierre les avait dépouillés[1].

Malgré ces brefs et décrets pontificaux, la paix fut loin d'être signée entre l'évêque, et le duc. Galeran revint il est vrai en 1252 à Nantes, d'où il était absent depuis plusieurs années, mais bientôt le droit de tierçage appelé *Jugements des morts et du past nuptial,* ou dîner que les nouveaux mariés donnaient au clergé le jour de leurs noces, ravivèrent de nouveau ce différend. Cependant, une paix factice intervint en avril 1256, paix qui ne tarda pas encore à être troublée. Galeran se plaignit de nouveau au pape Alexandre IV, qui avait remplacé en 1254 Innocent IV. Le cardinal Saint-Ange fut commis pour informer. Enfin, en 1255[2], intervint un dernier juge-

---

[1] Titres de l'égl. de Nantes, dans l'*Histoire de Bretagne*, tome ii, p. 393.

[2] Le vendredi avant la saint Denis 1259, c'est-à-dire le 3 octobre.

ment arbitral d'Eudes, archidiacre de Nantes, et Renier,
sénéchal de la même ville, lequel mit fin au désaccord qui
régnait depuis si longtemps entre les évêques de Nantes et
les ducs. On ne trouve pas que le duc Jean Le Roux et l'évêque
Galeran se soient brouillés ensemble depuis cet accord. Les
lettres que le duc, l'évêque et le chapitre donnèrent en commun l'an 1260 pour la levée de deux deniers par livre de
toutes les marchandises qui se vendaient à Nantes, un denier
par le vendeur et un denier par l'acheteur pour la réparation
des ponts de la Loire prouvent leur parfaite intelligence[1].

Galeran mourut en 1264, le mercredi 7 des calendes d'octobre[2] et fut inhumé dans la cathédrale. Il s'intitulait : *Galeranus, divina permissione Nannetensis episcopus*. Il légua au
chapitre quarante sols de rente et trente, aussi de rente, au
bas chœur pour faire sa mémoire. L'ancien livre des anniversaires dont le chapitre était chargé, le fixait au 26 septembre[3].

Durant cette année 1264, et pendant la vacance du siège,
Elie, grand chantre de Nantes s'étant aperçu que les rites
avaient beaucoup varié, que le diocèse ne s'accordait pas en
tout avec l'Eglise principale, et que celle-ci avait introduit

---

[1] Titres du chapitre.

[2] Le nécrologe de Géneston relevé par M. de la Nicollière aux Blancs-
Manteaux (*Bibl. Nat.*), place la mort de Galeran au II des calendes de septembre et M. Hauréau à celles d'octobre. Aucune de ces dates n'était la
véritable, ainsi que le prouve l'inscription lapidaire du tombeau détruite au
septième siècle, lors de l'édification de l'arc triomphal du chœur mais dont
quelques fragments ont été conservés. Cette inscription est en effet ainsi
conçue : *Ossa Galerani qvonda-Epi. Nannet. qui obiit 7 kl. octob. an. 1264.*
c'est-à-dire le 24 septembre, car personne n'ignore que *7 Calendarum* doit
se traduire par 7 *ante* calendas, ou 7 jours *avant* les calendes ou premier
jour du mois. N'en déplaise donc à M. Legendre, (*Bulletin de la Société
archéologique de Nantes* t. xxvii, an. 1888, p. 201 et 202,) Vincent Charon
ne s'est pas trompé *d'un mois* pour la mort de Galeran, mais, à peine d'un
jour.

[3] Martène, Thes. Anecd., t. iii, *Liv. des Anniv.*

des nouveautés, rédigea un *Ordinaire des Rites* observés anciennement à Nantes, afin qu'il y eût uniformité d'offices à la cathédrale et dans tout le diocèse[1].

62. — GAUTIER III

1264

Gautier III. Cet évêque n'est point entré jusqu'ici dans les catalogues, sauf dans Travers, d'où nous extrayons ce qui a trait à son court épiscopat. Gautier fut sacré en février ou mars 1264. Il eut quelques démêlés avec Guillaume de Thouaré, sur le droit de *galoi*, autrement d'*épave et l'arrêt du larron*. Cette affaire n'eut pas de suite, les intéressés ayant, le jeudi après la fête de saint Barnabé (12 juin) 1264, choisi Alain de la Forêt et Guillaume Le Clerc pour informer

---

[1] De cet ordinaire, qui se trouve encore à la bibliothèque Sainte-Geneviève, à Paris, D. Martène a extrait quelques singularités qu'il a fait entrer dans ses livres des anciens rites. Il en reste encore quelques fragments non insérés dans D Martène et que donne Travers. Ils nous apprennent que, dès 1263, Nantes avait depuis longtemps des rites particuliers et différents de ceux de la Métropole. Qu'il n'y avait alors que cinq dignités à la cathédrale : les deux archidiacres, le chantre, le trésorier et le scholastique ; que les archidiacres, qui plus tard ne firent plus partie du chapitre, en étaient alors les premiers ; qu'il était libre aux prêtres, le dimanche, de dire la messe du jour, ou de la Trinité et du Saint-Esprit ; que les âmes détenues dans le purgatoire (on ne sait sur quoi le chantre Elie appuyait cette allégation) jouissaient le dimanche d'un parfait repos, mais qu'elles retournaient à leurs peines le lundi, jour où l'on disait à leur intention la messe des anges ou des défunts ; que le mercredi des cendres on portait des cierges allumés à la procession, en signe de l'épée flamboyante avec laquelle un chérubin défend l'approche du fruit de vie au paradis terrestre ; qu'à l'office des trois jours de ténèbres, on allumait seulement treize cierges et qu'il était libre, le jour du vendredi-saint et du samedi-saint, de communier avec des hosties réservées du jeudi. Cette pratique de communier le jour du vendredi-saint subsistait encore en 1482 (*Missel de Pierre du Chaffaut*, 1482. Rub. du vendredi-saint). — *Extrait de Travers*, t. i, p. 372 et 373.

par témoins touchant ces droits et vérifier si l'évêque en avait prélevé sur les fiefs de son vassal[1].

En cette année, un concile tenu par Vincent, archevêque de Tours, fut célébré à Nantes. Nous en avons douze canons. Ils défendent de promettre un bénéfice avant sa vacance, de diminuer dans un prieuré le nombre ordinaire des religieux, d'établir des vicaires perpétuels hors le cas de droit, de présenter plus de deux plats à l'évêque dans ses visites, à moins qu'il ne permette de lui en servir davantage. Ils ordonnent de résider sur le bénéfice dont on est pourvu et de le servir en personne et défendent de tenir en même temps deux bénéfices, qui obligent à la résidence, sauf en toutes choses la puissance de l'évêque, *Salvâ tamen in omnibus diœcesani potestate*. Ces paroles du reste insinuent que l'évêque pouvait permettre de tenir ensemble deux bénéfices, mais le quatrième canon du concile de Saumur, tenu en 1276, c'est-à-dire douze ans après celui de Nantes, prouve que le concile de 1264 n'a point dit une chose semblable et que les mots : *salva tamen...* sont une scolie qui, de la marge est passée dans le texte. Le même concile défend, sous peine d'excommunication, de faire payer des droits de trait ou de passage aux clercs pour ce qu'ils transportent d'un lieu à un autre, quand ces choses sont de leur crû ou pour leur usage. Il défend enfin d'assigner dans un lieu où il n'y a point d'avocats, ni garde qui ne puisse prendre conseil, et de tenir en saisie les biens des clercs quand ils en demandent la délivrance sous caution de les représenter.

Gautier mourut sur la fin de 1264, année même de sa nomination, ou passa à un autre siège.

---

[1] Martène, thes. anecd , t. III. — Titres de l'évêché.

63. — JACQUES DE GUÉRANDE

1265 — 1267

Jacques de Guérande, né en la petite ville de ce nom, au
diocèse de Nantes, avait été chanoine de Paris et était doyen
de Tours, comme son avant prédécesseur lorsqu'il succéda
à Gautier. Il fut sacré dans les derniers jours de janvier
1264 (c'est-à-dire 1265 N.-S.), comme nous l'apprend une lettre
adressée à l'archevêque de Tours, par laquelle l'official de
Saint-Brieuc excuse son évêque de ne pouvoir assister au
sacre du nouvel élu de Nantes[1]. C'était sous le pontifficat de
Clément IV et le règne de Jean Ier, en Bretagne. Jacques de
Guérande trouva, à son avènement, la régale entre les mains
du duc, disposé du reste à exercer tous les droits que
ses prédécesseurs avaient prétendus à la mort des évêques
antérieurs, et que le Saint-Siège avait prononcé plus d'une
fois ne point leur appartenir. L'évêque Jacques pria d'abord
par des monitions le duc de se dessaisir. Il donna ensuite, au
mois de décembre, un mandement aux abbés de Geneston et
de Pornit pour sommer le duc, de rendre ce qu'il détenait, sous
peine des censures ecclésiastiques et un autre mandement
le samedi avant la Saint-Nicolas[2], à l'abbé de Geneston et aux
doyens des climats de Nantes et de Retz, pour avertir juridi-
quement Jean Ier de restituer le vin des vendanges faites depuis la mort de Gautier, et sur le refus qu'en fit le duc, l'é-
vêque l'excommunia, lui et ses principaux officiers[3].

[1] Dom Morice, P^r I, col. 990.

[2] 12 décembre 1265.

[3] Titres du Mont-Céleste dans le *Gallia Christiana* de Sainte-Marthe. —
Maan, *in Vinc. de Pilenis*. — Titres du Chapitre. — *Histoire de Bretagne*.
t. II, p. 423. — Titres de l'évêché.

L'évêque de Nantes avait eu précédemment un différend
avec Gilles, abbé de Buzay, au sujet d'une prairie. Cette affaire
n'eut pas de suite, les deux parties ayant transigé sur leurs
droits, le samedi avant le dimanche *Lætare*, quatrième de Carême 1265[1].

Jacques de Guérande, sur lequel nous n'avons aucun détail
sigillographique, mourut le lundi avant la septuagésime,
6 février, de l'an 1267, et fut inhumé à la cathédrale,
près des saintes reliques. Par délibération capitulaire du
17 juillet 1622, son corps fut levé, lorsqu'on bâtit le grand-
autel, changé de place lui-même vers 1750. Il fut porté dans
la chapelle Saint-Lazare en la même église[2].

Gaignères[3] nous a conservé le dessin de la tombe, en cuivre
émaillé, qui fut placé sur cette sépulture. Jacques, revêtu de
ses ornements épiscopaux, repose la tête, coiffée de sa mitre,
sur un riche coussin, orné de petits carrés, au centre de
chacun desquels est une rose. Ses mains sont gantées, la
droite bénit, la gauche soutient la crosse, dont la volute est
tournée en dehors et l'extrémité inférieure appuyée sur un
dragon placé sous les pieds de l'évêque. Le champ, semé
d'hermines, est encadré par deux colonnes soutenant une
arcature ogivale trilobée ; au haut, deux anges tiennent des
encensoires[4]. La légende est celle-ci :

> Bis sexcentenus annus, decies quoque senus
> Septimus est Christi, cum migrat funere tristi
> Hic Jacobus, sanus sensu, Turonisque decanus,
> Divine legis doctor devotus et ægis

[1] 14 mars.

[2] *Archives du Chapitre*, Répertoire de l'Église cathédrale de Nantes,
1568-1786.

[3] *Archevéchés et évêchés de France*, t. CXLI, fol. 177. Bibliothèque nationale.

[4] M. de la Nicollière en a donné le dessin dans un frontispice de son *Arm.
des év. de Nantes*.

Fortis, canonicus, bene dignus Parisiensis,
Demum Nannetensis præsul, probitatis amicus.
Septima febrilis mensis lux est requiei.
Rex pius ac humilis, Christus opem det ei[1].

Son portrait se voyait autrefois (1750) sur une des vitres principales de la cathédrale de Tours, par reconnaissance peut-être de quelque legs considérable par lui fait pour la construction de cette église, à laquelle on travaillait alors, ou parce qu'il en resta doyen, quoique évêque[2].

Jacques de Guérande légua au chapitre de Nantes soixante sols de rente, et au bas-chœur vingt sols, pour sa mémoire, que le *Livre des Anniversaires* a marquée au 16 janvier. Il nomma pour son exécuteur testamentaire, Vincent de Pilènes, archevêque de Tours, qui, étant venu à Nantes à ce sujet, y fut très mal reçu par l'agent du duc[3].

64. — GUILLAUME DE VERNE

1267–1277.

Guillaume de Verne appartenait à une famille noble du pays de Rays ; cependant aucun auteur héraldique à notre connaissance ne l'a mentionné, quoique plusieurs actes

---

[1] La copie faite par Gaignières doit être fautive, comme l'indique suffisamment le manque de mesure et de rime. Dans l'impossibilité de rectifier entièrement cette épitaphe, composée de sept hexamètres et d'un pentamètre, M. de la Nicollière propose les corrections suivantes :

Annus bis sexcentenus	Decies quoque senus
Septimus est Christi,	Cum migrat funere tristi
Hic Jacobus sanus	Sensu, Turonisque decanus
Doctor divinæ legis,	Devotus, et ægis
Fortis, canonicus,	Bene dignus Parisiensis
Denum Nannetensis	Præsul probitatis amicus.
Septima febrilis mensis	Lux est requiei.
Rex pius ac humilis,	Christus opem det ei.

[2] Maan, *In Vinc. de Pilenis.*

[3] Liv. des Ann. Reg. du Chap. *Titres de l'Egl. de Nantes dans l'Hist. de Bret.* t. II, p. 422.

du quatorzième siècle, au cartulaire de Rays lui attribuent une bonne et ancienne extraction. A la date du 13 août 1344, ledit cartulaire mentionne un Guillaume de Verne, chevalier, comme ayant acquis de Louis de Machecoul et de Jeanne de Beauçay, sa femme, tout ce qu'ils possédaient dans la chatellenie de *Benez*, plus une rente sur un hébergement situé près de Dompierre, en Aunis. Les mêmes concluent, en 1347, un nouvel arrangement relatif à cette vente[1]. En 1348, messire Guillaume de Verne, chevalier, parait encore dans sa charte par laquelle Jeanne d'Eu affranchit les habitants de Bournezeau du droit de chasse et de garenne[2].

En 1325, Henri de Verne, *de Venerio*, représentait le chapitre dans une discussion contre l'évêque Daniel Vigier.

« La similitude du nom nous a porté, ajoute M. de la Nicol- « lière (p. 49), d'où nous extrayons ce qui précède, à mention- « ner ici ces deux personnages, vraisemblablement de la « famille de l'évêque, mais si cette parenté paraît à peu près « certaine pour Henri, chanoine de Nantes, nous ne pou- « vons émettre qu'une possibilité pour Guillaume. » Elu dans les premiers mois de 1267, sous le pontificat du pape Clément IV et le règne du duc Jean le Roux, Guillaume commit aussitôt son official pour intervenir contre ce dernier, qui avait encore usurpé la régale pendant la vacance et pour lui faire des monitions canoniques. En l'absence du duc, ces monitions devaient être publiées sur les places publiques et à la cathédrale, afin qu'elles pussent parvenir à sa connaissance[3]. Le nouveau différend ayant été encore une fois porté à Rome, Sa Sainteté, par bref daté de Viterbe, 25 novembre 1267, donna commission au doyen, à l'official et à un chanoine de Tours, Guillaume Jourdain, de *vidimer* les pièces du procès. La commission fut notifiée au duc le

---

[1] Cartul. de Rays, par M. P. Marchegay, *Revue des Prov. de l'Ouest*, t. III, p. 693.
[2] Ibid. t. IV, p. 748 et suiv.
[3] Titres du chap. dans l'Hist. de Bret. t. II, p. 421.

jeudi avant l'Ascension, 10 mai 1268, avec avis qu'il serait procédé aux *vidimes* à Tours, le 20 juin suivant, mercredi avant la Saint-Jean-Baptiste. L'Evêque se rendit à Tours au jour indiqué, accompagné de l'archidiacre de la ville et des doyens de Clisson et de la Roche-Bernard. Personne ne se présenta pour le duc qui trouva plus expédient de venir à un arbitrage. Il fut convenu, sous peine de mille livres tournois, de s'en rapporter au jugement de Robert, évêque d'Albano, légat du Saint-Siège en France et d'Henri de Viziliac, archidiacre de Bayeux. Après examen des pièces, ces deux arbitres se rendirent à Paris, le 5 des Ides de décembre 1268, le siège de Rome étant vacant, une sentence portant que le duc, pendant la vacance, n'a d'autre droit que celui de garde, et lui adjugeant pour cet effet une rente de 10 l.[1]

Ensuite le légat, du consentement de l'évêque, donna au duc Jean Ier l'absolution de l'excommunication par lui encourue en 1264. En conséquence de cet accord, l'évêque Guillaume, qui s'intitulait[2] :

Guillelmus, miseratione divina electus ecclesiæ nannetensis confirmatus, prêta serment au duc le 21 mars jeudi saint, de l'an 1269 (N.-S.) : » promettant et jurant, la main sur la poy-
» trine, estre bon et loyal subjet de mondit seigneur, de
» son successeur, tant que je vivroy et lui estre obeis-
» sant et à sa justice. » A cet acte était apposé son signe en cire verte, sur lequel on voyait la tête d'un évêque mitré[3].

Guillaume est le premier évêque de Nantes qui ait consenti à faire ce serment. Jusqu'à lui, ses prédécesseurs avaient soutenu qu'ils tenaient leurs fiefs et domaines en franc aleu, et voulaient partager les droits souverains de la

---

[1] Arch. départ. *Titres de l'év. série G*. 1.

[2] D. Mor. p[r] 1. col. 1010.

[3] Arch. départ , Arm. N., case 6, n° 26. Travers taxe cet acte de faux, mais la présence dans le trésor des dues d'une copie authentique, permet de répéter cette erreur. La seule différence qui puisse exister entre l'original et le *vidimus*, c'est que celui-ci est en français, tandis que le premier était en latin. (Note de M. de la Nicollière, pp. 48 et 49.)

ville avec les comtes de Nantes. Le prélat esperait par cette concession et cette soumission clore l'ère de difficultés qui avaient rempli les règnes précédents.

L'an 1275, le samedi 5 octobre, avant la Saint-Clair, le duc Jean le Roux fit sa fameuse ordonnance qui change le bail des nobles en rachat, mais il laissa aux seigneurs la liberté de la suivre à l'égard de leurs vassaux nobles ou de se tenir à l'ancien usage. Les principaux seigneurs du diocèse l'acceptèrent en janvier 1276. L'évêque n'en voulut point, et ses successeurs, pendant plus de trois cents ans, ne l'ont pas suivie[1].

Suivant le nécrologe de Geneston, Guillaume de Verne mourut le 2 des Ides d'octobre 1277, léguant à son chapitre quatre livres, quatre sols de rente pour sa mémoire, que l'ancien *Livre des Anniversaires* a fixée au 26 octobre.

Le grand sceau de ce prélat, en cire verte, forme ogivale, appendu sur lacs de parchemin au bas d'une pièce de 1274, le représente vêtu des ornements épiscopaux, tenant la crosse tournée en dehors, de la main gauche et bénissant de la droite. Légende : *S. Guillelmi, Dei gratia, nannetensis episcopi.*

---

[1] Nosseigneurs du Bec et Cospéan en demandèrent l'exécution au roi, à la fin du seizième et au commencement du dix-septième siècle et l'obtinrent, à la condition d'acceptation par le Chapitre, c'est-à-dire si celui-ci trouvait plus avantageux pour l'évêque d'avoir une année du revenu du fief noble (en cela consistait le rachat), que d'avoir la garde du pupille noble, la jouissance de ses biens et le soin de son éducation jusqu'à ce qu'il eut atteint l'âge de vingt et un ans. On appelait cela le « bail des nobles. » *(Arch. du chât. de Nantes, arm. G, case B, n° 30. Histoire de Bretagne, t. II. p. 424).* — Extrait de Travers.

65. — DURANDUS

1278-1292

Durandus, Durannus, Durand, — dit de Rennes, du lieu de sa naissance, était trésorier, c'est-à-dire sacriste de l'église de Nantes et celui même que Guillaume de Verne commit en 1269 pour faire des monitions au duc, lorsqu'il fut élu évêque de Nantes en 1278. Il n'eut pas, comme ses prédécesseurs, le chagrin de se voir brouillé avec le duc à son avènement au siège ; il eut au contraire, la consolation de recevoir à absolution le jeudi saint (30 mars) de l'an 1279, Olivier de Clisson, Gérard de Chabot et Guillaume de Rochefort, vicomte de Donges, excommuniés par son prédécesseur. La cérémonie se fit suivant la coutume alors observée à Nantes pour les pécheurs publics[1]. En mars 1285, Durand baptisa à Saint-Florent-le-Vieil[2], Jean fils d'Arthur de Bretagne et de la

---

[1] Cet usage a continué jusqu'à Antoine de Créqui, premier du nom, l'an 1562, époque à laquelle cette coutume cessa, le chapitre voulant faire la cérémonie en l'absence de l'évêque, au préjudice de Gilles de Gand, évêque de Rouënne. son grand vicaire. (Titres du chap. dans l'*Hist. de Bret.* t. II, p. 424. — *Ordin. Nannet.,* 1263.) — Extrait de Traver.

[2] Saint-Florent-le-Vieil n'était alors d'aucun diocèse, après avoir apparenu longtemps à celui de Poitiers, et ensuite à celui d'Angers.

vicomtesse Marie de Limoges[1]. Le jeune prince qui fut plus tard le duc Jean III, né à Chasteauceaux le jeudi de la première semaine de carême, 8 février, ou le lendemain, d'après la *Chronique de Meillerai*, fut tenu sur les fonts de baptême en qualité de parrain, par Jean de Bocat, ou Boxat, abbé de Paimpont.

Quatre ans après, l'évêque de Nantes autorisa avec plusieurs autres prélats de la province, Charles II, roi de Jérusalem et de Sicile, à chasser entièrement les Juifs, les Lombards, les Caourcins et les autres usuriers des provinces de l'Anjou et du Maine, et, en raison des pertes que lui causait cette expulsion, ils lui cédèrent, pour un an seulement, la levée de six deniers sur tous les gens des deux provinces servant à gage, et trois deniers sur chaque marché[2].

Durand s'excusa en 1291, on ne sait pourquoi, d'assister à la consécration de Guillaume Le Maire, évêque d'Angers. L'année suivante, en janvier, il assista au concile de cette ville, qui ne figure pas entré dans la collection des conciles et où, sur l'ordre du Pape, il fut délibéré du recouvrement de la Terre sainte. Il mourut, d'après l'obituaire de la cathédrale, le mardi 6 mai 1292. Le nécrologe de Géneston, place sa mort en 1288 ; Du Paz et les Frères Sainte-Marthe la reculent jusqu'en 1294. Dom Morice et l'abbé Travers s'en réfèrent à l'obituaire de Nantes. Selon Albert de Morlaix, Durand mourut à Fougeray (alors du diocèse de Nantes et aujourd'hui de Rennes), où l'on a conservé, écrit le chanoine Guillotin de Corson, une vague tradition de sa mort ; son corps rapporté à Nantes, reçut la sépulture près du grand autel. Ses ossements, découverts en 1618, furent déposés derrière le grand autel, vis-à-vis du lieu où ils étaient auparavant.

Cet évêque n'eut aucun démêlé avec les ducs. Les grosses

----

[1] Il était arrière-petit-fils de Jean Le Roux, dont son père, Arthur, était le petit-fils.

[2] Chambre des comptes de Paris. — *Hist. de Sablé*, p. 411.

sommes qui lui furent payées pour dédommagements stipulés à ses prédécesseurs lui permirent d'augmenter les revenus de l'Evêché. Il acquit le jeudi avant la Toussaint 1281 (30 octobre), pour la somme de soixante-dix livres, les dîmes de blé, vin, lin, agneaux, chanvre, etc., que Jean Caffin possédait à Vallez dans le canton d'Escoublac. Il réunit à son domaine, en 1283, quelques dîmes de la paroisse de Trcillières et à l'évêché, au mois de septembre 1291, quelques petits fonds qu'il acquit de Guillaume de Ferrière, varlet, et de sa femme, du consentement de leur fils aîné, dans la paroisse de Chefsail, (Ste-Luce)[1]; il augmenta les domaines de l'ancienne maison de plaisance des évêques de Nantes[2] de petits fonds d'une valeur de trente-sept livres, soit quatorze à quinze marcs d'argent. Le même évêque, et ce fut son plus riche acquêt, acheta pour lui et ses sucesseurs, de Jehan, seigneur de Machecoul, trente livres de rente sur les dîmes de Saint-Cyr.

Durand de Rennes fit usage d'un sceau sur lequel était représenté un évêque bénissant, tenant la crosse tournée en dehors. Légende : † *S. Durandi, Dei gracia Episcopi nannetensis*. Le contre-sceau représente dans le champ une mitre de profil, cantonné de quatre roses. Légende : *contra S. Durandi Epi nannct*. Ce sceau est en cire verte et est apposé sur queue de parchemin à un acte de 1283[3].

Chez les anciens, la rose était (c'est M. de la Nicollière qui parle) le symbole du secret ; de là l'origine du proverbe : *Sub rosâ*, par allusion à une chose devant être tenue secrète[4]. Il faut donc voir dans les quatre roses de ce contre-sceau, la consécration de cette particularité, plutôt qu'un ornement de fantaisie.

---

[1] Titres de l'Evêché.

[2] Chefsail, ou plutôt, Le Chassais, était situé en la paroisse de Sainte-Luce, autrefois appelée elle-même Chefsail.

[3] *Archevêchés et Evêchés de France*. Collection Gaignières, t. cxii, Bibliothèque nationale.

[4] La recherche du blason par Ménestrier, Paris, 1673, p. 257.

Une famille Durand, maintenue d'ancienne extraction en 1668, et assez richement possessionnée dans les paroisses d'Ercé en la Mée et Thourie (évêché de Rennes), de Rougé (évêché de Nantes), qui donna à Villeneuve un abbé mort en 1407, pourrait bien être celle de notre évêque. Suivant M. de Courcy, elle portait : *d'argent à neuf losanges de sable, 3. 3. 3.* Le procès-verbal des églises rurales de la baronnie de Châteaubriant en 1663, donne à un sieur Durand, seigneur de la Minière et du Rouvre, un écusson *losangé d'or et de gueules,* comme il a été reproduit sur les vitraux de l'église de Rougé[1].

66. — HENRI II DE CALESTRIE
1292-1297

Henri II de Calestrie, — originaire de Tréguier, fut élu en 1292 et sacré l'année suivante à Tours, par l'archevêque Regnaud de Montbason. C'était pendant la vacance du siège à Rome. Tous les évêques suffragants de la métropole honorèrent de leur présence cette cérémonie[2], Thibaud de Pouancé, l'évêque de Dol excepté.

Les renseignements généalogiques et sigillographiques font complètement défaut sur ce prélat. Il fut, en 1295, témoin de la fondation faite le lundi 15 août, à Morlaix, de la collégiale de Notre-Dame-du-Mûr, par le duc Jean II, en présence de Geoffroy de Tournemine, évêque de Tréguier (et dans le diocèse duquel se trouvait le nouveau chapitre), de Guillaume de la Roche-Tangui, évêque de Rennes, Thibaud de Pouancé,

[1] Bulletin de la *Société archéologique de Nantes*, pp. 77-78 et suivantes.

[2] Ces évêques étaient, pour la Bretagne : Guillaume de la Roche-Tangui, de Rennes, — Guillaume de Kersauson, de Léon, — Robert du Pont, de Saint-Malo, — Geoffroy de Tournemine, de Tréguier, — Alain Morel, de Cornouaille, — Guillaume Guéguin, de Saint-Brieuc, — et Henri Tors, de Vannes.

évêque de Dol et Guillaume de Kersauson, évêque de Léon.

Henri de Calestrie mourut à la fin de 1297. Le duc Jean II tenait cette année-là, les revenus de l'évêché en son pouvoir, par droit de régale, ce siège étant vacant. Henri a donné quatre livres de rente au chapitre pour faire sa mémoire, qui fnt fixée au 15 mai, d'après le *Livre des Anniversaires.*

Nous ne pouvons ici adopter la thèse de M. de la Nicollière, qui refuse de placer un autre Henri, après celui dont nous parlons ; rejetant Travers et tous les autéurs qui ont admis Henri III, il trouve que la similitude de date, sinon de nom pour la mémoire des deux prélats, dans le *Livre des Anniversaires,* prouve une identité de personnage. S'il n'y avait, en effet, que cette raison, nous serions, nous aussi, disposé à ne pas admettre Henri III, mais ce n'est pas sur cet argument que s'appuie Travers, mais bien sur la tenue en régie des revenus de l'évêché par le duc Jean II en 1298, ce *siège étant vacant.* Or, ce fait est cité aux archives du château de Nantes, arm. 5, B, n. 17, *Hist. de Bret.*, t. II, p. 1225. C'est aussi la raison qui nous décide à insérer le suivant dans le catalogue.

67. — HENRI III

1298-1304

Henri III — fut élu en 1298 sous le pontificat de Boniface VIII et le règne en Bretagne du duc Jean II. Sacré en janvier 1299, il assista aussitôt après au concile tenu à Châteaugontier par l'archevêque de Rouen en présence des évêques de la province. Il eut une contestation à ce concile, avec l'évêque de Saint-Malo pour la troisième place à la droite de l'archevêque ; elle fut occupée par Robert de Pont-l'Abbé, qui en était alors titulaire, Henri se contenta de protester pour ne pas troubler l'assemblée et aussi pour réserver ses droits. L'évêque de Nantes se trouvait à Paris en 1301, et y souscrivit avec les suffragants de Tours, le dimanche de la Passion (19 mars), la réponse que le clergé donna au roi Philippe le Bel, qui l'avait consulté sur la conduite à tenir envers Boniface VIII et de la manière dont il pouvait défendre les droites du royaume contre les entreprises de ce pape[1].

Henri approuva la bulle *Unam Sanctam*[2] en 1302 et mourut deux ans après, le 15 octobre, d'après l'obituaire de Géneston. Sa mémoire était fondée à ce jour au livre des anniversaires. En 1304, on trouve un décret de l'évêque Henri rappelant qu'il a élevé un autel dans la cathédrale, en l'honneur de sainte Anne et assignant une rente de 20 livres au titulaire de ce bénéfice, à la condition qu'il sera prêtre et sera résidant (*Arch. départ.* série G. I.)

Nous avons de cet évêque plusieurs statuts synodaux : Il y accorde entre autres 10 jours d'indulgence à ceux qui, véritablement contrits et confessés (il n'ajoute pas absous et communiés), assistent les dimanches et fêtes, à la cathédrale ou aux paroisses, à la messe depuis le commencement jusqu'à la fin, et se tiennent dévotement à genoux depuis l'élévation de l'hostie jusqu'à celle du calice[3] : Le successeur d'Henri renouvela ses statuts.

---

[1] *Gest. Guill. Le Maire, spicil. archev.*, t. x.

[2] Dupas, *Hist. du différend de Philippe-le-Bel avec Boniface VIII*, p. 86.

[3] Cette élévation ne s'entend point de celle qui se fait aujourd'hui après consécration, mais de celle qui se fait avant le Pater, à ces paroles : *Omnis honor et gloria*, élévation autrefois plus sensible et la seule élévation du calice qu'on fît alors.

68. — DANIEL VIGIER

1305-1337

Daniel Vigier. — Ce prélat, qui appartenait au chapitre de Nantes, lorsqu'il fut élu évêque, était né en la paroisse de Guémené-Penfao, dans le diocèse, d'où le nom de Guémené a souvent été ajouté à son propre nom patronymique le Vayer, Veyer ou Vigier.

Tout porte à croire qu'il appartenait à la famille Le Vayer, possessionnée dans les évêchés de Rennes, Vannes et Saint-Brieuc et d'ancienne extraction, qui portait : *de gueules, à la bande accostée en chef de 2 étoiles et en pointe d'un croissant, le tout d'or.*

La branche aînée de cette maison s'est fondue dans Budes en 1507[1]. La généalogie de Bruc nous apprend que Philippe Le Vayer, sœur de l'évêque de Nantes, ayant épousé Pierre de Callac, maria sa fille Adelice à Guillaume de Bruc[2]. En 1261, Pierre Vigier, chevalier, avec Théophanie, sa femme et Guillaume, son fils, fit un accord avec l'abbaye de Melleray, au sujet de certains droits[3]. Ces trois personnes devaient être

---

[1] *Arm. de Bret.,* par P. de Courcy, t. II, p. 475.
[2] *Généal. de Bruc, Nov. univ. de France,* par Saint-Allais, t. x, p. 335.
[3] Biblioth. nation. *Blancs-Manteaux,* vol. xxxvi.

de la famille de l'évêque, Daniel, l'un des évêques les plus
remarquables qui gouvernèrent ce diocèse, fut élu et sacré en
1304, sous le pontificat de Benoit XI et le règne de Jean II en
Bretagne. Il dut nécessairement faire travailler à sa cathédrale pendant son long épiscopat. Aussi, M. de la Nicollière
pense-t-il pouvoir, sans cependant rien décider, lui attribuer
un des écussons de la tour absidale de la cathédrale, élevée,
on se le rappelle, en 1208, par Geoffroi Pantin. Cet écusson,
dont les émaux sont frustes, porte sur fond de — *une fasce
de... accompagnée en chef de 2 étoiles ou molettes d'éperons,
et en pointe d'un croissant surmontant une étoile ou une mo-
lette de...*, pièces héraldiques qui se rapprochent beaucoup,
on le voit, de celles de la famille Le Vayer, citée par Courcy.

Le mercredi après la quadragésime, 23 février 1306, Daniel
érigea le canonicat de Pierre d'Esvignéi, en dignité de doyen
du chapitre, érection qui rendit le doyen, curé du bas chœur
pour tous sacrements.

La grande affaire agitée depuis près d'un siècle entre le
clergé et les ducs Pierre Mauclerc, Jean I, Jean II et Arthur II,
au sujet du *past nuptial, ou tierçage*, que l'on appelait le
jugement des morts, qui donnait au clergé le tiers des
meubles d'un homme et d'une femme à leur mort, ainsi qu'à
l'occasion de quelques autres droits ecclésiastiques et de
dîmes inféodées, se poursuivait vivement alors, et prit fin
vers l'an 1308. Le clergé de Bretagne députa à cet effet
l'évêque Daniel et Nicolas de Guémené, curé de Saint-Mars-
de-Coutais, dans le diocèse, vers le pape Clément V, qui, du
au consentement des députés du clergé et de ceux du duc
Arthur II, de la noblesse et du peuple, fixa le *past nuptial* à
trois sols pour les personnes aisées et à deux sols pour les
autres. Il réduisit le tierçage au neuvième des meubles ; c'est
le droit curial appelé *neume*, réduit lui-même par les arrêts
du Parlement, de 1562, 1602, etc., au neuvième d'un tiers, ou
à la vingt-septième partie des biens meubles des seuls rotu-
riers pour les lieux où les curés n'ont point de dîmes, et

lorsque le tiers des meubles restants, les frais funéraires et les dettes mobilières payés, se monte à quarante sols monnaie ou quarante-huit sols tournois, selon qu'il fut arrêté entre les parties.

Après son retour d'Avignon, l'évêque de Nantes unit en 1311 les deux doyennés de Nantes et de la Chrétienté qui comprenaient toutes les paroisses du diocèse entre l'Erdre et la Loire, et allaient de la ville jusqu'à l'Erdre. Il obtint également du pape Clément V, un rescrit qui partageait les 21 prébendes du chapitre en sept sacerdotales, sept diaconales et sept subdiaconales. Peu après ce règlement, il se rendit au concile de Vienne, en Dauphiné, où il fut traité de l'abolition des Templiers.

Après la conclusion du concile, Daniel revint à Nantes en 1312, muni de quatre brefs du Souverain-Pontife. Le 1er, du 23 juin, donnait à l'évêque de Nantes le pouvoir de commettre, durant trois années, quelque ecclésiastique pour réconcilier les églises polluées[1]. Les trois autres, du 29 juin suivant, lui accordaient les droits : 1° d'avoir près de lui, pendant 3 ans, trois chapelains dispensés de résider à leurs bénéfices, prébendes, cures, etc., tout en en percevant les fruits ; 2° de choisir, à partir du jour de la date du but, un confesseur séculier ou régulier, jusqu'à Noël inclusivement ; 3° de créer deux notaires apostoliques dans le diocèse[2].

De deux autres bulles du 3 et du 13 juillet 1312, et datées de Vaison, la première unissait les revenus de la paroisse de Saint-Cyr-en-Rays à la mense épiscopale, qui, selon l'assurance de l'évêque, ne passait pas la somme de mille quarante livres petits tournois de revenu annuel[3] ; la seconde confirmait le partage des prébendes.

Il existe aux archives départementales, titres de l'évêché,

[1] Labbé *Concil.* t. x, part. 2, p. 1544.
[2] Id., *ibid.*
[3] Titres de l'Evêché.

série G I, une sentence du commissaire apostolique Bertrand
de Sentio et datée d'Avignon, le 6 juillet 1320, annulait une
citation irrégulière du prieur de Saint-Germain. Pierre de
Girouard, qui disputait à Daniel certains droits de juridiction,
déclarant que l'évêque de Nantes ne peut être cité que devant
le métropolitain ou le pape, et que l'église de Nantes ne
relève que d'eux.

Le 1er août 1321, le pape Jean XXII renouvela et confirma
la bulle de Clément V*. Deux ans auparavant, les Carmes
s'étaient établis à Nantes. En 1325, l'évêque Daniel forma la
collégiale de Nantes par l'érection de plusieurs chapellenies
de l'église Notre-Dame en canonicats. L'évêque et les officiers
du duc eurent, dans les mêmes temps, plusieurs altercations
pour les droits et prééminences de fief.

« Du lendemain de la Saint-Michel 1336, on trouve la cession
» d'une maison sur la chaussée de Barbin, faite au sieur évêque
» de Nantes, pour 300 lv. à lui deues pour la ferme des moulins
» de Barbin. » (*Archives départementales*, titres de l'évêché, série
G I.) Daniel Vigier fit avec le duc Jean III un arrêté de police,
pour chacun ses hommes et vassaux, le samedi après la Purification (3 février) de l'an 1336 ; on en a un collationné
authentique du 30 septembre 1438, parmi les papiers de la
ville, sac A, *bis*.

L'évêque Daniel mourut le 12 février 1337, après avoir gouverné l'église de Nantes pendant trente-deux ans. Il fut
inhumé dans sa cathédrale contre le second pilier de la nef,
à gauche en entrant, près de la chapelle paroissiale de Saint-
Jean-Baptiste. Son tombeau, construit en pierre, était recou-
vert d'une table de marbre noir, sur laquelle « autour de
sa représentation, gravée au trait, » se lisait l'épitaphe
suivante :

* Le pape Clément V, mort le 20 avril 1314 fonda dans l'église de Nantes,
son anniversaire, pour l'entretien duquel il donna 40 sols de rente au chapitre et 40 sols idem au bas-chœur. Le livre des anniversaires l'a fixé au 28 mai.

Anno Domini MCCCXXXVII, die veneris XII mensis februarii, obiit reverendus pater et dominus Daniel Vigerii de Guimeneio, Nannetensis diœcesis orundus, qui per trigenta et duo cum dimidio, rexit laudabiliter ecclesiam Nannetensem ; cujus anima in pace cum sanctis angelis requiescat. Amen[1].

Il a fondé à la cathédrale un anniversaire avec vigile des morts, tous les lundis du mois, à six cierges aux vigiles et à huit cierges à la messe, un mémoire pour ses parents le 7 août et un anniversaire solennel à douze cierges devant l'autel et deux dans les chandeliers. Il a donné pour ce service dix livres monnaie de rente annuelle et trente-neuf livres aussi monnaie pour les trois autres anniversaires[2].

D'après le registre du chapitre de Saint-Pierre, ces anniversaires étaient fixés aux premiers lundis de février, mars, avril, mai et juin.

Nous avons de l'évêque Daniel des statuts donnés par dom Martène, dans son *Trésor des Anecdotes*, t. III, publiés depuis par dom Morice, t. I, p. 1382. Ils sont du commencement de l'épiscopat de Daniel, avant le concile général de Vienne, en 1311.

---

[1] *Archevéches et Évéchés de France*, collect. Gaignières, p. 180, Bibl. nat.
[2] Livre manuscrit des anniversaires.

69. — BARNABÉ DE ROCHEFORT

(1338).

Barnabé de Rochefort, *Barnabé* ou *Bonabes (Bonus abbas) de Rochefort*, de la maison de ce nom, des vicomtes de Donges, s⁷ʳ dudit lieu, de Bodelio, de Quéhillac, etc., cousin de Thibaut, l'un des héros du combat des Trente, était, croit-on, fils puîné d'autre Thibaut et d'Anne de la Rochediré, et grand-oncle de Bonabes II, du nom, évêque de Nantes en 1392, dont le père était Bonabes de Rochefort, chevalier, fils lui-même de Guillaume, frère aîné de l'évêque Bonabes Iᵉʳ de Rochefort[1].

Barnabé ou Bonabes Iᵉʳ fit sa soumission à la chambre apostolique le vendredi 17 juillet 1338, sous le pontificat de Benoît XII et le règne en Bretagne du duc Jean III. Il portait, comme sa maison : *Vairé d'or et d'azur*.

A son avénement, il donna mainlevée aux héritiers de l'évêque Daniel, dont les biens patrimoniaux étaient en saisie pour l'exécution de son testament[2]. Barnabé de Rochefort mourut ou résigna son siège quelques mois après son élection.

[1] Voir M. de la Nicollière, *Arm.* p. 53 et Du Paz, *Généalogie de Bretagne*, p. 1165, 635, 637, etc.

[2] Titres du chapitre.

70. — OLIVIER SALAHADIN

(1339-1354.)

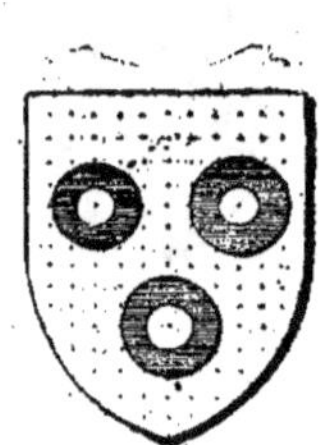

Olivier Salahadin, Saladin, Salhasin, Saltchasin, d'une
noble maison du pays de Léon, des seigneurs de Kermadec
en Ploudiry, fut, nous dit Dom Morice, d'après le *Chronicon
Briocensæ*, la fleur des prélats de son temps: *Oliverius Salaha-
dini episcopus, præsulumque totius orbis tempore quo vivebat,
flos*[1]. La branche aînée de cette famille s'est fondue en 1307
dans Huon, qui, de cette alliance, a retenu le nom de Kermadec. Saladin portait : *D'or, à trois annelets d'azur*[2].

Olivier fut recteur de l'Université de Paris en 1318 et y
reçut dans la suite le bonnet de docteur en théologie. Il était
doyen de Paris depuis 1336, lorsqu'en 1339, il fut appelé au
siège de Nantes : c'était sous le pontificat du Pape Benoît XII
et le règne du duc Jean III. Son sceau se trouvait au bas d'un
acte de 1341, déposé à la Chambre des Comptes, de Paris; en
tête de cet acte il s'intitule : Olivier, par la grâce de Dieu et du

[1] D. Morice, *Preures* I, col. 46.

[2] Les Huon ont conservé le blason de Salahadin, auquel ils ont ajouté
seulement trois croisettes, recroisettées aussi d'azur.

Saint-Siège de Rome, évêque de Nantes[1]. Il est le premier de nos prélats qui ait usé de cette formule, comme aussi le premier que l'on trouve avoir été porté à son entrée dans sa ville épiscopale par les barons d'Ancenis, de Châteaubriant, de Rays et de Pontchâteau. On ignore quand ce cérémonial pompeux a commencé à Nantes. Philippe du Buch (1566', ayant fait son entrée à pied le fit cesser.

Geffroy, baron d'Ancenis, qui avec les trois autres barons déjà nommés, avait porté l'évêqua depuis l'amônerie de Saint-Clément, ou hôpital de Notre-Dame, hors les murs, jusqu'à sa cathédrale, voulut pour ce service avoir quelques écuelles d'étain, un mortier et d'autres vils ustensiles de cuisine[2]. Olivier s'opposa à cette demande, et par jugement rendu en 1340, le baron d'Ancenis dut restituer le tout à Rémond Saladin, frère de l'évêque.

Pendant les troubles causés par la succession du duc Jean III, Olivier, en bon pasteur, ne quitta point son diocèse et ne parut point incliner pour l'un plus que pour l'autre des prétendants. Il se trouva à la canonisation de saint Yves à Avignon, le 19 mai 1347 et y fit, en troisième lieu, le panégyrique du saint. Il prit pour texte ces paroles du psaume XVII : « Je louerai le Seigneur et je l'invoquerai ; et pour division : « celui qui prie doit éviter de demander ce qu'il ne doit pas « demander et de s'adresser à qui il ne doit pas s'adresser[3]. » Depuis ce temps, le diocèse de Nantes fait l'office de saint Yves avec les leçons extraites du sermon d'Olivier Salahadin à Avignon.

Le prélat n'était pas de retour d'Avignon en mai 1348, puisque le 11 de ce mois, Philippe du Château, doyen de Nantes et vicaire général, expédiait les affaires en son absence[4].

[1] D. Morice, *Preuves* I, col, 1429.
[2] Titres du chapitre.
[3] D. Lobineau. *Vie de saint Yves.*
[4] Titres de la Trinité de Rieux.

Olivier mourut, d'après le P. de sainte Marthe et D. Morice
le 17 août 1354. Il reçut la sépulture dans la chapelle de
la Madeleine, à la cathédrale, sans qu'aucune épitaphe vint
désigner son tombeau.

À sa mort, Hugues de Montrelais, successivement doyen de
Nantes, archidiacre de la Mée et enfin chantre, fut élu pour
le remplacer. *Hugues*, appelé *Huc* dans le traité de Guérande
en 1365 appartenait à la noble et ancienne maison de Montrelais, et était fils de Chenauld Ier, du nom, et de Marie, fille de
Geffroi, baron d'Ancenis. Mais, à la prière de Charles de Blois,
le pape Innocent VI le transféra le 19 septembre 1755, avant
qu'il eut été sacré, à Tréguier, dont le titulaire vint le remplacer à Nantes. Hugues de Montrelais passa à Saint-Brieuc
en 1358. En 1371, il se retira à Avignon. Le pape Grégoire XI
le nomma en 1375 cardinal et évêque de Sabine. Il prit alors
le titre de cardinal de Bretagne et mourut le 16 février 1390.

71. — ROBERT IV, PAYNEL

(1355-1366.)

Robert Paynel, *Pacinel*, *Peyennel*, *Pacinellus*, issu d'une
famille d'ancienne chevalerie, des barons d'Hambie et de
Briquebec, s^{rr} de Briquevilles, en Normandie, et qui portait : *D'or à deux fasces d'azur, à l'orle de neuf merlettes
de gueules,* eut un de ses ancêtres, Guillaume, qui accom-

pagna le duc de Normandie à la conquête de l'Angleterre
en 1066, où il donna naissance aux comtes de Huntley.
Guillaume Paynel, sire de Hambie, avait épousé en 1296
Marguerite d'Avaugour, et ce nom se trouve souvent dans l'histoire de Bretagne. Les sires d'Hambie et de Briqueville se sont
éteints au quinzième et au seizième siècle, dans Estouville,
Vieux-Pont, Le Voyer de Trégomeurt et de Guer-Pont-
callec[1]. Robert, fils de Foulques, Paynel et d'Agnès de Chan-
telou, et religieux de l'ordre de Saint-Dominique, était l'ami
intime et le confesseur de Charles de Blois. D'abord évêque
de Tréguier, de 1351 à 1354, il fut transféré sur le siège de
Nantes par le pape Innocent VI, tandis que Hugues de Montrelais, nommé par le chapitre de Nantes, venait le remplacer
à Tréguier.

Le 12 mars 1357, Robert convint avec Gérard Chabot, sr
de Rays, de douze cents florins d'or en rachat de soixante
livres de rente annuelle, que son père Gérard Chabot avait
vendues sur son domaine, à l'évêque Durand, en 1280. En la
même année, le roi Jean prit en sa protection et sauvegarde
l'évêque Robert, ses domestiques et ses biens, et le fit notifier,
le 27 juillet, aux deux prétendants de Bretagne par son lieutenant d'Anjou, Guillaume des Bans[2]. L'union de la cure de
Notre-Dame de Nantes au chapitre fut arrêtée par Robert
le 17 mai 1359[3]; le motif de cet acte fut de grossir les revenus des chanoines, qui ne recevaient auparavant par
jour, que huit deniers d'assistance.

Le droit d'*estance*, que l'évêque Maurice de Blason avait,
vers 1190, défendu contre la duchesse Constance, et dans
la perception duquel l'évêque Robert avait été maintenu,
lui fut contesté par Charles de Blois en 1763[4], mais il
se l'assura par une enquête qu'il fit de sa possession plus

---

[1] Voir M. de la Nicollière, pp. 54-55, et *Armorial Courcy*, t. II, p. 238.
[2] Titres de l'Eglise de Nantes.
[3] Titres de la Collégiale.
[4] Titres de l'Evêché.

que centenaire. Robert Paynel était en juillet 1364, à Paris, où il fut témoin de la concession de plusieurs privilèges que le roi Charles V accorda à l'Université d'Angers. Il éprouva une si grande douleur de la mort de Charles de Blois, tué à la bataille d'Auray le 29 novembre suivant, qu'il en mourut de chagrin le lundi de la Quadragésime, 23 février 1366, suivant les obituaires de Nantes et du Roncerai ; il fut inhumé dans la cathédrale devant l'autel de saint Eutrope.

Le blason de Robert Paynel diffère de celui de sa maison, donné par Courcy, en ce qu'il ne porte que *six merlettes 3, 2, 1, au lieu de neuf, avec une crosse tournée à gauche et placée sur l'écu*. Telles sont les armes gravées sur le contre-sceau de la juridiction des régaires, avec la légende circulaire : *S. P. (ar) vum cur (ie) Regaliu (m)*. Le sceau représente la tête du prélat vue de profil et coiffée de la mitre ; il ne reste que quelques lettres de la légende[1]. C'est le premier prélat qui ait timbré son sceau de ses armes en 1357.

72. — SIMON DE LANGRES

(1366-138?)

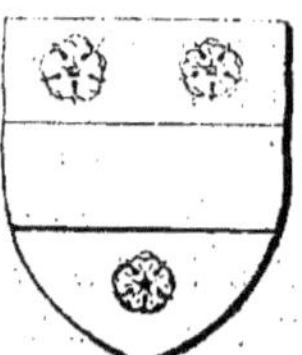

Simon de Langres, ainsi désigné du nom de sa ville natale, était de l'ordre des Frères prêcheurs et fut un des hommes les plus éminents du quatorzième siècle. Docteur en

---

[1] Vente de l'hébergement du Plessis-Tison, par Guyon de Ploërmel à Guillaume Jandome, 1357. *Arch. du Plessis-Tison*, communiquées par M. Alfred de la Tullaye. (Note de M. de la Nicollière. Arm. des Ev. de Nantes, p. 54).

théologie, provincial de France, puis général de son ordre en
1352, recteur de l'Université de Paris, il eut une grande part,
comme légat du pape Innocent IV, à la paix de Bretigny
conclue le 24 octobre 1360 entre la France et l'Angleterre[1].

Il joua aussi un très grand rôle sous les rois Charles V et
Charles VI. Prédicateur remarquable et éminent théologien,
il mérita de ses contemporains le surnom de *pêcheur
d'hommes*[2]. Le pape Innocent VI voulut le faire évêque de
Nevers, mais son humilité refusa cet honneur. Urbain V le
nomma en 1366 à l'évêché de Nantes, avec commandement
d'accepter. Simon se soumit et fut sacré à Tours, le 5 juillet
1366, dimanche dans l'octave des saints Apôtres.

Dans une lettre écrite au duc de Bretagne, Jean V, le
Souverain-Pontife le traite d'*homme savant et d'ami*[3].

Simon de Langres qui, dès 1367, s'était démis du généralat
de son ordre, et s'intitulait : « *Frère Simon par la permission divine évesque de Nantes* », prêta serment le vendredi
30 novembre 1369 au duc Jean IV. Celui-ci gratifia l'évêque
de Nantes de cent marcs d'argent sur les fruits échus depuis
le 25 février 1364 jusqu'à ce jour, et retint le surplus, pouvant monter à cinq ou six cents marcs d'argent[4].

L'écusson de Simon de Langres est sculpté sur le côté sud
de la tour absidale de la cathédrale de Nantes ; il porte : de...
à la fasce de... chargé de trois roses de...[5].

Le sceau de ce prélat, apposé à l'acte de serment dont
nous venons de parler, est ogival et mesure $0,055^m$ sur
$0,035^m$ Dans le champ est représenté l'évêque en habits

---

[1] Inter has calamitates, Carolus (Johannis regis filius) multo prospiciens, cancellarium Guillermum de Monto Acuto, abbatem præterea Cluniacensem et Simonem Lingonenssem, ordinis prædicatorum primarium rectorem ex Aulicorum concilio ad Ederardum legat, sed nec sic pacis conditio processit. (*Probat Gaguinus*, liv. IX, fol. 57, édit. 1497).

[2] Le P. Echard : *Scriptores ordinis prædicatorum*. T. I, pp. 336-337.

[3] Baluze : *Vitæ paparum Avenion*, t. I, p. 943.

[4] Froissart. liv. I, chap. 211. Bernard *Guido*. *Titre de magist. ord. præ-dicat ;* — Martène : Coll. nov. t. VI. *Hist. brev. ord prædicat.* — Titres de Toussaints de Nantes. — *Arch. du chapitre de Nantes*, arm. K. cass 4 G. Arm. F. c. B. n° 18. Arm. E. c. G. Arm. S. c. S.

[5] Les émaux sont trop frustres pour être vérifiés.

pontificaux, bénissant; la légende, presque illisible, ne laisse paraître que quelques lettres[1].

Le sceau employé pendant son épiscopat, pour la juridiction des réguaires, est orbiculaire et mesure 0,035^m de diamètre. Dans le champ, une tête d'évêque, coiffé d'une mitre basse, tournée à gauche ; au-dessus de la mitre, est une étoile et de chaque côté de la tête, des roses. Le contre-sceau orbiculaire, mesurant environ 0,019^m, offre dans le champ l'écusson de Simon avec une crosse tournée à droite, placée dans l'écu, derrière la fasce : † S(*igillum*) F(*ratris*) *Sy*(*monis*) *Epi Nannetensis*[1]. La matrice de ce monument sigillographique a dû servir à plusieurs évêques. En effet, elle ne porte pas de prénom particulier, et M. de la Nicollière la croit identique à celle du sceau de la juridiction des régaires de Robert Paynel. Le même évêque a encore fait usage d'un troisième sceau, de forme ogivale, mesurant 0,069^m sur 0,044^m. Le champ est occupé par un édicule composé de deux arcatures ogivales formant niches dans lesquelles se trouvent les statues de saint Pierre et saint Paul. Au-dessus, une arcature contient la Vierge assise, portant l'*Enfant Jésus sur ses genoux, et, de chaque côté*, une petite niche renferme un angelot, à genoux. Sous les deux grandes arcatures est un autre compartiment, où, entre deux écussons à ses armes, est placé l'évêque à genoux, mitré et crossé. Légende : *S. Fris Symonis Dei gratia Epi Nannetan*[2].

D'après l'abbé Travers, Simon de Langres, que ses liaisons avec la cour de France dont il était né sujet, rendaient suspect aux Anglais et aux Bretons, n'aurait pas fait un long séjour à Nantes après le serment prêté au duc. Selon le même auteur il ressort de titres du chapitre de la cathédrale, de la collégiale et de l'archidiaconé de Nantes, qu'en l'an 1372, il était

---

[1] *Archives départementales*. Trésor des chartes. Arm. E. C. n° 12.

[1] Ce sceau est appendu à un acte de vente consenti par l'évêque de Nantes, à Olivier de Clisson, en 1380, d'une maison située rue de l'Huis de Fer, paroisse Saint-Denis. Fonds Bizeul. *Bibliothèque publique de Nantes.*

[2] *Archives départementales* Trésor des Chartes. *Arm.* M. c. C. n°° 7 et 8.

absent ; que Jean, frère prêcheur et archevêque de Nazareth, gouvernait le diocèse en qualité de vicaire général, et qu'en octobre 1373, Simon n'était plus évêque de Nantes.

Nous sommes peu disposés à admettre cet évêque Jean dont Travers est le seul à avoir parlé, croyons-nous, sur la foi du docteur de Launos dans son histoire du collège de Navarre. On ne le trouve du reste dans aucune fonction à Nantes, et nous sommes très porté à croire, qu'évêque lui-même, ce Jean exerça pendant une absence de Simon, les fonctions épiscopales à Nantes. Ce qu'il y a de certain, c'est qu'en 1376 on retrouve ledit Simon, évêque de Nantes dans un monitoire, et dans un accord passé trois ans plus tard avec Jeanne de Rays ; enfin dans une fondation faite à Treillières en décembre 1381[1].

Simon permuta en 1382 avec Jean de Montrelais, évêque de Vannes. Thomas, archevêque de Naples, légat de Clément VII, dont on suivait l'obédience, à Nantes, en Bretagne, en France, etc., contre Urbain VI[2], résidant à Rome, reçut, étant à Nantes, la permutation des deux évêques. Il expédia leurs bulles à Laval, le 3 août 1382. Simon était alors dans une *vieillesse avancée*, accablé d'infirmités, ne sortant plus de sa chambre et demeurait au château de Sucé, une des maisons de plaisance des évêques de Nantes. Aussi, à peine eût-il reçu sa bulle pour Vannes, qu'il résigna ce siège à l'abbé de Prières, Henri le Barbu et revint mourir en 1384, à Nantes, parmi ses frères, les Jacobins. Dans le martyrologe de cet ordre, sa mort est marquée au 7 juin, sans désignation d'année.

« Simon fut inhumé dans l'église des Frères dominicains « de Nantes, sous la seconde marche de l'autel, du côté de ..

[1] Titres de l'Evêché.

[2] On suivit à Nantes et en Bretagne, du temps de l'évêque Simon et de ses successeurs, l'obédience de Clément VII, élu le 20 septembre 1378 (siégeant à Avignon) et ensuite de Pierre de Lune, dit: *Benoit XIII*, contre Urbain VI (siégeant à Rome), Boniface IX, Innocent VII, et Grégoire XII. On a aux archives du château de Nantes, plusieurs bulles des papes Clément VII et Benoît XIII, et aucune d'Urbain VI ; cela n'appuie pas le sentiment de Mainbourg (liv. 1, du Schisme d'Occident), que la Bretagne avait suivi l'obédience de Urbain VI (Note de Travers, t. I, p. 444).

« l'évangile. Son tombeau, nous dit Albert le Grand, était
« couvert d'une lame de franc cuivre, burinée de son effigie
« et armes. » Cette lame fut fondue en 1410, lors de l'incendie de l'église.

Parmi les ouvrages de Simon de Langres, nous citerons :
1° *Acta legationum quas pro summis pontificibus et regibus
Franciæ plures egit*, qui, suivant l'auteur des *Scrip. ord.
præd.* doivent sans nul doute se trouver aux archives du Vatican et dans celles des rois de France et d'Angleterre ; 2° *Ser-
mones et orationes publicæ plures*, etc., etc.

Simon recevait les permutations et les résignations *in fa-
vorem*, ou avec désignation que les évêques renvoyèrent
plus tard à Rome et il observait, après avoir accordé ces
sortes de provisions, d'en commettre l'exécution à l'archidiacre ou à l'official de cette dignité, dans le climat où le
bénéfice était situé, et aussi au doyen rural ou à son official :
ces derniers commettaient le premier prêtre ou notaire au
choix du pourvu, pour le mettre en possession[1].

Nous avons de l'évêque Simon des statuts dont les copistes
avaient omis la date. Ils défendent aux prêtres de confesser
dans les paroisses, sous peine de suspense, lorsque le curé n'y
réside pas, s'ils n'ont permission de l'évêque ; — aux laïques,
sous peine d'excommunation, de se tenir dans le sanctuaire
pendant la célébration de l'office divin ; — aux femmes nouvellement accouchées d'entrer (sous peine d'amende de
20 sols) dans l'église, avant les relevailles[2]. Ils ordonnent,
sous peine d'excommunication et le paiement d'une demi-livre
de cire, d'assister, une personne de chaque maison, dimanche
et fêtes principales, à la messe de paroisse. Enfin ils excom-
munient tous ceux qui se marient clandestinement, leurs
complices, et les prêtres qui bénissent de tels mariages, et
de même tous ceux qui troublent la juridiction ecclésiastique
de l'église dans la perception de ses droits.

[1] Titres de l'archidiaconé de Nantes.
[2] Martène, *Th. anecd.* t. IV.

73. — JEAN DE MONTRELAIS

(1382-1392).

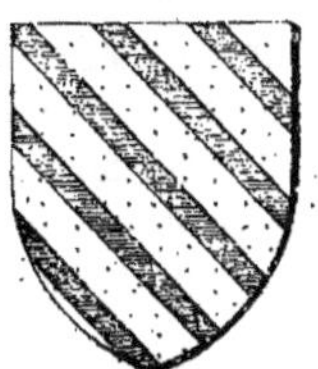

Jean, de Montrelais était fils de Renaud, sire de Montrelais, de Château-Thébaud, du Gué-au-Voyer et de la Sénéchalière, en Saint-Julien de Concelles, et de Marie d'Ancenis, tous deux appartenant aux plus anciennes et aux plus nobles maisons du Comté nantais. De ce mariage issurent six enfants : 1° Jean ; 2° Philibert ; 3° Hugues doyen de Nantes, élu par le chapitre, évêque de cette ville à la mort d'Olivier Salahadin, en 1355, transféré à Tréguier, puis en 1358, à Saint-Brieuc, où il mourut cardinal en 1390 ; 4° Jean dont il s'agit ; 5° Maurice, archidiacre de Nantes ; 6" Marthe, épouse de Jean de Chateaubriant.

Jean de Montrelais portait : *d'or à cinq cotices d'azur.*

Bien que sa famille portât six cotices sur son écusson, les monuments sigillographiques qui nous restent de l'évêque de Nantes n'en portent que cinq[1]. Les sceaux de Jean, sont appendus au serment de fidélité et au bas du testament de la

---

[1] Courcy donne à la maison de Montrelais : *d'or à trois jumelles d'azur en bande.*

duchesse Jeanne de Navarre[1] diffèrent seulement de dimension. Le premier, en cire rouge, mesure 0,035ᵐ de diamètre, le second, à peine 0,030ᵐ. Dans le champ, dessiné par un trilobe, un ange debout, posé de fasce, servant en quelque sorte de cimier, porte l'écu aux cinq cotices, sur lequel est placé le bâton d'une crosse tournée à gauche, deux anges agenouillés de profil, servant de tenants. Légende. *S. Johannis Epi Nannetensis.* Le sceau de son officialité porte l'écu aux cinq cotices avec la crosse tournée à gauche, passée dans la mitre entre les deux lettres I. O. *Johannis officialis.* Ce sceau, en ogive, très détérioré, ne porte plus que quelques lettres de la légende : *S (igillum officialatus (n) an (netensis)*[2].

Jean de Montrelais, doyen du chapitre de Tours, était évêque de Vannes depuis 1377. Le 4 avril 1381, il signa le traité de Guérande passé entre le roi de France et le duc de Bretagne et permuta l'année suivante avec Simon de Langres, le 3 août 1382. Dès le mois de janvier suivant, il établit un official et prit en mars, possession du temporel. Le 4 avril 1384, il fit son entrée solennelle en sa ville épiscopale, porté par les quatre barons de Pontchâteau, de Retz, d'Ancenis et de Châteaubriand. Dans son mandement du 29 mars précédent, adressé au duc Jean V, dit le *Conquérant et le Bon,* il lui enjoint de se trouver en qualité de baron de Retz, à Nantes, le lundi d'après le dimanche des Rameaux, pour assister à son entrée et aider à le porter, ainsi qu'il a été observé au temps passé. Jean de Montrelais se qualifie *d'évêque de Nantes par la grâce de Dieu et du Saint-Siège de Rome.* C'est le second de nos évêques qui ait usé de cette formule.

Le duc se trouva donc à Nantes le 4 avril, et comme baron de Retz, il aida à porter l'évêque depuis l'hôpital de Notre-Dame, hors les murs, dit dans la suite de *Saint-Clément,* à cause de sa situation dans cette paroisse, jusqu'à l'église cathédrale. Le duc dîna avec l'évêque, et enleva tout le linge de la

---

1 *Archives départementales.* E. C. 18 et F. A. 13
2 *Archives départementales.* F. A. 13.

table : c'était le droit du baron de Retz. Il eut aussi le cheval de l'évêque, pour représentation du baron de Châteaubriant, dont la terre était cette année en rachat dans la main du duc et sans héritier capable de faire le service ; il fut suppléé par un seigneur que le duc désigna. L'acte de cette entrée ne nous apprend point quels étaient les droits du premier baron (de Pontchâteau) et du troisième (d'Ancenis).

Jean de Montrelais prêta serment le 13 mai 1384, et rendit aveu de son temporel au duc[1]. Celui-ci nomma peu après l'évêque de Nantes l'un des arbitres du différent qu'il avait avec l'évêque, le chapitre et les habitants de Saint-Malo, pour les droits souverains de cette ville et approuva ses décisions[2].

Le même prélat et six autres évêques de Bretagne furent présents, le mercredi 7 juin 1385, à la ratification que le duc fit cette année d'un don qu'il avait octroyé, en 1381, à Jean du Fou. Il assista à Rennes, le 4 mai 1386, au Parlement général de Bretagne, où il tint la troisième place à la droite du duc.

Jean de Montrelais n'avait pas moins de revenus que les évêques ses prédécesseurs, mais, regardant les biens de l'église comme les biens des pauvres, il en fut l'économe fidèle. Il mourut le 12 septembre 1392, si pauvre, disent Albert de Morlaix et Augustin du Paz, que le chapitre dut payer les frais de ses funérailles. Il y avait pourvu par avance, en donnant de son vivant au chapitre, pour faire sa mémoire, six livres de rente[3]. Son corps fut inhumé dans la cathédrale, chapelle saint Guillaume, sans épitaphe, ni enfeu. Cet évêque fut actif, plein de zèle, et aima le bon ordre comme il le paraît par les statuts synodaux qui nous restent sous son nom et qui furent publiés dans les synodes de 1385, 1387 et 1388.

[1] Archives du château de Nantes, Arm. S. c. B. n°17. Lobineau. t. II p. 1226.

[2] Titres de l'église de Saint-Malo. — Lobineau. t. II, p. 671.

[3] Livre des anniversaires.

Par ceux de 1385, il défend aux religieux, sous peine d'excommunication réservée au Pape, d'engager les fidèles à se faire enterrer dans leur église ; il veut que les curés, sous peine de vingt sols ou un franc d'or, écrivent à la fin de leurs missels ses statuts et ceux de ses prédécesseurs[1]. Il défend de célébrer des mariages dans les chapelles, de dire, les dimanches et fêtes, aucune messe avant la grande, qui est fixée à neuf heures ; de recevoir qui que ce soit, excepté les voyageurs, à entendre la messe dans d'autres églises que leur paroisse. Il ordonne d'assister à la grand'messe tous les dimanches, de chaque maison au moins une personne capable de faire attention aux annonces ; d'entendre une messe basse à la paroisse, si l'on n'a pas entendu la grande.

Les statuts de 1387 furent arrêtés en présence des abbés de Saint-Gildas-des-Bois et de Géneston, de Bonabes de Rochefort (qui fut évêque de Nantes), archidiacre de la Mée, du trésorier, de quatre chanoines et de beaucoup d'autres ecclésiastiques. Ces statuts ordonnent d'acquitter les fondations, selon les intentions des fondateurs ; aux curés, de desservir eux-mêmes leurs bénéfices ou de les faire desservir, s'ils ne résident pas, par des prêtres à ce approuvés. On y remarque aussi que la succession des ecclésiastiques, riches des seuls biens d'église, ne retombait point à leurs héritiers, mais que l'évêque marquait l'emploi qu'on en devait faire.

Le synode de 1389, après la Pentecôte, prescrit aux abbés d'assister aux assemblées en chape de soie et avec la crosse, et aux autres en surplis *l'hétole* (sic) pendante ; aux curés de renouveler tous les huit jours la sainte Eucharistie ; aux archidiacres et doyens ruraux, qui exercent leur juridiction en plusieurs lieux, d'assigner les parties au lieu le plus proche de leur domicile, sous peine de nullité. Ce synode défend aux curés, sous peine d'excommunication, et 40 sols d'amende, de s'absenter de leur paroisse plus d'un jour, de dire la messe

[1] Martène, Thes. anecd., t. IV

avant de s'être confessés, de manger et de boire aussitôt la messe
dite, d'être vicaires d'un autre curé, et, quand ils ne résident
pas sur leurs cures, d'y tenir des vicaires non approuvés ;
il défend aux prêtres d'être vicaires sur deux paroisses, de
dire deux messes par jour, hors le cas de droit, de faire des
mariages et d'admettre des femmes à la purification,
ailleurs qu'à la paroisse, sans la permission de l'évêque.....

Tous ces statuts et quelques autres sur la conduite des clercs
et des personnes mariées, ainsi que sur l'immunité et la
juridiction ecclésiastique et la publication des excommuniés, furent arrêtés par le conseil, on ne dit pas par le
chapitre, parce qu'il n'avait pas d'influence sur le résulat
des synodes, mais de l'avis des gens sages et expérimentés,
tels qu'on en trouve toujours et en grand nombre dans les
assemblées synodales.

Jean d'André et Ange de Clavasio nous font connaître
la différence qui existait entre les statuts synodaux et les
ordonnances épiscopales. Les premiers obligeaient après la
mort de l'évêque, tandis que les secondes n'obligeaient que
durant la vie de l'évêque.

On observait du temps de Jean de Montrelais de jeûner
la vigile de la Nativité de la Sainte Vierge, ce que l'on a con-
tinuéà faire dans tout le diocèse, jusqu'à l'épiscopat de M. du
Bac (1566) ou de M. de Bourgneuf (1598[1].)

---

[1] Anciens breviaires ou imprimés.

74. — BONABES II DE ROCHEFORT[1]

1392 — 1398.

Bonabes de Rochefort, second fils de Marie d'Ancenis, mariée en deuxièmes noces à autre Bonabes de Rochefort, sieur d'Henleix[2], succéda en 1392 à son frère utérin, Jean de Montrelais.

La maison de Rochefort, qui, avec les deux évêques de Nantes, a donné à l'église de Bretagne un évêque de Léon en 1349 est une des plus anciennes et des plus illustres de la province. Originaire du diocèse de Vannes, elle eut un re-

---

[1] De documents mis dernièrement sous nos yeux par notre bon confrère et ami, M. S. de la Nicollière, archiviste municipal à Nantes, à l'obligeance duquel nous devons déjà tous les monuments sigillographiques de nos Evêques documents dont nous n'avons malheureusement pu avoir communication en temps utile, il résulte que l'addition par nous faite de l'épiscopat de Henri III, intercalé entre Henri de Calestrie et Daniel Vigier (2e fascicule de la *Revue*, 6e année, pp. 197-198) est à retrancher.

Nous laisserons à M. de la Nicollière lui-même, dans la prochaine livraison de la *Revue*, le soin de reproduire les pièces probantes et l'erreur bien involontaire commise sous l'autorité de Travers.

[2] De son second mariage, Marie d'Ancenis eut Guy, qui continua la lignée des seigneurs du Henleix, Bonabes, évêque de Nantes, et au moins deux autres filles. Elle eut ainsi la satisfaction de voir quatre de ses enfants embrasser la carrière ecclésiastique, parmi lesquels trois furent évêques et l'un cardinal.

présentant à la première croisade[1], elle paraît au treizième
siècle dans le comté Nantais où elle posséda la vicomté de
Donges, la baronnie d'Ancenis, les belles terres et seigneuries d'Assérac, de Henleix, de Rochefort, etc. La branche
aînée se fondit dans Rieux et la branche de Henleix, à laquelle
appartenait Bonabes II, dans Rohan.

Ainsi que son grand oncle Bonabes I, Bonabes II portait : *Vairé d'or et d'azur*. Un acte des archives départementales[2], daté de 1394, conserve l'empreinte du sceau de
la cour de l'évêque de Nantes. La matrice qui servait à
apposer au bas des pièces la marque du visa épiscopal de
Bonabes de Rochefort, pourrait avoir servi à plusieurs
évêques, et remonter peut-être à une cinquantaine d'années,
attendu qu'elle ne porte aucun nom. Dans le champ de ce
sceau orbiculaire, mesurant 0, 033^m de diamètre, est représenté l'évêque bénissant, à côté de son diacre. Légende :
† *S(igillum) curie ep(iscop)i Nannelen(sis)*.

Au même acte est apposé le sceau de l'officialité, de forme
ogivale, mesurant 0,033 sur 0,021 ; dans le champ est l'écu aux
armes de Rochefort, attaché au bâton d'une crosse passée
dans une mître, de chaque côté de laquelle sont les lettres
B. O. officialis. Légende ; *Sigillum curie officialatus
Nan [netensis]*[3] ! Armorial p. 60.

Bonabes II de Rochefort prit possession du siège de Nantes
en 1392, les trésoriers du duc ayant compté cette année les
fruits de sa vacance, close et arrêtée depuis la mainlevée
obtenue par Bonabes quelque temps auparavant. Bonabes II
de Rochefort fit sa soumission à la chambre apostolique le
mercredi 4 septembre 1392. Il fit au duc aveu et serment le
9 mars, second dimanche de carême de l'année suivante et le

[1] Mss. de Bayeux, p. 26.
[2] Arch. dép. Arm. D. cass. A n° 8. (Armorial de M. de la Nicolière, p. 60)
[3] Dom Morice a publié le même sceau Pr. II, planche IX, n° CLXVII, mais
dans des proportions beaucoup plus grandes que celles de l'original, car il lui
donne 0, 050 sur 0,035 (Extrait de M. de la Nicollière p. 60).

renouvela de nouveau trois ans après, le mercredi 2 mars, après *Reminiscere*, de l'an 1396[1].

Le pape Clément VII, dont on suivait l'obédience en Bretagne, mourut en 1394. Le cardinal Jean de Lune lui succéda le 28 septembre sous le nom de Benoît XIII. Le roi Charles VI, voyant avec peine le schisme se perpétuer, assembla à Paris, le 2 février 1395, les évêques et députés de toutes les Universités du royaume, afin de délibérer sur les moyens de l'éteindre. Notre évêque fut de l'assemblée avec les titulaires de Tours, du Mans, d'Angers et de Rennes. On reconnut dans cette assemblée le nouveau pape Benoît XIII. La Bretagne, la France et l'Espagne adhérèrent à cette délibération. Les archives du château de Nantes possèdent en original quantité de bulles de ce pape, de 1394 à 1406, et il ne paraît pas qu'on se soit séparé de lui à Nantes avant 1409, époque où l'on suivit l'obédience d'Alexandre V, élu par le concile de Pise contre Benoît XIII d'Avignon et Grégoire XII de Rome.

De retour de Paris à Nantes, Bonabes de Rochefort ratifia, le 16 avril 1395, l'érection de la sacristie de la cathédrale en titre de bénéfice[2].

Le 25 février 1396 (*aliàs* 1397), il fut présent et consentant avec les seigneurs et les évêques de la province à la ratification que le duc Jean IV, étant à Ploërmel, fit de la fondation de sa collégiale de Notre-Dame du Champ, à Auray, et le lendemain, à l'acte d'assignation, sur les revenus du comté de Nantes, du douaire de Jeanne de Navarre, sa dernière et troisième femme[4].

Bonabes de Rochefort mourut le jeudi 8 août 1398 et fut inhumé dans sa cathédrale. Dans un acte du 2 novembre

---

[1] Du Paz, *Hist. généal. des Maisons de Bret.* — Arch. du château de Nantes, arm. S. cass. B. n° 17. D. Lobineau, *Hist. de Bret.* T. II, p. 1225. — Arch. du château de Nantes, arm. E. cass. C.

[2] Labb. Conc. T. XI, p. 2511. — D'Achery : Spicil. T. VI, p. 71. — Martène, T. VII, p. 460. — *Hist. de l'Université de Paris*, T. IV, 732.

[3] Titres du chapitre.

[4] Lobineau, t. II, p. 640. — Reg. de la Ch. des Comptes de Bret — Dom Lobineau, t. II, p. 662.

suivant, on lit ces paroles : « Monsour Bonabes de Rochefort,
« naguères évêque de Nantes, qui eut pour hoirs Marie d'An-
« cenis sa mère et Gerion de Rochefort, son frère. »

L'évêque Bonabes a donné au chapitre cinq cents sols de
rente annuelle pour son anniversaire à perpétuité[1].

Le pape Clément VII avait, en 1392, nommé à l'évêché de
Nantes Gui de Lescours, mais à celui-ci le chapitre préféra
Bonabes de Rochefort qui l'emporta sur son compétiteur.
Un acte de 1391, lui donne le titre d'élu de Nantes[2]. Après la
mort de Bonabes de Rochefort, Benoit XIII le remplaça par
un certain Pierre, auquel le duc accorda mainlevée des fruits
le 1er janvier 1398. Il était docteur de théologie. Le pape lui
commit l'administration, au spirituel, des îles de Jersey
et de Guernesey, au diocèse de Coutances, et dépendant de
l'Angleterre. Pierre fut évêque peu de temps. Il mourut,
ou le pape le transféra à un autre siège, l'an 1399. Cet évêque
n'est point entré dans les catalogues[3].

75. — BERNARD DU PEYRON

1399 — 1404.

Bernard II du Peyron, originaire de Gascogne et aumônier de la duchesse Jeanne de Navarre, portait : *de.....*

[1] Livre des Anniversaires.
[2] Lenfant. *Hist. du Conc. de Pise*, part. II, p. 177.
[3] Rimer, t. VIII, p. 131 ; dom Mor. t. II, p. 707.

à la colonne de..... cantonné de quatre roses. — Il fut élu, confirmé et sacré évêque de Nantes en l'an de grâce 1399. C'était sous le pontificat du pape d'Avignon Benoit XIII, et le règne du duc Jean IV, qui mourut peu après. Bernard prêta, la même année, à Avignon et en la cour du pape Benoît XIII, le jour de la saint Grégoire, son serment de fidélité au duc, dans lequel il s'intitule : « Bernard, par permis- « sion divine et du Saint-Siège apostolique, évêque pacifique de Nantes, en Bretagne[1], etc... » Il fit son entrée solennelle à Nantes, le 20 juillet suivant. Son sceau orbiculaire en cire brune, d'environ 0,032, est apposé sur queue de parchemin à une quittance de 100 florins d'or, donnée pour la ferme des fruits appartenant à l'évêché dans la paroisse de Saint-Cyr en Rays. Dans le champ, un ange soutient l'écu placé devant lui et timbré d'une crosse tournée à gauche. De la légende circulaire, il ne reste que les lettres BERNA. Au-dessus se trouve, sur cire rouge, l'empreinte de l'anneau épiscopal, représentant, dans un octogone allongé, un écu très fruste, sommé d'une crosse tournée à gauche. L'acte, daté du 5 décembre 1400, se termine ainsi : *Sub sigillo et passamento manuale.* Il est signé de Bernard : *Idem B. Epus ver est*[2]. (Armorial p. 61).

Le 3 janvier 1400, l'évêque de Nantes avait donné, ainsi que les autres évêques de Bretagne et les seigneurs, son consentement à un accord passé entre la veuve de Jean IV et Jean de Bretagne, fils de Charles de Blois, Olivier de Clisson et Alain de Rohan, pour la sûreté du jeune duc Jean V, qui était dans la onzième année de son âge.

Le 8 février suivant, Bernard se trouva au concile d'Angers[3] ; il était encore dans cette ville le 15 du même

---

[1] Arch. départ. Arm. E, cass. C, n° 15. Le sceau de Bernard, appendu à cette pièce, a été enlevé par une personne qui a coupé les cordons sur lesquels il était apposé (Note de M. de la Nicollière).

[2] Arch. départ. Arm. Q. cass. E. n° 46.

[3] Reg. de l'église d'Angers.

mois, et y admit la permutation que deux bénéficiers du diocèse de Nantes firent de leurs bénéfices entre ses mains[1]. Cet acte est daté d'Angers, l'an VI de l'élection de Benoist, dernier élu pape.

Notre évêque se rendit de là à Avignon, près de Benoit XIII, avec une commission écrite de la duchesse Jeanne de Navarre. Il s'agissait de solliciter du pape une bulle de dispense lui permettant de se marier avec qui elle voudrait de ses parents jusqu'à un certain degré, et une autre bulle, pour elle et ses gens, portant permission de fréquenter les excommuniés. La duchesse avait dessein de passer en Angleterre et d'y épouser le roi, son parent, qui suivait avec son royaume l'obédience de Boniface IX. Etant à Avignon, Bernard fit serment le 12 mars 1400, au jeune duc Jean V, pour le temporel de l'évêché de Nantes[2]. On ne sait d'autre raison de ce serment prêté à Avignon au duc absent, plutôt qu'à Nantes, au duc présent, si ce n'est que Benoit XIII voulait, d'un évêque de Bretagne ou de cette province, un acte daté de l'année de son pontificat. Il craignait probablement que l'on ne s'y conformât à l'édit de soustraction donné par le roi Charles VI le 28 juillet 1398, et à un autre édit du même jour qui défendait d'obéir à Benoît XIII, de recourir à lui pour les affaires ecclésiastiques, et qui mettait en commande les bénéfices tenus par les partisans de Boniface IX comme par ceux de Benoît XIII.

L'évêque de Nantes fit un long séjour à Avignon ; toutefois il revint avant la Pentecôte 1401, car le vendredi suivant 27 mai, il se trouvait au pays de Rays, où il passait une ferme des droits et revenus de l'évêché dans cette partie du diocèse[3].

Bernard accompagna à Rennes le duc Jean V, qui s'y fit couronner le 22 mars 1401. A son retour, il trouva son diocèse infesté par une maladie contagieuse qui le dévasta depuis Pâques jusqu'à la Toussaint suivante. Il passa, à Nantes, en

---

[1] Titres de l'archidiaconé de Nantes.
[2] Chât. de Nantes. Arm. E, cass. C.
[3] Id. Arm. Q, cass. E.

1402, un accord avec l'abbé et les religieux de Blanche-Couronne[1]. Le 3 avril de cette année, la duchesse Jeanne de Navarre, mère du duc régnant Jean V, épousa à Nantes le roi d'Angleterre, Henri de Lancastre, son cousin, avec dispense de Benoît XIII. Le roi d'Angleterre épousa la veuve de Jean IV, par procureur, avec dispense de Boniface IX, la Bretagne et l'Angleterre ne reconnaissant pas le même pape[2].

Bernard fut présent, le 7 janvier 1403, à Paris, à l'hommage que le duc Jean V fit au roi Charles VI, et le 28 mai suivant, il assista à l'assemblée où le roi révoqua la soustraction d'obéissance à Benoît XIII[3].

Toujours opposé, dans les délibérations, au retour à l'ol'obéissance au pape d'Avignon, qui l'avait pourtant élu à Nantes, Bernard du Peyron fut, en 1404, transféré par Benoît XIII au siège de Tréguier et remplacé à Nantes par Henri Le Barbu, évêque de Vannes, entièrement dévoué et attaché au parti français[4].

A cette occasion, maître Jehan Jouvenel, avocat du roi, proposait et disait, dans l'assemblée des princes, des prélats et des députés des universités que le roi ordonna de tenir à Paris, en décembre 1406 : « Je treuve de l'évêque de Nantes « en Bretaigne, M° Bernard du Péron, qui a esté esleu, con« firmé et consacré et goy et usé paisiblement par quatre « ans et pour ce que ce fut fait durant la sustraxion, Mon« sieur Benédict (Benoit XIII) lui a osté son evesqué en a fait « provision à un autre (à Henri le Barbu) et ly a baillé Tré« guier, là où il n'entendoit mie au mot du langage du pais. « Or voiès comment il y a bien pourveu des preschéours ; « et le reputoit par sa bulle indigne de l'évesqué de Nantes « pour ce qu'il s'estoit consenti à sa sustraxion. Je m'en croy, « je les ay vïies, etc...[5] »

[1] Titres de Blanche-Couronne.
[2] Chron. de Saint-Brieuc. D. Lob. t. II, p. 877. D. Morice, t. I, p. 85 et 86.
[3] Chât. de Nantes, Arm. G. cass. C, nº 1. Lob. t. II, p. 811.
[4] D. Morice, t. II, p. 705. Arch. du chât. de Nantes, arm. G, cass. C, nº 1.
[5] *Pr. de l'Hist. du Conc. de Constance*, par du Chastenet, p. 148, etc.

Bernard ne fit que paraître à Tréguier, on ne sait même s'il y alla, Benoit XIII l'ayant aussitôt transféré à Tarbes sur ce motif que ne sachant pas la langue du pays, il n'y pouvait prêcher, et par conséquent était un pasteur inutile et incapable de paître ses brebis.

Bernard revint en Bretagne en 1408 et y plaida contre Henri le Barbu, pour rester à Nantes, regardant sa translation comme absolument nulle par défaut d'autorité dans Benoit XIII, qui n'avait pu, à sa seule volonté, contre les saints canons et les règles de l'Église, le tirer malgré lui de son siège et le faire passer à un autre. Bernard fut contraint de céder ; le duc obéissait à Benoit XIII et favorisait Henri le Barbu. Les deux évêques en vinrent à un accord, le 22 octobre 1411. Henri s'obligea à payer à Bernard deux mille écus d'or au titre de vingt-quatre karats, à la taille de 62 au marc, et à vingt-deux sols six deniers de cours en France. Bernard se déclara satisfait et retourna à Tréguier, où il resta jusqu'à sa mort, et malgré Benoit XIII, sans avoir pris de bulles.

76. — HENRI LE BARBU

1404 — 1419.

Henri II Le Barbu. Le Barbu, en breton *Le Barvet*, sieur du Quillou en Plougastel-Saint-Germain, de Trevehy en Plouenau, de Tromenec en Landeda, de Kerenez, paroisse de Kerlouan, de Coëtansal en Ploudiry, appartenait à une vieille famille. Cette maison assista aux montres et réformations de 1426 à 1503, dites paroisses, évêchés de Cornouailles et Léon. Elle portait : *d'or au sautoir fleuronné d'azur*, aliàs : *accompagné d'un croissant en chef*, aliàs : *une tête d'homme barbu* (Sceau de 1381).

Elle a produit, outre l'évêque Guy, son frère, évêque de Luçon en 1385, mort en 1410, Jean, père du précédent, écuyer du duc en 1360, et ratifiant le traité de Guérande en 1381 ; — Alice et Marguerite, abbesses de la Joie de 1391 à 1451 ; — Une branche puînée de la maison le Barbu, passée en Guienne, subsiste maintenant en Allemagne, sous le nom de Trevey¹. (Armorial p. 62).

Henri le Barbu était fils de Jean, premier du nom. Il est nommé avec son père dans le testament d'Hervé de Léon en 1463. L'écu de ses armes, surmonté d'une crosse tournée à droite, se trouve sur le côté ouest de la tour absidale de la cathédrale de Nantes, près de celui de l'évêque suivant, Jean de Malestroit, entre ceux de Geoffroy Pantin et d'un autre prélat, ce dernier écu trop fruste pour être reconnu.

Aux archives départementales existe le sceau en cire verte d'Henri le Barbu, évêque de Vannes. Il est ogival, en très mauvais état de conservation, plus du tiers de la partie supérieure a disparu. Dans le champ sont trois niches, les deux des côtés ornées des statues de saint Pierre et de saint Paul, celle du milieu occupée par un personnage dont les attributs ne peuvent être déterminés. Au-dessous est l'évêque agenouillé, la mitre sur la tête, la crosse entre les mains ; de chaque côté de ce compartiment, un écu aux armes du prélat, avec une crosse tournée à droite, entièrement renfermée dans le champ. Légende : *(sig) il (lum) (H) enrici Dei gratia veneten (epi). Lacs* de parchemin². (*Armorial*, p. 62).

---

¹ V. Courcelles, *Hist. des Pairs de France*, t. III, Trevey. (Armorial, p. 62).

² Arch. départ. de la Loire-Inf. (Armorial p. 62).

Henri le Barbu était religieux de Citeaux, docteur en théologie, et avait été abbé de Prières. En cette qualité, il assistait le 4 avril, jeudi de la semaine de la Passion 1381, au serment solennel que le duc Jean IV fit dans l'église collégiale de Guérande d'observer le traité conclu avec le roi de France le 15 janvier précédent[1].

Simon de Langres, lui résigna l'évêché de Vannes en 1383[2], il était alors conseiller du duc, dont il devint le chancelier en 1394. Deux ans après, il donna solennellement, le 2 décembre, dans la maison de Jean IV à Paris, le sacrement de confirmation, au prince héritier, Pierre, qui à cette occasion changea de nom, pour prendre celui de Jean, qu'il a toujours porté depuis[3].

Au commencement de 1404 Benoit XIII transféra Henri Le Barbu de Vannes à Nantes et par un bref du 10 mai le recommanda au duc[4]. La même année, le 5 des Ides de septembre, il fut reconnu avec l'évêque de Quimper Thibault de Malestroit, par le pontife d'Avignon, pour recevoir le serment de fidélité du duc au pape. Il fit hommage du temporel de son évêché au duc Jean V, le 25 avril 1405, en présence et du consentement du chapitre, et l'acte en fut signé de sa main, scellé de son sceau, du sceau du chapitre et des sceaux du sire de Montfort et de maître Jean du Pont[5].

Pour corriger les abus qui s'étaient glissés dans son diocèse, à la faveur du schisme, il renouvela les statuts synodaux de ses prédécesseurs et en publia de nouveaux. Le premier synode qu'il tint est du 4 juin 1405, jeudi avant la Pentecôte, où il défend, sous-peine d'excommunication et de cent sols d'amende, toutes sortes de spectacles, de jeux et de danses dans les églises et les cimetières[6].

[1] Arch. du Chât. de Nantes, arm. T. cass. C. n° 29. Lobineau T. ii, p. 623.
[2] *Histoire des papes d'Avignon*, par Baluze, T. ii. p. 946, etc.
[3] *Chron. de Saint-Brieuc*, dans Dom. Morice, T. i, pp. 17, 74, 76, 77
[4] Arch. du chât. de Nantes, arm. F. cass. B, n° 18.
[5] Chât. de Nantes, arm. 5, cass. B. n° 17. Lobineau, T. ii p. 1227.
[6] Martène, Thes, anced. T. IV.

Dans le synode suivant, du mois d'octobre, nous relevons cette première phrase. « Révérend père en Dieu, Monseigneur « de Nantes, de l'autorité des statuts provinciaulx de la « Senne, déclare excommuniez tous ceux qui troublent « l'Eglise dans ses libertés et juridictions. » Voilà donc l'évêque distingué de *la Senne* (c'est ainsi qu'on appelait le synode), dont la juridiction lui est supérieure. Les statuts de 1408 et 1409 nous donnent une preuve semblable.

Les ordonnances de 1406 arrêtent la tenue, dans les paroisses, de registres de baptêmes, avec les noms des parrains et marraines. Chaque année, le registre devait être présenté à l'évêque, en visite, ou à ses commissaires[1]. Le synode règle encore que les curés auraient par écrit les cas que le droit réserve au pape et à l'évêque, et qu'ils n'absoudraient point sans permission les cas réservés. Enfin, les curés devaient résider à leurs bénéfices, sauf ceux qui, étudiant dans les Universités, pouvaient continuer leurs études, toutefois avec permission de l'évêque.

La France, à ce moment, penchait à se séparer de l'obédience de Pierre de Lune (Benoit XIII). Ameil de Broglio, archevêque de Tours, le défendit; le 4 décembre 1406, dans l'Assemblée des princes, des prélats et des députés des Universités, à Paris. Il dit en s'adressant au Roi : « Quand « autrefois vous la conclûtes (la soustraction est 398), vous « aviez moult grigneur, nombre de prélats que vous n'avez « maintenant, et des princes de ce royaume une grande « partie qui ne sont pas présents. Le faire maintenant en leur « absence, je cuide que ce ne serait pas cose bien convenable. « De toute ma province, il n'y a cy que un, l'Evêque de « Nantes, encore est-il en plaid; et, comme j'ai entendu, le « duc de Bretagne ne souffera point aux prélats de son duché

---

[1] Martène, id. ibid. T. ıv. — Nous n'avons rien de plus ancien à citer à ce égard. Mais le statut ne fut pas bien observé, car il n'y a, au moins à notre connaissance, aucune paroisse, dans le diocèse, qui ait des registres de 1406. Tout au plus, peut-être, quelques feuillets volants épars.

« faire sustraxion : or voïez quelle division ce seroit, etc[1]. »
Le concile de Paris se sépara néanmoins du pape d'Avignon
et déclara rester neutre entre Grégoire XII et Benoit XIII[2].
L'évêque de Nantes demeura dans son ancien attachement à
ce dernier. Ce ne fut qu'au concile de Pise, en 1409, (auquel
assista Henri le Barbu) que la Bretagne entière reconnut
l'autorité d'Alexandre V. On possède à Nantes, aux archives
du château, plusieurs bulles de ce pontife et de son successeur
Jean XXIII.

Le jeudi de la Pentecôte, 19 mai 1407, Henri le Barbu tint à
Nantes un synode dont les statuts sont restés manuscrits[3].
Il s'y dit « évêque par la grâce de Dieu et du Saint-Siège apostolique », ratifie et approuve tous les précédents statuts, ceux
de ses prédécesseurs, défendant entre autres aux laïques
de laisser mettre au rang des images, dans l'église, le portrait de qui que ce soit, à moins que la représentation ne soit
d'un homme à genoux qui prie[4].

Le synode ordonne encore aux curés d'avertir les fidèles
d'éviter ce qui peut pousser à l'idolâtrie, de dénoncer et ex-
communier les sorciers et sorcières ; d'avertir les fidèles de
ne point mettre leurs petits enfants à coucher avec eux avant
l'âge.

Le dimanche 26 juin de la même année 1407, notre évêque
reçut, dans la chapelle du château de Nantes, les promesses
de mariage de Madame Blanche de Bretagne avec le jeune
comte d'Armagnac, et de Madame Marguerite, sœur puînée
de Blanche avec le vicomte de Rohan[5].

---

[1] Bourgeois du Chastenet. *P. de l'hist. du conc. de Constance*, p. 148.

[2] *Preuves des libertés de l'Eglise gallicane*, édit. 1651, p. 365. Martène, t. II,
p. 1307.

[3] Arthur de la Gibonais. *Recueil de la Chambre*. t. I, p. 10.

[4] Ce que la duchesse Jeanne de Navarre avait fait en 1401 en mettant jusque sur les autels l'image du duc Jean IV, lorsqu'elle en fit le service, peut
avoir donné lieu à ce statut.

[5] *Chron. de Bret.* D. Lobineau, t. II, p. 366. — *Biblioth. de St-Jacques
de Pirmil.*

L'an 1401, Henri, étant à la Roche-Bernard, le 6 juin, donna défense, sous peine d'excommunication et de cent marcs d'argent, à tous ceux qui ont des pièces expectatives de bénéfices, de se saisir des églises et des maisons du bénéficier, lorsqu'ils le voient malade et près de la mort[1]. Cette ordonnance adressée aux doyens, prévôts, archidiacres, trésoriers, chantres, scolastiques, recteurs, chapelains, curés et non curés, clercs notaires, et à tous les fidèles du diocèse, est rendue hors synode, parce qu'elle n'enjoint rien de nouveau.

Les vicaires généraux de l'évêque de Nantes, avec son consentement, et de son autorité, tinrent en son absence un synode le 24 octobre 1408, confirmant tous les précédents.

Henri assista aux Etats de Bretagne en décembre 1408. Il tint synode à la cathédrale le jeudi après la Pentecôte, 30 mai 1409. Entre autres décrets, on y voit celui qui défend aux hommes, sous peine de dix livres d'amende et d'excommunication, de reposer de jour et de nuit avec des femmes, à l'église, dans le temps de neuvaines et dans d'autres temps, quoique mari et femme[2].

L'année où se tint le concile de Pise, auquel Henri le Barbu assista par procureur, ce prélat se trouvait, le lundi 14 octobre 1409, au château d'Elven, diocèse de Vannes, où il assista à l'acte de procure que le duc donna à Armel de Châteaugiron, pour en son nom faire hommage du comté de Richemont au roi d'Angleterre[3].

Le 15 mai 1410, l'évêque de Nantes tint un synode, et un autre le 23 octobre suivant, ou furent renouvelés les anciens statuts. Pour assurer son droit d'étanche sur les vins (appelé *banc de l'évêque*) qui lui donnait droit de faire vendre le vin au détail pendant quinze jours par exclusion de tous autres, il informa de sa possession par enquête avec la permission du duc[4].

---

[1] Martène, *Trésor des anecdotes*, t. IV.
[2] *Regist. de la Chambre*, cotte 278. Dom Lobineau, t. II, p. 828
[3] D. Lobineau T. II. p. 873.
[4] Titres de l'évêché.

Le 4 juin 1411, nouveau synode dans lequel furent publiés de nouveaux statuts.

En 1413, le 30 novembre, s'ouvrit à Paris une assemblée ou l'évêque de Nantes refusa les théories subversives du cordelier Jean Petit, qui s'était fait l'apologiste de l'assassinat du duc d'Orléans par le duc de Bourgogne. Jean Gerson fut du même sentiment. C'est à l'opinion d'Henri le Barbu que le fougueux religieux dut sa condamnation.

Ce fut aussi à la sollicitation d'Henri Le Barbu que le pape Jean XXIII approuva en 1414 l'érection de l'Université de Nantes.

En 1418, le pape Martin V, à la prière du duc, renouvela les bulles de Jean XXIII à cet effet, mais la faculté de théologie ne les ayant pas admises, les bulles restèrent sans effet[1]. Cet affaire dormit jusqu'à l'an 1460, époque où elle fut reprise et achevée.

Henri assista par procureur, en 1415, au concile de Constance, où il opina par la bouche d'Alain, évêque de Léon, de différer à traiter de la matière des annates que le Souverain Pontife prenait alors de tous les bénéfices vacants, gros et petits, par des collecteurs qu'il avait dans tous les diocèses[2]. Pendant l'absence de l'évêque de Nantes, ses vicaires généraux tinrent en octobre un synode rectifiant et approuvant les précédents. Après son retour, le prélat tint lui-même les synodes de la Pentecôte et du mois d'octobre 1416, où il renouvela le statut de l'évêque Daniel au sujet de la visite de la cathédrale par le peuple, une fois l'an ; des indulgences étaient aussi accordées aux jours de très nombreuses fêtes pour la même visite. L'évêque défend dans les mêmes statuts, sous peine d'excommunication et de 10 fr. d'amende, les *chelevali* (aujourd'hui *charivari*) en dérision des femmes qui passent en secondes noces.

[1] Arch. du chât. de Nantes, arm. 14, cass. H, nos 17, 14. — D. Lobineau. t. II, p. 901 et 1217.

[2] Martène, *Thes. anect.* t. II, p. 1543.

Saint Vincent Ferrier, de l'ordre des Frères prêcheurs, invité par le duc Jean V à faire une mission en Bretagne, se rendit à Nantes au commencement du carême 1417. Henri, le clergé et le peuple le reçurent comme un homme envoyé de Dieu. Le saint ne fit, cette fois, que passer à Nantes, mais il y revint l'année suivante et prêcha à la cathédrale pendant les Avents.

Henri le Barbu mourut le 17 avril 1419, dans un âge avancé, ayant été près de quarante-six ans évêque, tant à Vannes (1383-1404) qu'à Nantes (1404-1419), et, avant d'être évêque, abbé de Prières durant plusieurs années. Il fut inhumé dans sa cathédrale, dans la chapelle de saint Pierre, depuis de saint Félix, où l'on voyait encore son tombeau dans la première moitié du dix-huitième siècle[1]. Il a fondé un anniversaire solennel tous les premiers mercredis de chaque mois, à six cierges aux vigiles, huit à la messe et quatre à la tombe, pour lesquels il a donné soixante livres de rente et cent sous pour chaque service[2]. La Psallette le reconnaît pour son fondateur. Elle lui devait tous les jeudis une messe de *Requiem,* et les enfants de chœur, tous les jours après vêpres, un *De Profundis* avec les oraisons... La musique de l'église cathédrale doit son origine à cette fondation.

[1] Cette chapelle n'existe plus ; elle est entrée dans le nouveau chœur de l'église, en 1733.

[2] *Livre des Anniversaires.*

77. — JEAN DE MALESTROIT

1419 — 1443

*Jean de Malestroit. De gueules à dix besans d'or 4, 3,
2, 1.* Tel est l'écu timbré d'une crosse tournée à droite,
sculpté sur la tour absidale de Saint-Pierre, côté ouest.
« L'antique maison de Malestroit « qui a produit « *une infi-
« nité de rares et vaillants chevaliers et capitaines sous
« nos ducs* » dit Guy Le Borgne, remonte à la première
croisade où l'on voit figurer le sire de *Maltrait*, à l'écu de
gueules *besanté d'or*, et Jean', dont le blason était brisé
d'un bâton d'azur. La branche aînée se fondit en 1312
dans Châteaugiron. Malestroit était richement possessionné

Titres du chapitre,

dans les évêchés de Nantes, Vannes, Tréguier, Cornouaille
et Saint-Brieuc. La devise de l'illustre famille était alors :
Malestrica domus cui sine numero nummi. Par la suite, le
semé de besans fut réduit à neuf et la devise également mo-
difiée de cette façon : *Non Malestrica domus, quæ numerat
nummos.* Les besans étaient placés 3. 3. 3. suivant Du Paz.
L'écu était en bannière, c'est-à-dire carré, depuis l'érection de la terre de Malestroit en baronnie par le duc Pierre
II en 1451. L'écusson de Jean de Malestroit, supporté par
deux anges et timbré d'une mitre, était à la porte sud de
la cathédrale, mais défiguré par un maladroit regrattage.
Ses armes existent encore : 1° sur la cheminée de la salle
du manoir de la Touche (ancienne maison des Catherinettes,
puis des Irlandais), actuellement si magistralement restauré par le propriétaire, M. Dobrée ; l'écusson, chargé de
dix besans et timbré d'une mitre, se trouve dans une petite
niche ogivale ; 2° sur la pierre placée jadis au-dessus de la
porte d'entrée de la chapelle de ce même manoir, pierre que
M. Dobrée a eu soin de conserver, quoiqu'elle été mar-
telée et mutilée pendant la Révolution.
Comme l'indique la table généalogique suivante (que nous empruntons, sauf quelques additions, à M. de la Nicollière, ainsi
que presque tout ce qui précède et partie de ce qui suivra) la
maison de Malestroit, pendant une période de 135 ans (1419-
1554), a fourni à l'église de Nantes cinq évêques, dont deux
cardinaux.
Jean de Châteaugiron, fils d'Hervé et de la fille et unique
héritière de Péan de Malestroit, fut marié trois fois. De la
première femme, Jeanne de Malestroit, issurent : 1° Jean,
qui prit le nom de Malestroit; 2° Alain, s^r d'Oudon ; 3° Thibaud de Malestroit, évêque de Tréguier, puis de Cornouaille.
En deuxième noces, il épousa N. de Keraër, dont la branche
de ce nom; et en troisièmes, Jeanne de Dol, dame et héritière
de Combour, de laquelle naquirent : Jean de Châteaugiron,
s^r de Combour ; Jean de Châteaugiron, dit de Malestroit, dont
il s'agit, et Hervé, s^r d'Uzel.
« Sans faillir à la noble origine qui faisait de sa famille
l'une des premières de la province (bien qu'elle ne descendit

GÉNÉALOGIE

Jean de Chateaugiron épousa 1° Jeanne de Malestroit, 2° N. de Keraer,
3° Jeanne de Dol, héritière de Combourg.

Thibault de Chateaugiron, dit de Malestroit, évêque de Tréguier (1378-1383) puis de Cornouaille (Quimper) en 1383 † 1408.	**Jean**, sr de Combourg, qui, de Marguerite de Quintin, laissa entre autres.	1° **Jean de Malestroit**, évêque de St-Brieuc (1406-1419), puis de Nantes (1419†1443) et cardinal.

2° **Guillaume de Malestroit**, évêque de Nantes (1443-1462) † archevêque de Thessalonique en 1492.	**Catherine de Malestroit**, mariée à Jean IV d'Acigné, dont

Jean V d'Acigné, qui épousa Béatrix de Rostrenen.	3° **Amaury d'Acigné**, évêque de Nantes (1462 † 1477).

Jean VI d'Acigné, époux de Marie de Coëtmen.	**Guillaume d'Acigné**, époux de Françoise Péan.

Marie d'Acigné, femme de Jean de Créquy.	4° **Louis d'Acigné**, évêque de Nantes, (1532 † 1542).

5° **Antoine de Créquy**, évêque de Nantes (1554-1561 † évêque d'Amiens et cardinal, en 1574.

pas des ducs, ainsi que le dit Ciacconius, qui lui attribue mal à propos les hermines bretonnes pour armoiries), Jean de Malestroit, *compère* du duc Jean V, son féal cousin, trésorier et receveur-général, sut encore, par sa science et ses nombreuses qualités, ajouter à la gloire de ses ancêtres, et prendre place parmi les évêques de Nantes les plus remarquables.

« Depuis plusieurs années déjà, il était premier président de la Chambre des Comptes, quand, en 1406, il fut élu évêque de Saint-Brieuc, chancelier de Bretagne, et ambassadeur en Angleterre en 1410 ; un acte de 1417 lui donne le titre de gouverneur du comté et de la ville de Nantes, sur le siège épiscopal de laquelle il fut transféré le 24 août 1419, par le pape Martin V. »

Nous le trouvons avec la qualité d'évêque de Nantes dans l'état de la maison du duc, le 7 décembre 1419 ; mais il n'obtint sa bulle de translation que l'année suivante, à la prière du duc qui, le 19 janvier 1420, députa Messire Jean de Bazoges, chevalier et l'un de ses chambellans, pour en solliciter l'expédition auprès du Pape.

Mêlé à tous les évènements politiques et religieux de son époque, l'évêque de Nantes assista, comme chancelier, aux Etats de 1420, et fut envoyé peu après en Angleterre avec Guillaume de Montauban, pour solliciter la liberté du prince Arthur, comte de Richemont, en échange du comté de Montfort, offert pour sa rançon. Les deux ambassadeurs trouvèrent l'Anglais devant Melun, mais ne purent obtenir l'objet de leur requête[1].

Les rois de France et d'Angleterre avaient conclu à Troyes, en 1420, un traité auquel le duc Jean V avait adhéré avec les Etats ; il envoya à cet effet ses ambassadeurs vers les deux puissances le 26 juin 1422. L'évêque de Nantes était à la tête de l'ambassade et se rendit en conséquence à Paris, où, le mercredi 22 juillet, il jura le traité au nom du duc[2].

Jean de Malestroit institua en 1427 et fonda en son église

[1] Dom Lob. : t. II, p. 964. D'Argentré : liv. x, chap. 350. Rimert. x, p. 9. Inventaire de la Chambre n° 531.

[2] Titres du roy. Bretagne, n° 94. Dom Lob. : t. II, p. 983. Archives du château de Nantes, arm. Q, cass. E, hist. de Paris, t. IV.

la fête et l'office de la Présentation de la Sainte Vierge. Il
se trouva, le 8 septembre suivant, au parlement général de
Bretagne[1].

On tint un concile à Nantes le 23 avril 1431, dans la salle
de l'évêché ; quatre évêques seulement y assistèrent, avec le
métropolitain Philippe de Coëtquis, quelques abbés et un
plus grand nombre du second ordre du clergé. Jean de
Malestroit fut du nombre des évêques et tint la première
place après l'archevêque de Tours[2].

Les Pères Labbe et Hardouin n'ont pas connu ce concile et
aucun historien ecclésiastique n'en a fait mention, excepté
Albert de Morlaix et les frères de Sainte-Marthe, dans leurs
catalogues des évêques de Bretagne, M. l'Enfant, dans l'*Histoire du concile de Bâle*, et M. Salmon, dans l'*Etude des Conciles*. Maan l'a fait imprimer à la fin de sa *métropole de Tours*,
mais sur un manuscrit très fautif. L'abbé Travers donne le résumé de plusieurs de ses canons. Le concile ordonne aux
évêques de faire lire l'Ecriture sainte à leur table et de se servir de la formule romaine pour la bénédiction de la table et
l'action de grâces ; il prive du droit d'assistance à l'église
ceux qui entrent au chœur après le premier psaume, ou qui en
sortent sans cause raisonnable avant la fin de l'office. Il défend
à tous les ecclésiastiques séculiers et réguliers de donner
plus de deux plats à leur table, et aux prédicateurs de pousser
des cris et de faire des gestes immodérés en prêchant.
*Prœdicent cum omni reverentia et humilitate, cessantibus hor-
ridis clamoribus et impetuosis manuum elevationibus, exces-
sivis signis et gestis inhonestis*. Il impose une pénitence publique aux blasphémateurs publics et renouvelle les peines
portées contre ceux qui violent les immunités de l'Eglise et
troublent sa juridiction[3].

---

[1] Titres du roi Bretagne n°[s] 98 et 99. Dom Lob. t. ii, p. 1004.

[2] Les prélats assistant au concile de Nantes furent : Philippe de Coëtquis
métropolitain, Jean de Malestroit, évêque de Nantes, Jean Validire, évêque
de Léon, et très probablement l'évêque d'Angers.

[3] Un des canons les plus intéressants, et dont ne parle pas Travers, fut la
suppression de la fête des Fous, sur laquelle nous croyons devoir emprunter,
d'après M. de Courcy, quelques détails au Glossaire liturgique (t. xvi, p. 365)...
Jean Validire, évêque de Léon, « l'un des évêques assistant au concile de

A la fin de décembre 1431, le duc d'Alençon, étant venu voir le duc à Nantes, emmena avec lui, lors de son retour, le chancelier de Bretagne et le retint prisonnier dans son château de Pouancé. Le duc, irrité, fit mettre le siège devant la place. Ne se voyant pas le plus fort, M. d'Alençon se rendit à Châteaubriant, où se trouvait alors Jean V, et obtint son pardon en rendant le chancelier[1].

Mais il était plus facile de faire lever le siège de Pouancé que l'excommunication dont le duc d'Alençon était lié pour avoir arrêté et constitué l'évêque de Nantes prisonnier dans la prison de son château de Pouancé. Le prince demeura sous la cen sure jusqu'au 6 juillet 1453. Il fut absous, au bout de 22 ans, après avoir payé six mille écus d'or de vingt-sept sous six deniers, à vingt-trois karats un huitième, de fin, à la taille de soixante-dix et demi par marc, en réparation de l'injure faite à l'Eglise de Nantes et à son évêque. Le chapitre eut pour sa part le tiers de la somme et l'évêque les deux tiers[2].

Jean, évêque de Nantes, fonda le 3 septembre 1432, en sa cathédrale, un anniversaire pour la mère du duc, Jeanne de Navarre, morte reine d'Angleterre ; il donna à cet effet cent écus d'or au chapitre[3].

« Nantes en 1431, adhéra au décret portant prohibition de la fête des Fous,
« ou des Anes (*festum fatuorum et innocentium*), qui se célébrait annuel-
« lement dans les églises cathédrales, et qui était, comme on va juger,
« un reste du paganisme. Les annales de la philosophie chrétienne
« rapportent que ces fêtes existaient encore au XVe siècle. Quelques
« clercs, sous-diacres, diacres et prêtres, créaient un évêque ou pape
« qu'ils appelaient le pape des Fous ; puis ils le conduisaient à l'église
« où ils entraient en dansant, masqués, et avec des habits de bouffons ou de
« femmes, et en chantant des chansons dissolues. Pendant que le pape des
« Fous offrait le saint sacrifice, ils mangeaient de la viande sur le coin de
« l'autel, y jouaient aux dés, faisaient fumer de vieilles semelles dans l'en-
« censoir en guise d'encens et commet taient mille autres désordres. Cette
« fête des Fous avait aussi sa liturgie, et voici comment le célébrant rem-
« plaçait la bénédiction finale : *In fine missæ. sacerdos versus ad populum,*
« *vice ite missa est, ter hinhannabit : populus vero vice : Deo gratias, ter*
« *respondebit : hinhan, hinhan, hinhan.* » (Itinéraire de Saint-Pol à Brest,
par M. de Courcy, dans la *Revue de Bretagne et de Vendée,* t VI, p. 21 année
1879, 2e semestre). « Je ne pense pas, continue M. de Courcy, (et nous nous
« associons pleinement à son opinion), qu'aucun antiquaire, malgré son
« respect pour les usages anciens, puisse blâmer l'évêque d'avoir supprimé
« celui-ci. » (id. ibid.).

[1] Gruel, *Manuscrit des Chartreux de Nantes.*

[2] Titres du chapitre.

[3] Titres de Penthièvre. Inventaire de la chambre n° 888.

Le concile de Bâle s'assembla en 1432 ; l'évêque de Nantes y fut invité, mais ne put s'y rendre.

Le duc Jean V étant venu, après la mort de la duchesse Jeanne de France, habiter Nantes en 1434, avec sa famille et sa cour, jeta en cette même année les fondements d'une nouvelle église cathédrale, beaucoup plus spacieuse que l'ancienne. Il posa la première pierre de son magnifique portail par lequel on commença l'ouvrage, le mercredi 14 avril[1]. L'inscription suivante nous l'apprend :

L'AN MIL QUATRE CENT TRENTE QUATRE

A MY AVRIL SANS RIEN RABATTRE

AV PORTEL DE CETTE ÉGLISE

FUT LA PREMIÈRE PIERRE MISE.

L'évêque Jean de Malestroit, qui officiait à la cérémonie, posa la seconde pierre ; le prince François, fils aîné du duc, la troisième ; le chapitre, la quatrième ; le prince Pierre, second fils du duc, la cinquième ; la ville, par la main de son député, posa la sixième.

Notre prélat approuva le 18 avril 1434 la fondation que le duc fit dans ce jour à Notre-Dame, de la Présentation de la Sainte-Vierge, 21 novembre ; les premières et secondes vêpres, matines et grand'messe, avec les plus beaux ornements et treize cierges « ardents » auxdites heures[2].

Continuellement occupé des affaires publiques, l'évêque de Nantes ne faisait pas grand séjour dans sa ville épiscopale. Il assista, à la tête des plénipotentiaires du duc, au congrès d'Arras, en 1435, et aux conférences qui s'y tinrent pour établir la paix entre le roi de France, le roi d'Angleterre et le duc de Bourgogne. Le 7 novembre, il paya, au nom du duc de Bretagne, à M. Gilles de Raitz, vingt mille écus et réaux du poids de France, pour l'acquêt d'une rente volante

[1] Dom Lob : *Vie de sainte Françoise d'Amboise*, p. *317*.
[2] Invent. de la chambre de l'an 1574, n° 472.

et levante de dix mille livres, fait avec ledit de Retz sur les hôtel, terre et forêt de Princsas (Princé)[1].

Le duc de Bretagne et le diocèse de Nantes, dans la personne de son évêque, adhérèrent au concile de Ferrare de l'an 1438, contre le conciliabule de Bâle, et demeurèrent dans l'obédience d'Eugène IV contre Amédée de Savoie, dit Félix V. C'est principalement depuis ce temps que la cour romaine appelle la Bretagne pays d'obédience, qualité qu'elle a toujours conservée depuis.

Jean de Malestroit fut un des juges de Gilles de Retz, maréchal de France, accusé et convaincu des crimes les plus énormes. Il acquit de lui les terres de Prigné, de Veus (Vue), du Bois Tréaux, la paroisse de Saint-Michel de Sèvechief (Chef-Chef), et autres pièces de terres sises au clos de Rays pour *quatorze mille escus d'or* .

Créé cardinal du titre de Saint-Onuphre, en novembre 1440, l'évêque de Nantes mourut dans un âge très avancé, le vendredi 13 septembre 1443, ainsi que le prouve son épitaphe[3]. Il gît à la cathédrale, au milieu de la nef, dans un caveau au-dessus duquel fut placé une lame de bronze grec (?) Il avait fait quelques statuts synodaux qui ne se retrouvent plus, et dont son successeur a recommandé l'observance[4].

Nous possédons plusieurs sceaux de Jean de Malestroit. Le premier de 0,027 de diamètre, est appendu à une charte de 1407. La légende circulaire porte : SE JOHANNIS EPI BRIO-CEN ; dans le champ, écu à la bordure endentée avec 10 besans 4. 3. 2. 1., soutenu par un ange, avec deux lions pour supports, — sur l'écu est une crosse tournée à droite[5]. Le second, est le sceau de la juridiction des régaires de Couëron ; l'écu est chargé de dix besans, avec une bordure simple, soutenu par un ange ; tenants deux sauvages. Il n'y a pas de

---

[1] Le Baud : ch. 49. D'Argentré : liv. x, chap. 45. Arch. du château de Nantes case C, *Hist. de Bret.* T. i p. 1341.

[2] Mém. des hér. de Gilles de Rais. Chât. de Nantes, arm. M. cass. B. n° 2 Dom. Mor. du t. i, chap. 1336 etc.)

[3] Et non 4 septembre, comme le dit l'abbé Trévaux.

[4] Arch. du château de Nantes.

[5] Bibliot. de Nantes. Fonds Bizeul, cartons de Clisson.

crosse, et au revers est un petit contre-sceau (collect. de la Nicollière). Le troisième est celui publié par les Bénédictins ; il ne diffère du premier que parce que les lions sont remplacés par deux anges agenouillés et que la légende est celle-ci : SIG. JOHANNIS EP. NANNETEN[1]. L'abbé Travers[2], rapporte que ce prélat usa de deux sceaux, l'un aux armes de Chateaugiron, qui fut le plus ordinaire, et l'autre aux armes de Malestroit, *de gueules à neuf besans d'or, 4. 3. 2. 1.* (*sic*). C'est là une erreur. Les dessins donnés par l'historien des évêques de Nantes indiquent qu'il a confondu le sceau de Jean de Montrelais avec celui de Jean de Malestroit. Quoiqu'il en soit, ce dernier porte toujours l'écu de ses armes, chargé de *dix besans, 4. 3. 2. 1.*, d'abord distingué de celui de ses frères par une bordure endentée, lorsqu'il occupait le siège de Saint-Brieuc, puis avec une simple bordure, quelque temps après sa translation à Nantes — peut-être même avant, — et enfin, sans bordure.

Aucun évêque n'a plus fondé d'offices à la cathédrale que Jean de Malestroit : il a donné au chapitre 319 l., 7 s., 6 d., de rente annuelle, savoir, lorsqu'il était chanoine de Nantes, 9 l., 7 s., 6 d., pour le double solennel de sainte Madeleine, le 22 juillet, avec *le grand luminaire à l'autel, au pupitre et devant le crucifix, les lampes aux deux côtés du chœur et vingt cierges au rateau.* Lorsqu'il fut évêque, 20 l., pour un anniversaire tous les premiers jeudi et vendredi de chaque mois ; dix livres pour l'office double de l'archange saint Gabriel, le 25 mars, sans pourtant déplacer la fête et l'office de l'Annonciation; dix livres pour le double solennel de saint Guillaume et de saint Brieuc, avec le grand luminaire, le 2 mai ; 25 livres pour anniversaires, savoir : pour le duc Jean IV, 21 juin, — pour Jeanne de Navarre, 26 juin, — pour Charles VI, roi de France, 16 juillet. — pour Henri de Lancastre, roi d'Angleterre,

[1] Dom Morice : t. ii. Planche xi, nº CXC.
[2] Travers : t. i, p. 556.

31 juillet, — et pour le connétable Olivier de Clisson, 27 août :
dix livres pour l'augmentation de la solennité de la Nativité
de la Sainte Vierge ; 20 livres pour son propre anniversaire,
le 15 septembre ; 10 livres pour l'augmentation de la solennité de saint Clair, et 15 livres pour le double solennel de la
Présentation[1].

Sur la tombe de Jean de Malestroit fut placée une lame
de cuivre, avec l'épitaphe suivante :

« Clarissimo sanguine progenitus, magni spiritus et animi
« vir, ad magna et ardua natus, reverandus in Christo Pater
« dominus Johannes de Malestrico, Britanniæ cancellarius,
« prius Briocensis Ecclesiæ, dehinc Nannetensis episcopus,
« in utraque variis et magnificis dotationibus divinum cultum
« multipliciter auxit, juraque et privilegia prudenter et
« strenue tutatus est Nannetensem quatuor et viginti annis,
« feliciter administravit, quam præclaris ædificiis et pretiosâ
« reliquiarum vestium, tapetium et librorum suppellectile
« florentem, relinquens, obiit die XIII mensis septembris anno
« Natalo Christiano 1443. »

Et plus bas :

« Cum tuba terrificis quatiet clangoribus orbem
« Quatuor a ventis, corpora strata ciens,
« Cumque vorax hædos involvet flamma sinistros,
« Et vix subsistent agmina sancta poli,
« Judicis ad dextram statuaris, clare Johannes,
« Nannetesque tuos, Pastor, ad alta tronas.
« Spiritus interea divina luce fruatur
« Donec et ipsa cara luce adoperta micet[2].

---

[1] Le livre des anniversaires.
[2] Ogée, *Dictionnaire de Bretagne*, t. II, p. 133.

78. — GUILLAUME II DE MALESTROIT

1443—1462

Guillaume II de Malestroit. — Comme on l'a vu par le tableau dressé p. 219. Guillaume de Malestroit était fils de Jean, du nom, s^r de Combourg, et de Marguerite de Quintin; il était donc neveu de son prédécesseur. Son écu, en bannière (c'est-à-dire de forme carrée), portait : *de gueules à onze besans, 4, 3, 4, au lambel de trois pendants de même.* Nous ne pourrions que reproduire ici ce qui a été dit plus haut de la maison de Malestroit, à propos du précédent ; il est donc inutile d'y revenir.

Nous avons deux sceaux de cet évêque : l'un, dont la matrice fait partie de la collection de M. le marquis de la Bretesche, porte dans le champ un écusson aux armoiries que nous venons de décrire, accosté à droite de l'épée, à gauche de la clef, et timbré d'une crosse tournée à gauche. Légende : *S. de Monsygneur de Nates, de la Barillie Dunl* (?), lettres gothiques, diamètre 0,036^m. Le second, assez détérioré, offre dans le champ les mêmes armoiries que le précédent, supportées par un ange, la crosse aussi tournée à gauche. La clef et l'épée n'y sont pas. Légende en gothique : *Camere Domini Epi Nan*[1].....

[1] *Arch. dép.* Arm. E, cass. B, n° 35.

Guillaume de Malestroit était, en 1440, doyen de Saint-Malo depuis sept ans, quand il fut élu évêque du Mans. Précédemment même, il avait été appelé au siège de Saint-Brieuc, mais il n'occupa ni l'un ni l'autre. En 1442. il fut, étant toujours doyen de Saint-Malo, nommé abbé de Vézelay; en 1443, le 14 juin, son oncle lui résigna l'évêché de Nantes, à la recommandation du connétable de Richemont (depuis Arthur III).

Ayant reçu ses bulles du pape Eugène IV, l'évêque de Nantes fut sacré en 1444. L'année suivante, il fut présent, le 21 novembre, à la confirmation que fit le duc François Ier de sa fondation de la Chartreuse à Nantes[1]. L'évêque Guillaume fut pourvu de la charge de premier président de la Chambre des Comptes, et reçut, en cette qualité, aux étrennes de janvier 1446, une coupe et une aiguillère d'argent pesant ensemble cinq marcs.

L'Université de Nantes, instituée dès l'an 1418, mais qui n'avait encore pu se constituer, fut définitivement érigée le 29 janvier 1448, par bulle du pape Nicolas V, mais ce fut sans plus d'effet[2].

La grande affaire des Penthièvre avec les Montfort prit aussi fin en cette même année (le 27 juin), par un traité aux termes duquel les Blois renonçaient définitivement à toute prétention sur le duché de Bretagne.

Le 28 juillet suivant, Guillaume assista au concile d'Angers. En 1449, il fit, avec ses collègues de Vannes, de Saint-Malo et de Rennes[3], opposition à l'érection de Redon en évêché. Nicolas V ne donna du reste pas suite à l'affaire.

Le duc François Ier mourut à Vannes l'an 1450, le samedi 18 juillet. L'évêque de Nantes était auprès de lui; il le con-

----

[1] Inventaire de la Chambre, n° 1031.

[2] Arch. de château de Nantes. Arm. K, cass. H. n° 17. Dom. Lob. t. II, p. 1217.

[3] Ces prélats étaient : Yves de Pontsal (Vannes), Pierre Piédru (Saint-Malo) et Robert de la Rivière (Rennes).

fessa et lui donna les sacrements d'extrême-onction et d'eucharistie.

Les Cordeliers de Nantes ayant célébré, en 1451, la canonisation de saint Bernardin de Sienne, l'évêque Guillaume, pour ajouter à cette solennité, accorda 40 jours d'indulgence à ceux qui assisteraient à la procession de cette fête ; le légat, qui était alors à Nantes, donna aussi ses 40 jours d'indulgence[1].

Les Frères Prêcheurs tinrent, en 1453, à Nantes, le Chapitre général de leur ordre, auquel assistèrent seize cent quarante religieux. Le duc le défraya et l'évêque gratifia les religieux de beaucoup de choses. Le 29e général de l'ordre[2] y fut élu.

Les Etats s'étant tenus à Vannes en novembre 1455[3], le duc y fit proposer par l'évêque de Nantes le mariage de sa nièce, Marguerite de Bretagne, avec François de Bretagne ; la proposition ayant été acceptée, le même évêque célébra, par une distinction dont le duc l'honora, les fiançailles dans l'assemblée même des Etats. « Nous, Pierre (dit le registre), « séant en notre Parlement, avons, par révérend Père en « Dieu, nostre cher et ami conseiller, Guillaume de Males- « troit, évêque de Nantes, fait prendre et faire les fiances « de mariage d'entre nosdits nièce et cousin..., etc. Ce fut « fait en notre parlement général tenu en ceste nostre ville « de Vannes, le jeudi treizième de novembre de l'an de « grâce 1455, etc. »

Le surlendemain, le même évêque célébra le mariage.

Toute la Bretagne avait demandé avec beaucoup d'instance la canonisation de saint Vincent Ferrier. Le grand nombre de miracles que Dieu opérait au tombeau du bienheureux, obligèrent l'évêque de Vannes, Yves de Pontsal, à l'appuyer auprès du pape Calixte III. Le Souverain Pontife accéda à cette demande et commit, pour lever de terre le corps du saint,

---

[1] Registres du Chapitre, 19 mai 1451.

[2] Albert, *Vie de sainte Françoise d'Amboise*.

[3] *Arch. du château.* Arm. A, cass. H, n° 19. Lobineau t. II, p. 1172.

le cardinal de Coëtivi qui se rendit à cet effet en Bretagne. Parti de Nantes le 24 mars 1456, il arriva le même jour à Vannes et, le 5 avril suivant, il présida la cérémonie en présence des prélats dont les noms suivent : Raoul Roussel, archevêque de Rouen ; Laurent de Faye, évêque d'Avranches ; Léon Guérinet, évêque de Poitiers ; André de la Roche, évêque de Luçon ; Philippe Rouault de la Roussellière, évêque de Maillezais ; Martin Berruyer, évêque du Mans ; Jean de Bauveau, évêque d'Angers ; Jacques d'Espinay, évêque de Rennes ; Guillaume de Malestroit, évêque de Nantes ; Yves de Pontsal, évêque de Vannes ; Jean de Lespervez, évêque de Quimper ; Raoul de la Moussaye, évêque de Dol ; Jean de Coëtquis, évêque de Tréguier ; Jean Prégent, évêque de Saint-Brieuc ; Guillaume Ferruc, évêque de Léon, et Mathurin Le Lionnais, abbé de Saint-Melaine de Rennes.

En l'an 1458, huit ans après son avènement, le duc Arthur III demanda dans sa province hommage et serment de fidélité. L'évêque de Nantes y fit défaut. Arthur se saisit alors du temporel de l'évêché, mais sa santé fut dès lors languissante et quelques personnes attribuent sa mort, arrivée peu après, au chagrin qu'il prit de la résistance de Guillaume. L'année suivante, fut définitivement fondée et constituée l'Université de Nantes, déjà projetée à plusieurs reprises.

Le nouveau duc, François II, n'obtint pas plus de l'évêque de Nantes que son prédécesseur, mais, soit que Guillaume de Malestroit pensât à se procurer du repos, soit qu'il craignît de se commettre davantage avec son souverain, il résigna à son neveu Amauri d'Acigné, sur la fin de 1461, après l'avoir proposé au duc, qui l'agréa. Le pape Pie II le nomma archevêque de Thessalonique. Il demeura quelque temps à Nantes après sa résignation, mais il ne tarda pourtant pas beaucoup à se retirer au Mans, où il mourut le vendredi 17 août 1492, trente ans après sa démission et la quarante-huitième de son élévation au siège de Nantes. Il fut inhumé dans l'église

Saint-Nicolas du Mans, où son tombeau subsista jusqu'à la Révolution[1].

Il reste d'assez nombreux statuts synodaux de Guillaume de Malestroit.

79. — AMAURY D'ACIGNÉ

1462—1477.

Amaury d'Acigné. Acigné, ramage de Vitré, sʳ dudit lieu, paroisse de ce nom, de la Lande et de la Grézillonnaye en Guichen, vicomte de Coëtmen, de Tonquédec, de Loyat et de la Bellière, — baron de Malestroit, de Châteaugiron, — comte de Combourg, de Grandbois, — sʳ de Châteauloger, de Troguindy, de Carnavalet, de Keruzec, de la Vellequinio, etc., etc., était d'antique extraction chevaleresque. Cette maison portait : *d'hermines, à la fasce alésée de gueules, chargée de trois fleurs de lys d'or*. Devise : *Neque terrent monstra*. Richement possessionée dans les évêchés de Rennes, St-Malo et Nantes, cette famille a fourni de nombreuses illustrations dans l'Église et dans les armes.

Né à la Haie-Mahéas, en Saint-Étienne-de-Montluc, et

---

[1] M. le chanoine Guillotin de Corson (*Pouillé de l'archidiocèse de Rennes* t. 1, p. 655) fait mourir, à tort croyons-nous, Guillaume de Malestroit en 1469. Il résulte en effet d'actes dont nous allons parler et émanant de la chambre des comptes de Nantes pendant l'épiscopat d'Amauri d'Acigné, qu'en 1471, au moins, l'archevêque de Thessalonique vivait encore. L'éminent auteur fait le même prélat abbé de la Couture.

neveu de Guillaume de Malestroit, Amaury d'Acigné était fils de Jean IV du nom et de Catherine, sœur dudit Guillaume. (Voir le tableau de la p. 219). Il était depuis quelques années chanoine de Nantes quand son oncle lui résigna l'évêché, à la fin de 1461. Pie II, près de qui il se rendit aussitôt, lui donna d'abord des lettres de recommandation pour le duc et ensuite sa bulle pour l'évêché de Nantes, le 6 des calendes d'avril (26 mars) 1462[1]. Le cahier des Etats, assemblés à Vannes le 10 juin suivant, porte que « les prélats ayant été appelés, « l'évesque de Nantes, sçavoir M. Amaury d'Acigné, pour ce « que le chancelier dist qu'il estoit en cour de Rome ou en « chemin, à cause dudit evesché, impétré par résignation de « Guillaume de Malestroit, son oncle, le duc l'eut pour « excuse[2]. »

Amaury fut sacré à Rome le dimanche des Rameaux, 11 avril 1462, dans l'église de Saint-Apollinaire, par Guillaume d'Estouteville, cardinal de Rouen, assisté de l'évêque d'Ostie ; les évêques d'Angers et de Grasse, et l'archevêque d'Avignon présents[3]. Il prit possession dans le mois de juillet suivant, après avoir fait présenter ses bulles aux bourgeois de Nantes, au clergé du diocèse et aux deux chapitres de la ville. L'évêque de Nantes jouissait paisiblement de son temporel, faisait ses fonctions épiscopales, visitait les paroisses ou les faisait visiter, et avait assigné la maison de la Touche pour demeure à son oncle, l'archevêque de Thessalonique, qu'il avait créé son grand vicaire, lorsqu'il vit sa paix troublée par

---

[1] Titre du chât. de Nantes, arm. K, cass. G. *Histoire de Bretagne*, t. III col. 5. Dom Lob. t. II, p. 1238.

[2] Aux Etats de Vannes (1462) assistaient sept des abbés du diocèse de Nantes, savoir : ceux de Blanche-Couronne (Thibaud de Louvedai) et de la Chaume (Jean de Saint-Guédas), de Buzay (Imbert Boulay), de Villeneuve (Jean d'Avaugour) et de Meilleray (Jean le Verrier), de Pornic (Olivier Sauvaigne) et de Géneston (Guillaume Raoul) qui furent tous appelés abbés réguliers; le huitième seul en fut excepté, le cardinal archevêque de Rouen, Guillaume d'Estouteville, qui tenait l'abbaye de Saint-Gildas des Bois en commende.

[3] Titres de l'Eglise de Nantes.

la résolution prise au conseil du duc, le 5 août, de procéder contre lui pour défaut d'hommages et de serment[1].

Son temporel fut saisi et il fut même, peu après, contraint de quitter son palais épiscopal. Retiré à sa maison de plaisance de Chassais[2], il produisit les lettres du pape Innocent IV (1244-1247) et la sentence de l'évêque d'Albano, en 1268, qui défendaient aux ducs de Bretagne de connaître de la régale de l'Église de Nantes, et aux évêques de leur présenter leurs provisions. Le duc et ses officiers n'ayant tenu aucun compte de ces remontrances, l'évêque, par ordonnance du 22 octobre 1462[3], mit le diocèse en interdit et se retira ensuite à Angers, pour se mettre à couvert de toute insulte.

Il députa au roi de France, Louis XI, son oncle et prédécesseur Guillaume de Malestroit, archevêque de Thessalonique, pour lui porter ses plaintes contre le duc[4]. De son côté, François II envoya plaider sa cause en cour de Rome. Le pape Pie II donna commission à Imbert Boulay, abbé du Buzay, et à Jean d'Avaugour, abbé de Villeneuve, pour examiner l'affaire. Ceux-ci, après en avoir pris une mûre connaissance, sommèrent le duc de restituer à l'évêque sa juridiction temporelle et les dîmes de Guérande. François II se soumit, et l'on serait en droit de croire que le différend était vidé, sans les intrigues de Louis XI et sans les traités de Saint-

[1] Titres du Chapitre, Dom Lob. t. ii, p. 1243.

[2] On s'accorde (*Bret. contemporaine*, p. 43) à voir, dans cette maison de plaisance que les évêques de Nantes ont possédé pendant 1200 ans, la demeure de saint Félix, que Fortunat célébrait avec son abandon habituel, en de poétiques images : « lieux charmants, que la Loire arrose de son eau transparente », champ béni qui s'épanche sur l'onde d'une rivière, nommée Cariacus par le poète, et dans laquelle il faut voir sans doute le Sail. Chefsail fut en effet longtemps le nom de Chassais en Sainte-Luce. L'évêque Amaury d'Acigné entoura cette demeure de douves, lors de ses démêlés avec le duc, et y fit construire des fortifications dont il ne reste plus que deux tourelles.

[3] *Archives dép.* titres de l'évêché, série G. 1.

[4] Lettre du roi Louis XI, portant commission au comte du Maine, à l'évêque de Poitiers, au comte de Comminges maréchal de France, à Jehan Damas 1er président au parlement de Toulouse, à Pierre Poignant et Adam Oudon secrétaires, de juger la contestion du duc Jean I de Bretagne, avec l'évêque de Nantes. Donné au château de Nicourt, le 6 octobre 1465 (*Arch. dép.* série G. 1).

Maur et de Caen, en 1465, qui en furent la suite. Par ce dernier, le roi de France reconnut que la régale des églises de Bretagne, le serment des évêques, et le ressort de leur juridiction appartenaient au duc.

Cette décision envenima le débat. Guillaume de Malestroit et son neveu Amaury d'Acigné, se fondant toujours sur ce que, à leurs yeux, le siège de Nantes ne relevait que du pape, refusèrent de se soumettre aux traités et jetèrent un second interdit sur le diocèse[1]. C'était à la fin de 1470. Le duc irrité les déclara alors, par son ordonnance du 16 juillet 1471, faux, rebelles, désobéissants, traîtres et ennemis, défendit à tous ses sujets d'avoir relation avec eux et leurs gens, de les aider ni de les recevoir en quelque part que ce soit du duché, sous peine de prison et de confiscation de leurs biens[2].

Le pape Paul II étant mort sur les entrefaites, François II demanda à son successeur, Sixte IV, la déposition de l'évêque de Nantes. Le Souverain Pontife se montra peu disposé à seconder ses vues, mais l'interdit continua à peser sur l'Eglise de Nantes.

[1] Procès-verbal de l'assemblée des principaux vassaux des fiefs de l'évêché, réunis à la maison commune de Nantes le 8 février 1471, relatant leur protestation contre la conduite de l'évêque, au sujet de l'interdit jeté sur le diocèse et la série de preuves que le duc peut invoquer contre le sieur évêque. Ont signé nobles gens : François d'Elbiest, sr de Thouaré, — Raoul le Porc, sr de Larchat, — Jean de Sesmaisons, — Jean du Perray, sr de Launay, — Jean Grimaud, sr de Procé, — Jean de Henleix, sr de Chésine, — Jean de la Lande, sr de la Haie-Mahéas, — Jean de Montigné, — Jean de Kersy, sr de la Juliennais, — Jean Blanchet, sr de la Prévostière, — Christophe de la Tour-Neuve, sr du Plessis, — Etienne d'Avaugon, sr des Salles, — Guillaume de la Barillière, sr de Beaumont, — Guillaume Dandin, sr de Boisbriant, — Raoul Pastourel, sr de Lieuçay, — Pierre le Bouteiller, sr de Cherbonnière, — Jean du Change, sr de Belleisle, — Jean Raguenel, sr du Bouays, — Guillaume de Bossereaux, sr de la Bellaye, — Jehan de Nayes, sr de Bonandière. — Rolland de Naye, sr du d'Agaumy, — Guillaume du Pé, — Guillaume de Bailleul, sr de la Pionnière, — Jehan Coppe-Gorge, sr de la Perrière, — René de Kersy, — Etienne Allenart, sr de la Tortière, — Thomas Cosnart, sieur de la Cosnardière, — Jehan Spadine, — Jehan de Naye, sr de la Pervenchère, — Michel des Roussières, — Jean de la Pinsonnière, sr de Boiscorbon etc. (*Arch. dép. fond de l'évéché*, série G. I).

[2] Chambre des Comptes de Nantes, reg. coll. 1492. Dom Lob. t. II, col. 1326.

De retour de Rome dans l'automme 1472, l'évêque Amaury n'osa reparaître à Nantes. Le roi lui avait donné deux abbayes dans le diocèse de Luçon, celles de la Grenetière et de Trisay; il se fixa à la première, *de Grenataria,* d'où il exerça sa juridiction, plutôt que de la commettre à un grand vicaire, à Nantes.

La protection qu'il trouvait à Rome, à la faveur du roi, avait empêché les habitants de Nantes et de Guérande d'y solliciter contre lui, et avait arrêté l'ambassade que le duc avait voulu y envoyer en 1472 pour complimenter Sixte IV sur son avènement au souverain pontificat, lui présenter l'acte de son obéissance au Saint-Siège et lui demander la déposition de l'évêque de Nantes. François II envoya son ambassade en 1474, dans un temps où il crut qu'on avait oublié Amaury[1].

Les ambassadeurs du duc présentèrent le 16 décembre l'obéissance ducale, en date du 29 octobre précédent ; le pape parla d'Amaury comme d'un évêque qu'il honorait de sa protection et qu'il souhaitait de voir paisible à Nantes. Le duc, sur l'avis que ses ambassadeurs lui donnèrent de la grande protection dont notre évêque jouissait à Rome, consentit à sa rentrée. En retour, et pour rassurer entièrement François II, Sixte IV accorda au duc l'absolution de toutes les censures par lui encourues de la part de l'évêque. Quelque temps après, Amaury se rendit à Nantes, où il reprit l'exercice de sa juridiction spirituelle et la jouissance de son temporel.

D. Morice et l'abbé Tresvaux font mourir Amaury d'Acigné à Rome, en janvier 1476; Albert de Morlaix et MM. de Sainte-Marthe, à sa maison de Chassais, et disent qu'il fut inhumé dans sa cathédrale, chapelle de Saint-Clair. M. Hauréau place son décès à l'abbaye de la Grenetière, le 23 février 1477. Travers nous apprend qu'il mourut à Trisay à cette dernière date, qu'il fut inhumé à la Grenetière, et que le chapitre de Nantes apprit sa mort le 26 février[2]. De ces opinions divergentes, celle de l'historien des évêques de Nantes nous paraît la plus sûre et la mieux fondée, parce

[1] Dom Lob. t. ii, col. 1344.
[2] Travers, t. ii, p. 158.

qu'il s'appuie sur les registres de l'évêché et du chapitre, qui évidemment, devaient être l'expression de la vérité, tandis que les auteurs précédents ne nous fournissent aucune preuve du fait qu'ils avancent.

D'Argentré, Albert le Grand, Vincent Charron, MM. de Sainte-Marthe et l'abbé Tresvaux font succéder à Amaury d'Acigné Jacques d'Elbiest, chanoine et scholastique de Nantes, second fils de Jean d'Elbiest ou de Lesbiest, sieur de Thouaré, et de Jeanne du Chastelier. Le P. Du Paz, M. Hauréau et l'abbé Travers ont raison de ne pas admettre au catalogue des évêques de Nantes Jacques d'Elbiest, que les auteurs précédents font du reste siéger quatre mois à peine et dont le nom ne se montre nulle part avec le titre d'évêque[1]. Voici deux pièces éditées par M. de la Nicollière (p. 69) et venant à l'appui de cette dernière opinion, qui a pour elle l'élection de Pierre du Chaffault le 10 mars, c'est-à-dire quinze jours après la mort de son prédécesseur. 1° Le mandement de « saisie du temporel et régaelle de l'evesché de « Nantes, le siège épiscopal vacant, par le decex de feu mes- « sire Amaury d'Acigné[2], en son vivant évesque dudit « evesché » daté du 1er mars 1476 (1477, n. s.), qui ne permet pas de placer un évêque entre la mort d'Amaury, arrivée le 23 février 1477 et cette dernière date du 1er mars.

2° Le mandement concernant la levée de cette saisie à la date du 28 novembre même année, dont les termes n'ont rapport qu'à l'évêque Amaury d'Acigné : « Comme pour la « vacacion advenue puix un an eneza (et moins) du siège « épiscopal de Nantes par le déceix de feu messire Amaury « d'Acigné, etc[3]. »

---

[1] Tout ce qu'on peut dire du scholastique d'Elbiest, (dit Travers, t. II, p. 165) c'est qu'on aura parlé de lui pour le faire évêque de Nantes, mais ayant déclaré qu'il suivrait l'exemple des évêques Guillaume de Malestroit et Amaury d'Acigné, qu'il n'avouerait point le duc pour son seigneur, et qu'il ne lui feroit aucun serment, les chanoines électeurs ne pensèrent plus à lui, dans la crainte de voir la ville et le diocèse retomber dans le triste état où les deux précédents épiscopats l'avaient réduit.

[2] *Arch. départ.* Registre de la Chancellerie. B, 1470 p. 29.

[3] *Arch. départ.* Rég. de la Chancellerie ; B. 1470, p. 29.

80. — PIERRE I DU CHAFFAULT[1]

1477-1487.

Pierre I du Chaffault. — Les du Chaffault (ramage des sires de Rezé, puînés eux-mêmes des comtes de Nantes et originaires du Poitou) étaient seigneurs dudit lieu, en Bouguenais, — de Monceaux, en Saint-Philbert, — de la Limouzinière, par. de ce nom, — de la Sénardière, en Boufferé, près Montaigu, — de la Motte, en Besné, — de Violain, en Grand-Champ. Du Chaffault porte : *de sinople au lion d'or, armé, lampassé et couronné de gueules* (sceau de 1470).

Cette maison dont la filiation remonte à Sylvestre du nom, vivant en 1271 et enterré en 1302 à Villeneuve, a produit, en outre de l'évêque de Nantes : Bertrand, chevalier de l'Hermine en 1454, — quatre chevaliers de Malte, dont un commandeur, depuis 1718, — un lieutenant général des armées navales, mort en 1794, et un maréchal de camp en 1815.

Trois monuments nous représentent encore les armes du prélat nantais : « 1° une clef de voûte de la chapelle de Notre-Dame de Bethléem ; 2° son sceau, dans le champ duquel est l'écu de ses armes, avec une crosse placée derrière et surmontée d'une mitre. Légende : *Sig. Petri epi Nannetensis*[1] ; 3° le sceau en ogive de son officialité, sur lequel la crosse est

---

[1] Dom Morice, *Pr.* II, planche XII, n° CCX.

seule et tournée à gauche. Légende en gothique : *S. Officiala-tus Nannetensis*[1]. Les armes des du Chaffault ont pour supports deux jouvencelles et pour cimier un rencontre de buffle.

Pierre du Chaffault était le quatrième enfant de Sevestre ou Sylvestre du Chaffault[2], quatrième du nom, sieur de la Senardière, la Motte-Geslin et la Mullonnière, et de Marie de Rochefort, fille de Guyon de Rochefort, de la famille des deux évêques de ce nom. Guillaume du Chaffault, leur troisième fils et frère de Pierre, fut prêtre, docteur en théologie et archidiacre de Nantes.

Docteur *ès-droiz* et conseiller du duc, Pierre du Chaffault, élu par le chapitre le 10 mars 1477, fut confirmé par bulles de Sixte IV le 16 avril suivant. Il n'avait accepté le siège épiscopal que sous la condition expresse de voir le différend sur la régale terminé avant son sacre[3]. Les commissaires (qui étaient les plus savants canonistes de Bretagne), après le vu des titres produits de part et d'autre convinrent et arrêtèrent le 28 novembre 1477, pour le bien de la paix, « que l'évesque « de Nantes advouast le duc son souverain seigneur, fonda- « teur et protecteur de l'Église, par dessus tout autre prince « temporel, et jurast estre à lui et à ses successeurs ducs de « Bretagne, toute sa vie bon et loyel sujet, sous ressort, sou- « veraineté, de lui et ses grands jours, observer et obéir au « relièvement de son Parlement, sous le dernier ressort du « Saint-Siège apostolique et non ailleurs, et ce, sans préju- « dice des privilèges de l'Eglise[4]. »

Aussitôt ce traité conclu et accepté, Pierre reçut la consé-cration épiscopale et prêta serment au duc le même jour,

---

[1] *Arch. départ.*

[2] Moréri et d'après lui l'abbé Tresvaux donnent à l'évêque de Nantes le nom patronymique de Proufilt. C'est une grave erreur, Proufilt étant le nom du secrétaire de Pierre du Chaffault, et non le sien propre. (Voy. Travers, t. II, p. 198.)

[3] Titres du Chapitre.

[4] Archives du château. Arm. L., cas. D. — Arm. N., cas. B. — Arm. S. cas. C.

vendredi 28 novembre. L'acte, signé du prélat, et pour la première fois en français, se termine ainsi : « Et pour témoing
« desdites choses (reconnaissance de tout ce qui a été stipulé
« au traité) avons baillé ces lettres signées de notre main et
« scellées de notre scel. Et à notre requeste, des sceaulx de
« révérend Père en Dieu Jehan (Lespervier), évesque de
« Saint-Malo, de Jehan, s^r de Rieux et de Rochefort, comte
« d'Aumaxle, mareschal de Bretaigne, de messire Odet d'Ay-
« dye, comte de Comminges et sire de Lescun, et aussi de
« notre chapitre, à meure fermeté. Et fut fait à Nantes, le
« vingt-huitiesme jour de novembre, l'an de grâce mil CCCC
« soixante-dix-sept[1]. »

Signé : P. E. DE NANTES[2].

Le même jour, le duc leva la saisie mise sur le temporel
de l'évêché[3]. Pierre du Chauffault fit son entrée le quatrième
dimanche de l'Avent, 21 décembre suivant. Toute la cérémonie consista dans les honneurs du clergé, qui alla processionnellement au-devant de l'évêque jusqu'à Saint-Clément,
d'où il fut conduit à la cathédrale, sans s'être fait porter par
les quatre barons du diocèse, comme quelques-uns de ses
prédécesseurs l'avaient pratiqué ; il ne jura point non plus,
en entrant, d'observer les statuts du chapitre ; peut-être n'é-
taient-ils pas encore rédigés ; il ne paya point aussi les droits
que le chapitre exigea plus tard à l'entrée de l'évêque[4].

Depuis longtemps, on travaillait à l'église Saint-Pierre.
Les deux battants de la grande porte, couverts de lames de
bronze aux images de saint Pierre et de saint Paul, furent

[1] Arch. départ. Arm. N., cas. B, n. 2. Il ne reste plus aucun sceau.

[2] Cette signature large et hardie (M. de la Nicol., p. 72) est, croyons-nous,
l'une des premières où les évêques de Nantes aient inscrit leur nom en
français. Le D laisse voir le premier jambage de l'N, comme si le prélat
avait voulu d'abord signer en latin, puis avait ensuite adopté la forme
française.

[3] Reg. de la Chancellerie, n° 119, folio 208.

[4] Compte de Saint-Nicolas de Nantes, 1477, et 1478.

placés en 1478 ; l'inscription gothique qu'on y lisait l'assure positivement :

> Sixte quart l'Eglise gouvernoit
> L'an quinze cents mis hors deux et vingt ans,
> François second, duc de ce nom, regnoit,
> Pierre, prélat unique de céans
> Quand fûmes mis aux portes bien séans
> Pour décorer ce portail et chief d'œuvre
> Comme pourront congnoistre les passans
> Car richement par nous se ferme et œuvre.

Le synode se tint le 14 mai 1479 ; onze statuts y furent arrêtés[1]. Notre évêque, attentif à son diocèse, donna le 25 mai 1480 un mandement du chômage des fêtes par le peuple ; elles sont, outre le dimanche, au nombre de quarante-cinq, y compris la fête du patron et de la dédicace de chaque église particulière. Il fit imprimer un bréviaire sur vélin et sur papier in-12, en belles lettres et assez bien rédigé pour le temps. *Curavit D. D. Petrus Duchaffault, episcopus Nannetensis, ut brevaria sua ubique gens Britannia haberet, ideoque ea imprimi mandavit, et non essent tantum litteris, verum etiam ut castigatissima sui omnes haberent et tenerent.*

La qualité simple de *vénérable homme Monsieur, Monsieur Pierre, vir reverendus D. D.* que l'on donna à cet évêque, est à remarquer ; celles d'illustrissime et de révérendissime, que l'on donne aujourd'hui, n'étaient pas encore en usage et ne l'ont été que longtemps après. Le propre de Nantes de l'an 1675 ne les connaissait pas, mais celles de R. P. D., de Révérend Père Monsieur ; il ne qualifie pas autrement MM. de Bourgneuf, de Beauveau et de la Beaume Le Blanc, évêques de Nantes. Avant cette édition, plusieurs ecclésiastiques de Nantes ou du diocèse, ou ne disaient point de bréviaire, ou allaient à l'église le dire à l'aide de quelques manuscrits

----

[1] Martine, *Thes. anud.*, t. IV.

qu'on y tenait à la chaîne et qui n'en sortaient point. L'église
Saint-Nicolas, de Nantes, en avait quatre de cette espèce et
un ordinaire au directoire.

Le bréviaire de Pierre du Chaffault est le premier imprimé
qui ait paru en Bretagne et peut-être en Europe ; il fut imprimé à Vannes (*Venetiis*) ; Guillaume Touzé, riche libraire
de Nantes, fit les frais de l'impression et François Renner de
Hailbrun en fut l'imprimeur. Toutes les feuilles de ce premier bréviaire de Nantes sont numérotées en chiffres arabes,
dont on croit communément l'usage beaucoup plus récent en
France ; il a d'ailleurs plusieurs autres singularités remarquables.

L'évêque de Nantes assista aux Etats de Vannes le 24 septembre 1480. En 1481, il publia, le 14 juin et le 16 août, de
nouveaux statuts. Conjointement à Jean Lespervier, évêque
de Saint-Malo, et Guy du Bouchet, évêque de Cornouailles,
l'évêque Pierre avait adressé, le 4 janvier précédent, des
plaintes au pape Sixte IV contre la conduite du nonce
Bargius, qui, venu en Bretagne pour y lever sur le clergé un
décime de tous les revenus ecclésiastiques, afin de subvenir
aux frais de la guerre contre les Turcs, avait mis, surtout à
Nantes, une rigueur extrême dans sa perception et avait agi
contre les usages de la province ; les plaintes, rédigées avec
modération, exprimaient le vif attachement du clergé de
Bretagne pour le Saint-Siège[1].

En 1482, nouveaux statuts synodaux de l'évêque Pierre
en date du jeudi 30 mai et du jeudi 24 octobre. En cette
même année, l'évêque de Nantes dota son diocèse d'un
missel en caractères un peu gothiques et sans numéros sur
les feuilles ; trois Italiens l'imprimèrent à Vannes (*Venetiis*[2]),

---

[1] Titre du Chapitre, D. Lob. T. II, Col. 1392.

[2] La traduction du mot Venetiis, par Vannes, qui est de l'abbé Travers,
est fautive. En effet on lit dans la Biographie bretonne (t. I, p. 275, article
du Chaffault) les lignes suivantes, qui ne peuvent laisser de doute sur le
lieu d'impression du bréviaire et du missel en question :
« Ces deux œuvres typographiques, fort rares aujourd'hui, ont donné lieu à

probablement à leurs frais et à la requête du R. P. en Dieu Monsieur Pierre du Chaffault. Dans ce missel, il est ordonné au prêtre officiant de se communier le jour du Vendredi-Saint, avec tous les assistants, « *communient se omnes.* »

Pierre du Chaffault partit de Nantes pour Rome le 10 mars 1482 : c'était le dimanche *Oculi,* troisième de Carême. On ne sait au juste quel séjour l'évêque de Nantes fit dans la capitale du monde chrétien ; mais on présume qu'il était de retour avant le mois d'octobre 1485[1]. Le 22 septembre de

« une question qui paraît avoir été parfaitement résolue par l'un de nos « plus studieux bibliographes, M. le baron du Taya. Tous ceux qui ont parlé « du bréviaire et du missel du Chaffault ont traduit *Venetiis* par *Vannes* et ont « cru que c'était dans cette ville qu'avait eu lieu l'impression des deux « ouvrages. Mais d'abord il est permis de douter qu'en 1480 et même en 1482 il « existât à Vannes un *maître en l'art d'impression* et je ne sache pas qu'on y « puisse citer aucun livre comme œuvre de la main de maître François Renner « de Hailbrun. *Impressum est hoc breviarium Venetiis per Franciscum* « *Renner de Hailbrun, impensis Guillermi Touzé 1480.*

« Puis le même M. du Taya trouve dans le répertoire de M. Hain, au « nᵒ 3895, un bréviaire imprimé à Venise en 1477 par le même Renner de « Hailbrun ; un autre bréviaire en 1479, une bible en 1480 et un missel en « 1481. L'établissement de Renner à Venise est donc de la dernière évidence « et rien ne s'oppose à ce que le libraire de Nantes, Guillaume Touzé, ait traité « avec lui de cette impression.

« Il en est encore ainsi pour le missel : *Impressum est hoc missale Venetiis* « *curâ ac industriâ Bartholomei de Alexandria, Andreœ de Asula et Maphei* « *de Salo, sociorum,* 1487. M. du Taya a trouvé dans le même répertoire de « M. Hain (vᵒ missale) que Bartholomeus de Alexandria, Andreas de Asula et « Mapheus de Saladio imprimaient en cette même année à Venise un *missel* « *romain.* Voilà, ce nous semble, des preuves complètes devant lesquelles « doivent tomber les assertions contraires... »

L'article est signé de M. Bizeul, de Blain, et nous sommes heureux de nous ranger ici sous son égide pour traduire, en opposition avec Travers, *Venetiis* par Venise.

[1] Un document qui nous a été récemment communiqué par M. l'abbé Delorme, vicaire à Saint-Donatien de Nantes, constate la présence à Rome, en 1484, de Pierre du Chaffault, et la consécration épiscopale qu'il donna, le 26 mai de ladite année, à un évêque anglais dans l'église de saint Honuphre.

Cette pièce extraite du *Formatari de Archivio di stato romano,* est tirée d'un volume, aujourd'hui fort rare (un ou deux exemplaires tout au plus) et qui a pour titre :

The Episcopal succession in England, Scotland et Irland. A. D. 1400 t. 1875, etc., etc. par 88 Mazière Brady. Roma. Tipographa della pace 1876.

l'année suivante, il accorda un an et quarante jours d'indulgence à ceux qui travailleraient à la réparation et à l'entretien de la chaussée près de Saint-Philbert-de-Grand-Lieu, cet ouvrage, dit l'évêque, étant pour le bien et la commodité publique[1].

Pierre du Chaffault mourut en son palais épiscopal, sur les dix heures du matin, le lundi 12 novembre de l'an 1487, et fut inhumé le surlendemain, au côté droit de l'autel de saint Pierre et saint Paul, dans sa cathédrale[2]. Sur son tombeau, qui subsista jusqu'au commencement du siècle dernier, était gravée une épitaphe dont, vers 174..., on ne pouvait déchiffrer, nous dit Travers, que le lambeau suivant :

« Pierre, prélat prudent, précieux auprès de Dieu, ayant prins... » Le surplus était couvert de la muraille de clôture de l'ancien chœur et marquait le commencement de son épiscopat et le jour de sa mort[3].

Du temps de cet évêque, le pape n'eut point de mois propres ou de huit mois réservés pour la nomination aux bénéfices, ni l'évêque d'indult alternatif. L'évêque présentait dans tous les mois et admettait les permutations et les résignations en faveur avec pension. Le pape prévenait, recommandait de pourvoir et se réservait, et il était obéi[4].

Voici la pièce dans son ensemble :

1484 may 26. « Universis etc. Raphaël etc. Salutem etc. Universitati etc. quod Rev^dus in Christo Pater Dominus Petrus, épiscopus Nanneten etc., assistentibus sibi R. P. Dominis Phy. Arien et Pe Nazarien. episcopis, Romœ in ecclesia S^ti Honuphrii die dat præsentium, quœ fuit festum, S^ti Augustini confessoris, episcopi Anglorum, R^do Patri Domino Jo (John Shviword (*sic*) electo Dunelmen (*Durham*) munus consecrationis episcopis impendi solitum impendit juxta formam etc.

In quorum etc. Dat. etc. Romæ in Camera Apostolica, die 26 maii 1484, anno 13° B. de Spello. »

[1] Registres de l'Évêché.

[2] Registres de l'Université.

[3] La construction du nouveau chœur, du temps de M. de Sanzai, a entièrement fait disparaître chapelle, tombeau et inscription.

[4] Register Petri Episcopi.

Le livre des anniversaires de la cathédrale nous fait connaître que l'évêque Pierre donna treize livres de rente au Chapitre pour deux anniversaires, l'un pour lui, au 13 février, et l'autre pour son secrétaire, Pierre Proufilt, chanoine de Nantes, assigné au 23 du même mois. On assure qu'il s'opérait autrefois des miracles à son tombeau ; s'il en fut ainsi, le Chapitre n'en a pas tenu registre ; mais il est certain qu'on a invoqué Pierre du Chaffault ; on en a une mémoire et une prière dans des heures imprimées à Nantes l'an 1517, trente ans après sa mort, chez Jean Baudouin, près des Carmes[1].

---

1 Voici cet mémoire, cette prière : de Domino Petro du Chaffault.

Petre, clemens, doctor egregie, Margarite mutua dignitas, caritatis redolens floribus humilitas adde nostris orationibus ut vivamus semper virtutibus quibus animas reddere possimus in excelsis cum sanctis omnibus.

℣. Justum deduxit Dominus per vias rectas.

℟. Et ostendit illi regnum Dei.

ORATIO.

Omnipotens, sempiterne Deus, qui devotissimum Petrum, Antistitem Electumque nostrum donasti nobis sua pietate misericordem atque justitiæ et humilitatis doctorem, da ut quem pium, mansuetum habuimus in terris, intercessorem habere mereamur in cœlis. Per Dominum nostrum Jesum Christum, filium tuum, qui tecum vivit et regnat, Deus, per secula seculorum. Amen.

Il y a peu d'années les travaux d'achèvement de la cathédrale et les fouilles pour la réfection des gros piliers du transept ont mis à jour le tombeau d'un évêque dont le squelette a été trouvé dans un état de conservation remarquable. La Société archéologique, prévenue aussitôt, dressa de cette découverte, le 2 mai 1888, un procès-verbal reproduit quelques jours après par les journaux. Le champ était ouvert pour reconnaître les restes du prélat en présence duquel on se trouvait. Dans un érudit article publié dans la *Revue historique de l'Ouest*, notre infatigable archiviste municipal, M. S. de la Nicollière, démontra péremptoirement que, contrairement à l'assertion de M. Legendre, inspecteur diocésain, chargé des travaux de la cathédrale, qui penchait à reconnaître les restes de Robert Paynel (1255-1366), il fallait voir ceux de Pierre du Chaffault. Emplacement du lieu de sépulture (chapelle Saint-Félix ou de Saint-Pierre et Saint-Paul), date donnée par les caractères des monogrammes brodés sur les gants, tout concourut à prouver victorieusement l'opinion de notre ami. (Voir pour plus amples détails : *Une exhumation dans le chœur de la cathédrale de Nantes*, par M. S. de la Nicollière-Teijeiro. Vannes, impr. Eug. Lafolye, 1889).

84. — ROBERT V D'ESPINAY

1488—1493

Robert V d'Espinay. — D'Espinay, illustre maison qui a « tous-
jours esté tenue et estimée l'une des plus nobles, anciennes,
grandes, meilleures, riches, authorisées et aussi bien alliées
de Bretagne » (du Paz), marquis dudit lieu en 1575 et sieur de
la Rivière, paroisse de Champeaux, de la Marche, paroisse
du Pertre — de Broons, marquis de Vaucouleurs, en Treli-
van, sieur du Bois-du-Liers, en Chelun — de Griffet, en Pleu-
griffet — de Beauchesne — de Grandbois — de Maumusson
— vicomte de Blaison, sieur de Durétal et de Mathefelon, en
Anjou, a produit quatre frères à la conquête d'Angleterre,
en 1066. Alain, premier du nom, sire d'Espinay, croisé en 1239
et en 1248. Péan, porte-bannière de Jean de Montfort à
Auray en 1364. Des grands-maîtres et plusieurs chambellans
du duc de Bretagne et des rois de France. Dans l'Église, elle
compte : Jacques évêque de Rennes, mort en 1482, oncle de
cinq frères évêques, savoir : 1° André, évêque d'Arles en
1476 ; nommé cardinal, le 14 mars 1489, étant archevêque de
Bordeaux ; mort en 1500 archevêque et comte de Lyon ; —
2° Jean, évêque de Mirepoix en 1485, puis de Nantes en 1493,
de Léon en 1500, mort en 1503 ; — 3° Guillaume, évêque et
duc de Laon ; — 4° Jean, évêque de Valence (Dauphiné) ; —
5° Robert, évêque de Nantes ; — Françoise, sœur des précé-

dents, abbesse de Saint-Georges de Rennes, morte en 1520 ;
— Robert, abbé de Saint-Crespin (diocèse de Soissons) en 1520 ;
— Charles, abbé de Tronchet et de Saint-Gildas-des-Bois,
évêque de Dol, mort en 1592 ; — Perrette, abbesse de Saint-
Georges, morte en 1522 ; — Philippine, abbesse de Saint-
Georges, morte en 1583 ; — Urbain, abbé de Boquien en 1652.

Les différentes branches des Espinay se sont fondues dans
Schomberg, Lorraine, Brionne, Thehillac ; la branche de Vaucouleurs s'est éteinte en 1764. D'Espinay portait : *d'argent au
lion coupé de gueules et de sinople armé et lampassé d'or.*
Devise : *Repellam umbras.* Robert d'Espinay, dont nous allons
avoir à parler, était fils de Richard du nom et de Béatrix de
Montauban, qui, après avoir trempé dans l'assassinat du
malheureux Gilles de Bretagne, se fit moine célestin et mourut
archevêque de Bordeaux.

Travers, Albert de Morlaix et de Paz nous ont conservé le
blason de Robert, qui, en souvenir de sa mère et de sa grand-
mère, écartelait : *au 1 et 4 : d'argent au lion coupé de
gueules et de sinople armé et lampassé d'or,* qui est d'Espinay ;
au 2 et 3 : de gueules à neuf macles d'or 3. 3. 3, qui est Montauban (ramage de Rohan), et sur le tout : *d'argent à la
guivre d'azur en pal, dévorant un enfant issant de gueules,
couronné de même,* qui est de Milan (*Visconti*).

Robert[1] était le cinquième de neuf enfants, dont six, comme
on l'a vu plus haut, embrassèrent la vie religieuse ; il fut, en
1488, transféré du siège de Lescar à Nantes par le pape Innocent VIII, sur la demande du roi de France, mais il n'avait
été l'élu ni du chapitre, ni du duc, ni, après lui, de sa fille la
duchesse Anne. C'était Guillaume Guéguen qui avait obtenu
tous ces suffrages.

Guillaume Guéguen, second président et premier auditeur
de la chambre, avait en effet été élu par le chapitre, du con-

----

[1] Robert d'Espinay, avant d'être évêque de Lescar, avait été chantre et
chanoine de Rennes en 1477. (Pouillé du chanoine G. de Corson, t. I. p. 161.)

sentement du duc, deux jours après la mort de Pierre du
Chaffault, mort le 12 novembre, Guillaume Juzel, trésorier
général de Bretagne, ayant été appelé, le 14, à « *estre second*
« *président et premier auditeur de la chambre par la promo-*
« *tion de Guillaume Guéguen à l'évêché de Nantes*[1]. » En mars
1488, Guillaume fut présenté au pape Innocent VIII par le
duc, qui pria Sa Sainteté de le préférer pour l'évêché de
Nantes au cardinal de Foix, frère de la feue duchesse, et à
M. Loys, protonotaire de Rohan, qui était actuellement à
Rome. Le pape répondit qu'il aurait égard à sa demande, mais
le duc François II étant mort en septembre suivant, Innocent VIII se crut quitte de sa parole et ne donna pas de bulles
à l'élu de Nantes[2]. Alain Le Maout, évêque de Cornouailles,
fit une ordination dans l'église Saint-Denis de Nantes le
1er mars 1488, du consentement et à la prière du doyen du
chapitre ; le siège était vacant : il n'y avait pas quatre mois
que l'évêque était mort[3].

Les sollicitations puissantes du roi Charles VIII, et aussi,
il faut le constater, la mort du duc François II, arrivée le
8 septembre, firent que Robert d'Espinay l'emporta à Rome
sur Guillaume Guéguen[4], et lui firent obtenir sa translation
de Lescar, dont il était évêque, à Nantes, quinze ou vingt
jours après la mort du duc.

Cependant, Guéguen, appuyé par la duchesse, soutenait
son droit de nomination et se disait élu de Nantes. On le
trouve avec cette qualité dans le traité que Roland Guéguen
et lui, comme plénipotentiaires de la duchesse Anne, con-
clurent à Rennes avec les Anglais le 10 février 1490, et l'U-
niversité, dans son assemblée du 16 mai, même année, sans
égard pour Robert, nomma vice-chancelier de son corps

[1] Registres de la chancellerie, cote MCC — D. Lob. II, p. 1478.
[2] Château de Nantes, arm. R. cas. B.
[3] Registres de l'Evêché.
[4] Du Paz, *Histoire généalogique*, etc., p. 292.

Jehan Morice, docteur *in utroque jure*, professeur en droit civil et curé de Monnières.

Le pape, inflexible aux remontrances, adressa au peuple de la ville et du diocèse de Nantes un bref lui enjoignant de reconnaître Robert pour son évêque et de lui obéir. On n'eut aucun égard, à Nantes, au bref de Sa Sainteté, et Robert ne put prendre possession de sa nouvelle église pendant deux ans, par la forte opposition qu'y fit la duchesse[1].

Après le mariage de la duchesse Anne avec le roi Charles VIII, mariage contracté et célébré à Langeais le 6 décembre 1491, les difficultés s'aplanirent, et Robert d'Espinay, évêque de Nantes depuis près de quatre ans, put enfin faire son entrée solennelle en sa ville épiscopale le dimanche (troisième après l'Epiphanie) 29 janvier 1492. L'Université, le clergé et le peuple allèrent au-devant de lui et l'accompagnèrent jusqu'à la cathédrale, où le nouvel évêque officia pontificalement. Un dîner, donné dans la grande salle de l'évêché, quoiqu'elle fût en mauvais état et même en ruine, clôtura la cérémonie.

Guillaume Guéguen ne forma aucune opposition et s'abstint, depuis ce temps, de prendre la qualité d'évêque élu de Nantes.

L'évêque Robert mourut en août 1493. On ne peut préciser le jour de sa mort, mais elle advint vraisemblablement postérieurement au 3 et antérieurement au 18 de ce mois. En effet, le 3, son grand vicaire, *agissant en son nom*, avait donné un mandement de quête en faveur de l'hôpital de Notre-Dame en Saint-Clément[2]. Le 18, le roi donna un mandement de saisie du temporel de l'évêché de Nantes, tombé en régale par la mort de Robert[3].

---

[1] Château de Nantes, arm. K, cas. H.

[2] Reg. de l'évêché.

[3] Titres de la ville de Nantes.

82. — JEAN III D'ESPINAY

1493—1500

Jean III d'Espinay était frère aîné du précédent. Tout ce que nous venons de dire de Robert, de sa maison et de ses armoiries s'applique donc également à Jean. Celui-ci, d'abord chanoine de Rennes, succéda en 1477 à son frère André dans la charge de scolastique de la même église. Élevé en 1486 sur le siège épiscopal de Mirepoix, en Languedoc, par le pape Innocent VIII, il fut, en 1493, appelé à succéder à son frère sur celui de Nantes par bulles d'Alexandre VI en date du 4 novembre. Ce transfert de Jean d'Espinay à Nantes se fit à la prière du roi et contre la volonté marquée de la reine Anne qui tenait toujours pour Guillaume Guéguen. Le pape, pour apaiser la princesse, nomma celui-ci à l'évêché de Mirepoix que la reine lui défendit d'accepter. Le nouvel évêque ne se pressa pas de venir à Nantes ; il obtint du roi d'accepter ; le 12 avril 1494, mainlevée du temporel, et, le 18 août suivant, d'autres lettres données à Vienne, en Dauphiné, qui lui accordaient un délai de trois ans pour se présenter au serment.

Le 5 juillet, Jean d'Espinay prit possession par Guillaume Juhel, recteur de Vesins, diocèse de Rennes, son procureur à cet effet, le chapitre consentant, sans aucun égard à l'opposition que Guillaume Guéguen y fit par procureur. L'évêque

24

se rendit à Nantes au commencement de septembre et descendit à l'hôpital de Saint-Clément, où il s'arrêta quelques jours, selon la coutume, avant de faire son entrée. Il la fit notifier le 4 septembre aux quatre sergents inféodés, pour le dimanche matin 7 septembre. Avant de monter sur sa haquenée, Jean d'Espinay fit appeler les sergents inféodés des régaires pour rendre les services qu'ils doivent à l'évêque au jour de son entrée, à cause de leurs terres. Jean du Cellier, seigneur de la Hunaudaye, en Nantes, et François de la Lande, sieur de la Baudinière, firent défaut, et comme le service se fait en personne, ils furent jugés défaillants et contumaces. Pierre de la Folie, sieur de la Bigeotière, comparut, et déclara ne devoir point le service à cause du lieu de la Bigeotière, mais à raison du fief Gentil qu'il tenait, relevant de l'évêché de Nantes. Les quatre barons, savoir : les sires de Châteaubriant, de Retz, d'Ancenis (ce dernier était le maréchal de Rieux) et de Pontchâteau, rendirent le devoir ordinaire de porter l'évêque depuis la porte de la ville jusqu'à l'église de Saint-Pierre.

Le clergé en corps, la noblesse et le peuple l'accompagnèrent, et après la messe, qui fut pontificale, on dîna splendidement à l'évêché et avec concours, tous ceux qui se présentèrent ayant été admis.

La ville fit présent au nouvel évêque, le jour de son entrée, de deux pièces de vin d'Anjou valant quatorze écus d'or. Jean d'Espinay ne jura point d'observer les statuts du Chapitre et ne paya aucun des droits que le chapitre exigea depuis à la prise de possession des évêques. L'Université le salua et le complimenta dans la chapelle de Saint-Thébault. Jean d'Espinay conféra les ordres dans l'église collégiale de Nantes, le 20 septembre, et dans l'église du prieuré de Notre-Dame de Beaulieu, dans la paroisse de Freigné, près Candé, le 20 décembre[1]. Il tint synode le 23 octobre d'après

---

[1] Titres de l'évêché

son entrée et y publia treize statuts, en approuvant ceux de
ses prédécesseurs et plusieurs nouveaux.

L'évêque de Nantes obtint, le 11 février 1495, sentence à la
prévôté en confirmation d'un droit appelé *nomblaize* : devoir
de nomblaize sur « les vendeurs par détail aux estaux de la
« cohue et boucherie de la ville de Nantes, durant le temps
« et par autant qu'ils seront en ladite cohue détaillans et
« vendans bœuf et vache[1]. »

Notre prélat, le 2 juillet même année, par forme de mandement et de statut, ordonna, de l'avis des gens de bien, *de
proborum et religiosorum virum consilio*, d'établir dans la
ville et dans les bourgs du diocèse, un crieur public qui, sur
les minuit, avertirait, au son d'une clochette ou eschellette,
cum campanula seu esquilleta, à haute et intelligible voix, les
fidèles de prier pour les défunts, et, pour les exciter à ce
pieux office, l'évêque accorde quarante jours d'indulgence[2].

Aussitôt après le mariage du roi Louis XII avec la reine
Anne (8 janvier 1499), l'affaire de Guillaume Guéguen, que
celle-ci voulait comme évêque de Nantes depuis plus de
onze ans, fut remise en question ; il paraissait difficile de la
faire réussir, la translation de Jean d'Espinay à un autre

---

[1] Le droit de *nomblaize* ou de *iomblaige* consistait dans une pièce d'une
des longes de chaque bœuf ou vache qui se détaillait à la cohue de la
boucherie ; ce droit était, en 1495, commun à l'évêque et aux seigneurs de
Procé, de Sucé et de Lachats. L'évêque Antoine de Créqui, premier du nom,
obtint en 1561 sentence en faveur des évêques de Nantes pour le même droit
de nomblaize. Les bouchers s'en plaignirent à la ville, qui, le 23 février et
le 6 mars 1562, ordonna à son syndic de se joindre au procès des bouchers
contre les sieurs évêques de Nantes, de Procé et de Lachats ; d'appeler de
la sentence qu'ils avaient obtenue et de suivre l'appel au nom des habitants ;
la ville se désista et les trois seigneurs continuèrent de lever le nomblaize.
Un arrêt du conseil, rendu contre M. de Sansai et ses consorts, en cassation
d'un arrêt du Parlement qui étendait leur droit à tous les lieux où l'on
détaillait du bœuf, le concentra dans la petite boucherie. On ne connaît
pas l'origine de ce droit et l'on n'en produit point de titre ; on s'en tenait à
la possession. Il est à croire qu'il n'était point gratuit et qu'il venait originairement de quelque partage que les trois seigneurs accordaient aux bouchers dans leurs domaines (Travers, t. II, p. 232).

[2] Titres de l'évêché.

siège parut la seule convenable. Robert Guibé, alors évêque
de Tréguier, consentait à se démettre en sa faveur, et l'on
en trouve un projet sous ce titre : « Projet d'accommodement
« pour transférer à l'évêché de Tréguier M. Jean d'Espinay,
« de l'évesché de Nantes, qu'il occupait contre le vouloir du
« roi et de la reine (*on aurait dû dire de la reine seulement*)
« en faveur du vice-chancelier, nommé audit évesché de
« Nantes par feu le duc François, et depuis par madite dame
« la royne¹, etc. » La reine envoya l'évêque de Tréguier lui-
même, à Rome, négocier cette affaire ; ce prélat ne put
obtenir de bulles pour l'évêque Guéguen qu'à la fin de
septembre 1500. Robert Guibé fut transféré à Rennes et
Jean d'Espinay, non à Tréguier, mais à Saint-Pol-de-Léon.

Le temporel de l'évêché de Nantes demeura saisi et mis ès
mains du roi duc. Jean du Cellier, sénéchal de Nantes, expédia
les régaires et Yves de Quirisec, grand vicaire, les affaires au
spirituel².

Ce dernier tint synode le 23 mai 1500 ; douze statuts y furent
arrêtés³. Jean d'Espinay, et avant lui son frère Robert, ne
jouirent point de leur temporel et n'eurent point l'exercice de
la juridiction des régaires par l'opposition formelle de la
reine Anne ; il n'en fut pas ainsi de la juridiction spirituelle
et du sceau, tous deux en jouirent pleinement.

----

¹ Château de Nantes.
² Titres de la ville.
³ D. Martine, *Thèse anecdotique*, t. IV.

83. — GUILLAUME III GUÉGUEN

1500-1506

Guéguen, sieur de la Ville-Colvé et du Clos, paroisse d'Hillion, de Chrec'halen (Réf. et montres de 1441 à 1535, par. d'Hillion et de Ruca, évêché de Saint-Brieuc. *D'argent à l'olivier de sinople, au franc quartier d'hermines chargé de deux haches d'armes de gueules en pal* qui est de la Soraye (sceau de 1504). Guillaume, né à Lamballe, premier président aux comptes, abbé de Saint-Sauveur de Redon, évêque de Nantes † 1506. Jean, conseiller au Parlement en 1568. Tel est l'article que M. de Courcy, dans son *Armorial* (t. II, p. 390), consacre à la famille Guéguen et à Guillaume lui-même.

Guillaume Guéguen, premier président de la Chambre des Comptes, archidiacre de Penthièvre (diocèse de Saint-Brieuc), archidiacre de la Mée (diocèse de Nantes), chanoine de Nantes, notaire impérial et apostolique, secrétaire du duc François II depuis 1472, naquit à Lamballe. Nous avons vu qu'à la mort de Pierre du Chaffault, il fut, en 1487, élu par le Chapitre pour le remplacer, mais que, malgré la protection de la duchesse-reine, il vit Robert et Jean d'Espinay occuper le siège de Nantes avant qu'il pût se faire octroyer ses bulles. Ne pouvant obtenir pour son protégé la mise en possession de son diocèse, Anne l'éleva du moins à la dignité de vice-chancelier sous Philippe de Montauban, et lui donna la qualité d'élu de Nantes jusqu'au moment où, par sa fermeté, elle obtint enfin pour lui le poste qu'elle lui désirait depuis si longtemps.

Lors donc que Jean d'Espinay eut été transféré sur le siège de Léon, en octobre 1500, Guillaume Guéguen prit, le 29 du même mois, la mainlevée du roi, alors à Nantes ; il présenta le même jour ses bulles au Chapitre qui les accepta ; et comme si le siège, après les bulles présentées et acceptées et la mainlevée prise du roi, avait été vacant par le défaut de l'installation qui ne se pouvait faire dans le moment, le Chapitre nomma des grands-vicaires, un official et tous les autres officiers de la vacance, et dispensa l'évêque de faire demeure pendant quelques jours à l'hôpital de Sainte-Marie-hors-les-Murs , autrement de Saint-Clément, comme les évêques le pratiquaient avant de faire leur entrée. Il avait raison, car cet hôpital n'était pas en état de loger l'évêque, vu qu'on le restaurait en ce moment[1].

Guillaume nomma le 1er novembre (dimanche) ses grands vicaires, et le surlendemain il fit son entrée, porté par les quatre barons ; et après avoir entendu la messe à la cathédrale, comme l'évêché n'était pas en état de le recevoir, il dîna aux Cordeliers avec près de deux mille personnes du clergé, de la noblesse et du Tiers-État[2].

Voici *in extenso* la pièce de l'entrée solennelle de l'évêque de Nantes :

3 NOVEMBRE 1500.

Procès-verbal d'entrée joyeuse de l'Evéque de Nantes, où sont appelés les 4 sergens féodés.

Sachent tous présens et advenans que aujourd'hui, tiers jour de novembre, l'an mil cinq cent, Révérend Père en Dieu Monseig. Guill., par la grâce de Dieu et du Saint-Siège apostolique, évesque de Nantes, ayant avant ces heures ordonné, disposé, faict à sçavoir

1 Registres de l'évêché.
2 Registres de l'évêché.

aux barons, gens du clergé, ainsy qu'aux sergens féodés cy après
nommés et aultres plusieurs nobles et grands personnages, ainsy
que en tel cas a esté accoutumé faire par ses prédécesseurs évesques
dud. Nantes, son entrée estre faicte en la ville et église cathédrale
dud. Nantes, ainsy que mesme nous notaires soubsignés avons veu et
sceu de certain par plusieurs actes de cour séculier d'église et
signés de plusieurs notaires impériaux de cour, d'église et temporel
et aussi par relation nous faicte de vive voix par les sergens jurés
et approuvés à suffire quant à ce et de quoy par avant ce jour a esté
et encore à présent est en ces partyes chose toute notoire, voix publique
et de commun renom. Lequel Révérend Père en Dieu ayant résidé et
par aucuns jours continuels ès maison et logis de Nostre-Dame, dehors
les murs de la ville de Nantes que on dit et apelle en vulgaire *l'hos-
pital de Saint-Clément*, environ l'heure de neuf heures et demye du
matin de ce jour pour faire et accomplir sad. entrée, est descendu
en la cour d'y celuy logeix, auquel lieu lui estoit directement. Et
comme à prélat appartient, préparée et haquenée blanche, sur laquelle
monte *maistre Julien Le Jeune, p^r général dudit Révérend Père en
Dieu, en ses fiefs, juridiction et temporel des régalles de sond. évesché
de Nantes. Illecques instant a demandé vacation et appel estre faiz de
Médart de Viesques, s^r des Fossés, et Julien de la Folie, s^r du Fief-Gentil,
François de la Lande, s^r de la Bourdinière, et François Tournemine,
s^r du fief de Gaubelet*, quels et chacun respectivement ledit s^r a dict
par raison de *leurs d. seigneuries et fief qui viennent et che-
minent dud. seigneur sous lesd. régales de Nantes*. Devoir et estre
subjet à luy faire offre de sergents féodés et assisté pour ce à sad.
entrée, quels et chacun ont esté évoqués et appelés à haute voye auxquels appel et évocation premier dud. de Viesque s'est comparu
M. Guill. de Broverec'h, p^r dud. de Viesque, ainsy qu'il a apparu par
lettres et procurations deum^t corroborés quand à ce qui en sait faire
au nom lad. remontrance à mond. seigneur que ledit *de Viesque estoit
et se trouvoit* indisposé de sa personne pour le p^{nt} qu'il lui seroit impossible de comparoir aujourd'hui à ladite assignation lui faite pour
faire led. office de *sergent féodé* ainsy qu'il confessoit bien et estre tenu
et devoir faire *pour raison de sa terre et seigneurie des Fossés*, sup-
pliant led. de Broverec'h qu'information faite de son dire le plaisir
de mond. s^r fut l'avoir pour excuse sur quoy celuy de Broerech audit nom a produit Jehan Goupil sergent, Jacques de la Barillière, Estienne Le Roux quels après mond. s^r avait prins leur
dit sermant dire *vérité* ont dépozé avoir veu puis naguère led. Médard de Viesque *estant au lit malade* et iceluy estre tellement indisposé de sa personne à l'un notaire savance et connaissance par

l'inspection de sa personne, ou qu'il *ne se pourroit soutenir*, ni porter. Oui l'accord desquels témoings a esté *led. de Viesque par le R. Père en Dieu tenu pour excuse de sa non comparution*, et pour requérir néantmoins lad. excuse, *a luy procureur* a demandé que led. Broerech fournisse par lui ou aut pour la descharge dud. de Viesque, ou d'offrir à ce *led. de Broerech* n'a eu que de battre et pour servir au nom *dud. de Viecque celui de Broerech a présenté Jehan Brody,* attendant la reconvalescence dudit de Viesque sans préjudice au droit dud. Révérend Père en Dieu. Après l'évocation dud. Julien de la Folye, s'est comparu maistre Guill.-Jehan, licencié es loys, lieutenant et juge ordinaire de la cour de Nantes, tuteur et garde dud. de la Folye, ainsy que de lad. tutelle. Il a estant par acte dum^t corroboré, que de la minorité dud. de la Folye a informé mond. s^r et a offert fournir et bailler home pour servir aud. office de sergent féodé, ce qu'il a faict savoir Jehan Hubon, quel par lad. N° R. P. pour leur présenté à se faire a esté receu sans préjudice à ses droits quel il a résolvé à conséquentement, à l'appel dud. Francois de la Lande, s^r dudit lieu de la Bourdinière, s'est comparu led. François en personne, quel confessant estre subjet aud. debvoir et office de sergent féodé par raison de sad. terre *de la Bourdiniere,* n'a eu que débattre et y fournir et volontairement avec sa verge, y a servi et assisté à heure déïre, et comme au cas il appartient à l'évocation faicte dud. *François Tournemine, s^r dudit fief de Gaubelet,* s'est comparu Pierre Lapotoire qui a dit et affirmé par procuration deument authentique, estre p^r dud. s^r de Tournemine, qui l'a supplié et demandé estre reçu à officier pour led. Tournemine, son maistre ; aud. office, ce que mesme il a dit, celui Tournemine, estre mal disposé de sa personne, à quoy led. maistre Julien, p^r susdit, a sommé Lapotoire de faire information de l'indisposition dud. Tournemine, autre et deffaut de ce faire, a demandé qu'il fut jugé contumax disant que led. Lapotoire, pour tout led. acte de procuration, n'estoit à recevoir aud. office faire, et pour ce que led. Lapotoire n'a pu informer de son dire, a esté celui F^{çois} Tournemine jugé contumax et faillante, a l'encontre dud. procureur a esté et trouvé..... Le record dud. adjournement par Jehan Jourdan, sergent et de ce gaigner et concluant que présentement et demandé led. p^r avoir et lui estre adjugée sur led. Tournemine par saisie de sond. fief et s^{rie} de Gaubelet · et auquel entre avoir et demandé obstant sad. contumax luy a esté par led. Révérend Père en Dieu attribué faire raison de temps et lieu. Lesquelles expéditions ainsi faictes, led. R. P. et s^r de son roquet, manteau, chapeau et habit de l'évesque de Nantes , de l'autorité du Saint-Siège apostolique, monté sur sad. haquenée, conduite par François de Laval, sire et baron de Châteaubriand, tenant lad. haquenée par le frain, ainsi que le faire le devoit, a cheminné jusqu'à la porte neuffve de la cour dud. hôpital, auquel lieu instant encore led. maistre Julien, p^r susd. a demandé l'évocation et office estre faict dud. s^r de Châteaubriand, a requis de messire André de Chauvigny, sire. et baron de Rays, de Monsr Pierre de Rohan, sire et baron de Pontchâteau , et messire de Rieux , sire d'Ancenis, quel led. p^r a dit par raison de leurs d. seigneuries et baronyes estre tenues et devoir personnel. Assister , accompagner et servir ledit R^d P. en Dieu à sad. entrée scavoir ledit sire de Châteaubriand mener et conduire par la resne la haquenée dud. R^d P. en Dieu, d'empuis lad. porte jusqu'au lieu où il descendra pour prendre et revestir les habits pontificaux. *Et illic*, led. R^d P. en cathedra assisté joignant et environ luy à la porte jusqu'au grand autel de lad. église de Nantes, scavoir, led. sire de Pontchâteau au devant à *dextre* et de Rays, au devant à *senestre* et au derrière de lad. chaire..... le sire d'Ancenis. Ayant au côté *dextre* par sénestre led. sire de Châteaubriand et secondel de celui..... ordre et assiste avec led. s^r évesque ainsi qu'ils sont tenus et accoutumés de faire. A l'évocation duquel messire André de Chauvigny, sire de Rays, sont comparus nobles Guill. Bizien de la Forêt et maistre Jehan Hubert, p^r dud. s^r de Rays, disant led. Hubert avoir esté ajourné à ce titre, lequel a remontré a mond. s^r que led. sire estoit détenu de griefve maladie, gisant au lict et bellement indisposé de sa personne longtemps avant ; que impossible lui estoit à ce jour estre comparu pour faire lesd. debvoirs, et pour en faire information, a présenté Robert Juston et led. Bizien de la Forest, quels, après avoir juré dire vérité, ont recordé avoir veu led. sire de Rays tellement de sa personne malade et indisposé que ce faire ce que dessus auxquels lesd. barons, il ne luy seroit possible pour le présent. Le record desquels ouict entendu, a esté celuy, sire de Rays, pour led. R^d P. en Dieu reçu pour excusé sans toutefois ne luy porter aucun préjudice ni à ses droits, qu'il a expressé^t réservé et aud. p^r lui faire raison par après des gaignes qu'il a demandées et voudra demander à ce led. sire de Rays. A l'évocation à présent faicte desd. sires de Châteaubriand de Pontchâteau, et d'Ancenis, se sont, lesd. sires comparus de leurs personnes en faisant eux libéralement, l'offrande faire et se acquitter desd. debvoirs par eux deus aud. s^r au jour de lad. entrée, quels ils ont respectivement chacun pour soy son fait et.

en que lui touche, accomplis et faict de la forme qui en suit, scavoir : led. sire de Châteaubriand s'est party et allé avec le R^d P. en Dieu, tenant toujours le frain et raisne de sad. haquenée jusque au dedans du cimetière de ville aumonerye, en grande compaignie de prélats, s^{rs} et gens d'église, Mgr le prieur d'Orange, chevalier escuyer.

De tout estat, conduisant led. seigneur jusqu'à son pavillon Allec appavoisé pour le recevoir, pour prendre son habit épiscopal et pontifical. Quoy fait, ledit s^r et prélat en cathédra et en sainct habit, a esté porté et conduit lesdits trois barons et sires de Pontchateau, d'Ancenis et de Châteaubriand, et en leurs places et ordres tenant chacun d'eux d'une et autre part les mains sur sa chaire épiscopale jusque sur le pont de l'entrée en lad. ville, prouchan des grosses tours, murs et au premier pont-leveix d'icelle. Auquel lieu ledit pont-leveix, un peu levé a esté par led. R^d P. en Dieu fait et laissé le serment accoutumé que ses prédécesseurs ont accoutumé faire es mains de l'archidiacre de Nantes et faisant leur entrée et prenant la possession dud. évêché, en parlant aud. s^r à vén. et discret mayssire René Dupont, estant sur le haut desd. murs et tours pour et au nom dud. archidiacre et à luy serment fait a été led. pont baissé et à présent Arthur Lespervier, s^r de la Bouvardière, capitaine, Guill. de Loynes, connestable en lad. ville et plusieurs autres des citoyens bourgeois d'icelle, nobles de la contrée et autres, led. R^d P^r en Dieu fait son entrée en lad. ville et en son église cathédrale d'icelle, scavoir de Saint-Pierre de Nantes, à très grande solennité, chantant le clergé *Te Deum laudamus*, les cloches de lad. ville, orgue et chantres de lad. église, do grande armonie sonnante, à laquelle église ledit s^r a esté receu par le chapitre d'icelle à tout honneur et remontrance comme vray pasteur receu et de telle forme estat et ordre par lequel sans contravention de personne a esté descendu devant le grand autel de lad. église, auquel il a célébré dévotement la messe et grande coatunution de clergé et peuple de lad. ville, personnaiges illustres assistans des susdites notions laquelle messe il servi à ladite église finie led. s^r est allé descendre au logis des Frères de Saint-François de lad. ville, auquel lieu le *digné* (dîner) avoit été préparé, observant que le logeix du manoir épiscopal d'y celuy s^r de ladite ville n'était à ce faire disposé pour la démolition qui en avait été faicte par les guerres qui naguère ont eu cours en ce pays et duché. Auquel lieu de Saint-François en grand triumphe, multitude et assemblée d'évesques et autres s^{rs} d'église, barons, chevaliers, escuyers et grands personnages. La feste a esté très richement faite et accomplye, et lesd. barons assistant chacun de son debvoir, contenté tout

le peuple et assistans joyeux et regratiant Dieu de la veneue et
entrée de leurs prélat et évesque quelle longtemps paravant il
avoit désirée et attendue et pour ce que de la part dud. M⁰ Jubil,
pr dudit Rᵈ P. en Dieu, a esté à nous, notaires royaux, requis
assisté voir ouy et recevoir tout ce que dessus et présentement
de plusieurs autres et de vouloir bailler et former acte, relation et instrument publique, de la vérité du fait pour valoir et
servir aud. Rᵈ P. en Dieu et à ses succésseurs la part au mes-
tier sera et à perpétuelle mémoire, et avons escrite, formé et signé
ces présentes de nos signes et passements, et pour mémoire, fermeté
et à ce que soit chose de plus longue durée icelle fait, scellé du scel
de la cour de Nantes, à nous requis les jour et an que dessus.

Collationné fidèlement par nous notaires royaux de la Cour de
Nantes, y demeurant, receveurs immatriculés à l'original, des présentes, trouvées aux archives de l'évesché de Nantes, estant en parchemin, à nous apporté par le R. P. Louis le Fergent, religieux augustin de Chinon, à présent gardien des archives et y remis par lui
le 1ᵉʳ septembre mil six cent treize, audit Nantes.

Et a signé :

L. Le Fergent, R. Augustin.
Le Courbe, Notaire royal. (Archives départ.)

La ville lui fit présent, en cette circonstance, de « *douze
poinczons de vin d'Anjou et de cleret de Gascogne et du Rin,
s'il s'en peull trouver des meilleurs ou estre pourra* » (Arch.
départ., Carton *Culte* n° 1 ; objets généraux).

Notre évêque était à Lyon le 18 juin 1502, auprès du roi,
où il lui donna avis que les receveurs du domaine en Bretagne ne voulaient point rendre compte à la Chambre de
Nantes, mais à la Chambre de Paris. Louis XII ordonna
que les receveurs de Bretagne rendraient leurs comptes à
la Chambre de la province[1]. Les commissaires de l'évêque
et du Chapitre revirent en cette année le *Missel* à l'usage de
Nantes ; il fut imprimé à Nantes, en très beaux caractères
gothiques et sur fort beau papier, par Guillaume Larcher ;
il est plus chargé de rubriques que celui de Pierre du Chaf-

---

[1] Padioleau, *De la régale de Bret,* p. 47 ; chancellerie de Bretagne, liv.
1ᵉʳ des mandements, fol. 52.

fault, en 1482; on y remarque aussi quelques changements dans les rites.

C'est à la même année (1502) qu'on doit rapporter la reconstruction du palais épiscopal sur la tourelle duquel (côté du nord) se voient encore les armes du prélat ; elles sont aussi placées au-dessus de l'autel de la chapelle Saint-Clair.

Le vendredi 2 décembre 1502, eut lieu à Nantes une procession solennelle à laquelle présida Christophe de Penmarch, évêque de Saint-Brieuc, pour la réparation d'un sacrilège commis par un bedeau de l'Université, qui avait volé un ciboire et jeté les saintes hosties qu'il contenait[1].

L'évêque Guéguen consacra, le 3 février 1503, l'église de Saint-Saturnin de Nantes, ou plutôt plusieurs autels de cette église. Il donna indulgence d'un an et un jour à ceux qui visiteraient ces autels au jour anniversaire de leur consécration.

L'évêque de Nantes, qui, à tous les titres précédemment énumérés, joignait ceux d'abbé commandataire de Saint-Sauveur de Redon, de prieur de Nozay et de Saint-Jacques de Pirmil, accompagna en 1505 la reine Anne dans un voyage qu'elle fit à Saint-Jean-du-Doigt, près de Morlaix ; il communia la princesse à la grand'messe du lieu, exposa à sa vénération la relique du saint et la lui appliqua sur l'œil gauche pour la guérir d'une fluxion qui l'incommodait. Il suivit Sa Majesté aux Montils-lez-Tours, où, le 22 mai 1506, il fut présent au contrat de mariage de Madame Claude de France, fille du roi Louis XII, avec François, duc de Valois, comte d'Angoulême, héritier présomptif de la couronne (plus tard François Ier). Guillaume Guéguen revint peu après à Nantes, où il mourut dans la nuit du 23 au 24 (lundi à mardi)

---

[1] Regist. du Chapitre, année 1502, fol. 104.

Un Guillaume Guéguen, aussi de la paroisse d'Hillion, gouverna l'église de Saint-Brieuc en 1297 et 1298. La ville lui fit présent en cette circonstance « de douze poinçzons de vin d'Anjou et cleret de Gascone et du Rin, « s'il s'en peult trouver des meilleurs que être pourra. » (*Arch. dép.* Cartòn *Culte* n° 108 p. etc., objets généraux).

novembre, vers minuit[1]. Il fut inhumé le jeudi suivant en grand triomphe, *cum magna triumpha*, dit le registre, à l'église Saint-Pierre, devant l'autel Saint-Clair. Son corps fut levé peu de temps après, porté dans la chapelle Sainte-Madeleine qu'il avait fait bâtir, et mis dans un tombeau de marbre blanc que la reine lui avait fait sculpter par Michel Colomb, le plus habile artiste de son siècle, et qui venait d'achever le magnifique monument du duc François II, aux Carmes de Nantes.

Une lettre de Michelle de Saubonne, dame d'honneur de la reine, permet d'avancer avec certitude que ce fut Anne de Bretagne qui en paya les frais.

« Mgr, Madame me command vous dire fere fere paye-« ment de soisente-quatre écuz souleil, deuz de la sé-« pulture missire Guillaume Guéguen, à Michel Colombe de « Tours, qui ne sont encore paiez, ce sans nulz retard aul-« cuns. Monsr de Lespinay a l'ordre vous contanter de « cette somme et luy donner quittance dudict ouvrier. De « Blois, le XXVIIe jour de mars[2]. »

« Ce monument (le tombeau), le seul de tous ceux de nos « évêques qui ait échappé au temps et aux révolutions, était, « naguère encore, dissimulé par des panneaux de chêne. « La statue de l'évêque de Nantes, revêtue des ornements « épiscopaux, est couchée, les mains jointes. La tête, évi-« demment en portrait, repose, coiffée de la mitre, sur un « coussin soutenu par un ange agenouillé; aux pieds, un autre « ange, dans la même position. Sur la table sont gravées les « deux lignes suivantes :

Cy-git Révérend Père en Dieu missire Guillaume Guéguen,
évesque de Nantes, abbé de Redon,
vice-chancelier et premier président de la Chambre des Comptes,
mort le 23 novembre 1506.

---

[1] Reg. de l'évêché. — Titres de Notre-Dame.

[2] Documents relatifs aux œuvres de Michel Colomb exécutées pour le Poitou, l'Aunis et le pays Nantais, publiés par Benjamin Fillon, 1865.

« La face extérieure du tombeau est décorée de six co-
« lonnes corinthiennes, entre lesquelles cinq guirlandes, liées
« par des rubans, entourent l'écusson du prélat, timbré
« d'une crosse tournée à gauche. Au fond de l'arcature,
« en anse de panier, se voient les mêmes armes tenues
« par deux anges issant d'un nuage. Au-dessus de l'arcature,
« règne une large frise ornementée où se trouve les armes
« des Guéguen. Travers n'a point oublié ce tombeau (T. ii,
« p. 259) ni la figure « sculptée de la main de Michel Colomb ».
« Albert de Morlaix dit qu'il était orné d'épitaphes en vers
« latins et français, gravées sur lames de cuivre. Un dessin
« assez grossièrement fait, de la collection Gaignières[1], donne
« la description de ce monument dont aujourd'hui tout le
« monde peut se rendre compte de la ressemblance. La
« statue est entière ; la décoration extérieure, quoique très
« mutilée, présente encore de délicates moulures et un en-
« semble gracieux, qu'il est utile de conserver avec soin au
« point de vue du culte du souvenir et de l'archéologie[2]. »

[1] *Bibliothèque nationale.* Archevêchés et Evêchés de France. T. cxli.

[2] Voilà ce qu'écrivait en 1868 M. de la Nicollière, dans son *Armorial* (p. 76).
Mais depuis lors la chapelle Saint-Clair et l'enfeu de Guillaume Guéguen
ayant été à peu près débarrassés des boiseries qui les obstruaient, une nouvelle mise en lumière a permis à l'érudit archiviste de constater *de visu* ce
qu'il avait été impossible de faire auparavant, à savoir, que si l'assise du
tombeau lui-même et les ornementations de l'enfeu étaient bien en *albâtre*,
comme le monument commandé par la reine Anne et exécuté par Michel
Colomb, la pierre tumulaire et la statue qui y reposent sont en marbre blanc
d'Auvergne. Il n'y a donc pas d'homogénéité entre les deux parties du monument; donc aussi la pierre et la statue ont dû nécessairement remplacer
celles qui recouvraient autrefois les restes de Guillaume Guéguen. Telle est
la conclusion claire et logique que tire M. de la Nicollière lui-même dans
deux très intéressants articles publiés dans l'*Espérance du Peuple* des 11 et
12 janvier 1883.
Mais à la sépulture de quel évêque appartiendrait la partie supérieure du
monument? Telle est la question que s'est posée M. de la Nicollière lors de
la découverte par lui faite à la suite de l'enlèvement des boiseries ? Avec sa
science historique si connue et si appréciée, l'éminent archiviste n'ose cependant émettre aucune affirmation. « Cependant, dit-il, toujours dans le même
« article, ne serait-il pas permis de croire que nous sommes ici en présence de
« la pierre et de la statue de François Hamon (autre évêque de Nantes que
« nous allons avoir à étudier), neveu du cardinal Guibé, amateur et pro-
« tecteur des beaux-arts, appartenant à une famille riche, qui mourut à sa

Le sceau de l'évêque Guéguen a été publié par D. Morice[1].
Il est rond et représente dans le champ un écu aux armes
décrites, mais sans aucun ornement épiscopal. La légende
porte : † *Sigillum P. D. Guillermi Epi Nannets*. Guillaume
Guéguen a fondé dans la chapelle de la Madeleine trois
messes chantées.

84. — ROBERT VI GUIBÉ, *dit* CARDINAL DE NANTES

1507–1510.

Adnet Guibé, « *homme de bas état* », marié vers 1455 à Olive
Landais, sœur du trésorier du duc François II, en eut quatre
fils, dont la faveur de leur oncle assura la fortune. Les deux
aînés, Jean et Jacques, furent, l'un capitaine de Rennes et
vice-amiral de Bretagne en 1489 ; l'autre, capitaine de Fou-

« maison de Chassais et reçut la sépulture également dans la chapelle de
« Saint-Clair. Une statue fut mise sur son tombeau. Je ne formule ici qu'une
« hypothèse, écrit modestement M. de la Nicollière, laissant la parole et la
« solution de ce problème à des hommes plus compétents et plus autorisés
« dans l'appréciation des œuvres d'art. »

Sans vouloir blesser ici et en quoi que ce soit la modestie de notre bon confrère, nous ajouterons que, dans la matière, nul autre que lui n'est plus com-
pétent et que d'ailleurs toutes les probabilités semblent devoir confirmer sa
si judicieuse observation.

Nous ne croyons pouvoir mieux faire que de déplorer avec lui, en termi-
nant ce court résumé rectificatif, la perte d'une des non moins belles parties
du tombeau de Guillaume Guéguen, second joyau de la cathédrale de Nantes
et due au ciseau de Colomb. Cet acte de vandalisme républicain, comme le
disait M. de la Nicollière, se joint du reste à tant d'autres !

[1] *Pr.* II, Planche XVII, n° CLXXXIV.

gères et grand écuyer de la reine en 1513; le 3ᵉ, Michel, fut
évêque de Léon en 1477, de Dol en 1478, de Rennes en 1482,
† 1502, et le 4ᵉ Robert, qui va nous occuper. En outre, deux
filles : Marie, veuve en premières noces de Jean de Parthenay
et remariée à Brient de Chateaubriant ; Guillemette, épouse
de François Hamon. La *Biographie bretonne* cite une troisième fille sans la nommer. Les Guibé, sʳˢ de la Vacrie en
Mecé, de Montigné en Brúcé, de la Meule et de Montbourcher,
en Saint-Jean-sur-Couaisnòn, de Changé en Chancé, portaient : *d'argent à trois jumelles de gueules accomp. de six coquilles d'azur 3. 2. 1 au chef d'or*[1]. Ces armes sont en effet
blasonnées dans les vitraux de la première fenêtre du côté
de l'épître de l'église de Saint-Julien de Vouvantes, dont
Robert Guibé était recteur. A l'intérieur de la même église, du
côté du midi, il existe une litre (bande d'étoffe ou de pierre,
évidemment ici de pierre, sur laquelle se plaçaient ou se
gravaient autrefois les armoiries), composée de trois écussons aux mêmes armoiries timbrées d'une mitre et d'une
crosse tournée à droite, passée derrière l'écu.

La famille de Guibé, après avoir, grâce au crédit de Landais, traversé avec un certain éclat les derniers jours de
l'autonomie bretonne, s'éteignit probablement dans la personne du frère du cardinal.

Le sceau de ce prélat, donné par Gaignières, est très petit
et simplement timbré d'une mitre, 1504 ; il porte également
les six coquilles par 3. 2. 1. Robert Guibé fut pourvu en 1483
de l'évêché de Tréguier ; Sixte IV lui en accorda les bulles le
20 mai. Par d'autres bulles datées du lendemain et adressées
au duc, le Pape nomma un administrateur de l'évêché de

---

[1] *La Gallia Purpurata* donne au cardinal Guibé : *D'argent à 3 fasces
d'azur chargées de 6 roses d'or 3. 2. 1*, blason que M. de Courcy marque
en *aliàs*. Mais ce second écusson ne paraît pas avoir jamais été employé
par la famille. En effet, ceux de la pierre tombale de Jacques, conservée au
musée de Rennes, et du missel pontifical de Michel, évêque de Rennes,
possédé actuellement par le chapitre de cette ville, sont conformes à celui
décrit plus haut.

Tréguier jusqu'à ce que l'élu eût atteint l'âge requis pour le gouverner lui-même. Robert prêta en personne le serment pour Tréguier, le 18 août, le duc n'ayant pas voulu, en juillet, le recevoir par l'organe d'un procureur[1].

François II mit, en 1485, le jeune Guibé (âgé de 26 ans) à la tête de l'ambassade qu'il envoya à Rome pour présenter l'acte de son obéissance au pape Innocent VIII, nouvellement élu[2].

Il n'était pas encore sacré en 1495, ainsi que le prouve le synode du jeudi après la Pentecôte (11 juin), où on ne lui donne que la qualité d'élu de Tréguier[3].

En 1499 il retourna à Rome par ordre de la reine Anne, afin d'y solliciter l'expédition des bulles de Guillaume Guéguen pour l'évêché de Nantes. Transféré à Rennes en 1502, à la mort de son frère Michel, il fit en 1504 un nouveau voyage de Rome ; à la recommandation de la reine, le pape Jules II le créa cardinal-prêtre du titre de Sainte-Anastasie le 1er janvier 1505, et l'année suivante, l'évêché de Nantes ayant vaqué, il y fut appelé le 24 novembre.

Robert reçut ses bulles le 22 janvier 1407[4], et le roi le chargea de ses affaires à Rome avec pension de deux cents livres[5].

Le jeudi de la Pentecôte, 27 mai 1507, Yves de Quirisec, scolastique de Vannes, Robert de Coménan, archidiacre de la Mée, et Bertrand de Quifistre, chanoine de Nantes, grands vicaires de Robert Guibé, tinrent synode et publièrent des statuts qui ne sont pas venus jusqu'à nous.

Le roi de France Louis XII se brouilla, au commencement de l'année 1511, avec le pape Jules II, jusqu'au point de faire tenir un concile à Pise pour procéder contre lui. Le registre

[1] Chât. de Nantes, arm. R, cass. E ; arm. E, cass. C.
[2] Lob. T. ii, col. 1418.
[3] Stat. Trécor. 1495 ; Thes. anecd. de Martène, t. iv.
[4] D. Lob. T. ii, col. 1596.
[5] Le compte de Jean de l'Espinai, de l'an 1508, est en effet chargé de ce article : « A Monsieur le cardinal de Nantes, CC livres. »

de la Chambre des Comptes de Nantes (coté 1175, fol. 48, et commençant au 2 janvier 1511) contient une lettre du roi où il est fait mention de ce concile. Le cardinal de Nantes prit parti pour le Pape contre le roi, qui mit aussitôt la saisie sur le temporel de l'évêché et sur tous les bénéfices dont jouissait alors Robert Guibé[1], et le réduisit ainsi, de très riche qu'il était auparavant, à la plus extrême indigence ; mais les cardinaux lui vinrent en aide par les présents qu'ils lui firent et par la double portion qu'ils lui attribuèrent dans le partage de leurs casuels. De son côté, le Pape lui donna la très lucrative légation d'Avignon[2].

Le cardinal se démit, en 1511, de l'évêché de Nantes, en faveur de son neveu François Hamon, et obtint en commende, à la recommandation d'Anne de Bretagne, l'évêché de Vannes, vacant par la mort de Jacques de Beaune, arrivée en janvier. Il se retira à Rome, où il assista aux séances du concile de Latran, et mourut dans la Ville Eternelle le 9 novembre 1513 ; il reçut la sépulture dans l'église de Saint-Yves des Bretons. Son tombeau n'existe plus, mais on célèbre, tous les ans, dans cette église, un service anniversaire pour le repos de son âme[3 et 4].

Nous avons vu que Robert Guibé fut pourvu en 1503 du

[1] Bénéfices dont jouissait Robert Guibé, en outre des quatre évêchés successifs de Tréguier, Rennes, Nantes et Vannes : 1475, chantre de Dol ; — 1480, archidiacre de Dinan ; — 1490, prieur de Sainte-Croix de Vitré ; — 1493, abbé de Saint-Méen ; — 1495, prieur de Châteaugiron ; — 1501, abbé de Saint-Melaine ; — 1503, abbé de Rhuys ; — 1505, cardinal, prieur de la Trinité de Fougères, recteur de Saint-Julien de Vouvantes, prieur de Batz et abbé de Saint-Nicolas de Marseille.

[2] *Gallia Purpurata*. — Sainte Marthe. — *Nova Gallia Christiana, verbo Avinio*.

[3] Attesté à M. l'abbé G. de Corson, à Rome, vers 1865, par le chapelain de Saint-Louis des Français.
(Note de M. de la Nicollière).

[4] M. l'abbé Le Mené, dans son *Histoire du diocèse de Vannes* (t. 1, p. 497), assure que le corps du cardinal fut rapporté à Rennes et inhumé dans la chapelle bâtie dans la cathédrale par son frère Michel, son prédécesseur sur les sièges de Rennes et de Nantes. Cette dernière assertion au moins paraît erronée, Michel Guibé n'ayant jamais été évêque de Nantes.

siège de Tréguier par lettre du Pape datée du 21 mai et adressée au duc de Bretagne (Arch. départ. Trésor des Chartes, arm. R. cass. E. n° 12). La recommandation du prélat au duc François II par le pape Sixte IV, recommandation où on lit ces mots : *Propter ejus probitatem et virtutes quibus est præditus, utilem et accomodum ipsi ecclesiæ futurum*..... etc., met à néant l'assertion de l'abbé Tresvaux, qui attribue son élection aux divers évêchés, et à tous les bénéfices dont il fut comblé, à la seule influence de Landais. « Il était mineur, dit-il (t. vi, « p. 362), mais la faveur du trésorier ducal lui donnait l'âge « et le mérite nécessaires pour accomplir un si redoutable « ministère ». Certes, on ne peut le nier, la faveur du duc et le crédit de son confident ne furent pas étrangers aux honneurs de Robert, mais les différentes ambassades, les importantes missions qu'il eut à remplir, sa translation successive aux sièges de Tréguier, Rennes, Nantes et Vannes, ainsi que son élévation au cardinalat, prouvent suffisamment sa valeur personnelle et démontrent qu'il était à la hauteur des éminentes fonctions qu'il eut à remplir. Au reste, cette minorité citée par plusieurs historiens, et que la lettre pontificale de Sixte IV mentionne ainsi : *In minori nunc ætate constitutum in administrationem perfecimus donec ad legitimam pervenerit ætatem,* pourrait peut-être seulement s'entendre de l'âge ecclésiastique. En effet, les auteurs des *Vitæ et Res gestæ Pontificum romanorum et S. R. E. Cardinalium* appuient cette opinion, vers laquelle ils inclinent, sur un passage d'Aubery, d'après lequel Robert Guibé mourut en 1513, à l'âge de cinquante-quatre ans, ce qui lui donnerait vingt-quatre ans en 1483, au lieu de dix-huit que lui assignent ceux qui prétendent qu'il fut revêtu de la pourpre en 1506, à l'âge de quarante ans.

85. — FRANÇOIS II HAMON

1511-1532

François Hamon était fils de Guillemette Guibé, sœur du cardinal de Nantes, dont il était par conséquent le neveu, et de Guillaume Hamon, homme d'armes, capitaine du Loroux-Bottereau en 1484.

Les Hamon, s^{rs} de Bouvet, de la Lande et de Pelletenche, paroisse de Port-Saint-Père, du Breil, en Fougeray, — de la Roche-Servière, dans les Marches, — du Mortier, de la Flo-cellière, de Cerisay, en Poitou, — de la Gillière, paroisse de la Haie-Fouassière, étaient une famille du comté nantais, qui avait alors (1511) pour chef François Hamon, frère aîné de Guillaume, et qui, capitaine de Fougères en 1501, se distingua à la bataille de Ravenne en 1512. Du mariage de Guillaume avec Guillemette Guibé issurent : François, évêque de Nantes ; André, qui fut abbé de Saint-Gildas-des-Bois et de Saint-Gildas-de-Rhuis, archidiacre de Nantes et évêque nommé de Vannes en 1514 ; Isabeau, abbesse de Saint-Georges de Rennes en 1523, et Olivier, sieur de la Gillière,

qui continua la famille, éteinte vers là fin du seizième siècle
et fondue dans Maillé.

François Hamon portait : *Ecartelé au 1 et au 4, de... à
3 haches d'armes de... ; aux 2 et 3, de... à trois huchets liés
de... 2, 1...; sur le tout : d'argent à trois jumelles de gueules
accompagnées de six coquilles d'azur, 3, 2, 1, au chef d'or,
qui est Guibé.*

Cet écusson, moins celui de Guibé, brochant, avec une
mitre simple au-dessus, figurait en tête du missel imprimé
en 1525, qui est le premier livre à l'usage de Nantes sur
lequel aient été placées les armes de ses prélats.

Le sceau de l'officialité portait de plus, en 1516, sur le tout
les jumelles de Guibé. Par une confusion assez fréquente
à observer, Albert le Grand attribua à l'évêque de Nantes
des armes qui ne sont pas celles de sa maison, mais bien
celles d'une autre famille Hamon, s^{rs} de Penanru, paroisse
du Minihy de Léon, et qui portait : *d'argent à une fasce
d'azur accompagnée de trois macles de même.*

En 1526, le sceau de l'Officialité, probablement le même que
le précédent, était oval avec sa légende : *Sigillum curiæ
officialatus Nannetensis*, et représentait l'écu des armes de
l'évêque, appuyé sur le bâton d'une crosse[1].

François Hamon, évêque de Nantes par résignation de son
oncle le cardinal Guibé, obtint une bulle du pape Jules II,
le 28 juin 1512; il prit possession par procureur le samedi
14 février 1503. Il assista, en qualité d'évêque de Nantes, à
la huitième session du concile de Latran (17 décembre 1613)
auquel il eut l'honneur de souscrire, après le plus ancien des
évêques, en des termes remarquables : « *Reverendus pater
Dominus Franciscus Nannetensis.* » Une distinction aussi
marquée honorait sa consécration récente. Il se trouva aussi
à la neuvième session, le 5 mai 1514, et à la dizième le 4
mai 1515 : il a souscrit à ces deux sessions dans le rang de

---

[1] Travers : *Hist. concil. provinc. Turonensis.*

son ordination, et simplement : *Franciscus Nannetensis*[1]. Il se mit peu après en chemin pour Nantes. On ne retrouve rien de son entrée, de son serment au Chapitre, ni ce qu'il paya de droit de réception.

Un nouveau bréviaire à l'usage de Nantes parut en 1518, en deux volumes in-12; il fut revêtu de l'autorisation de l'évêque, du consentement du Chapitre, et imprimé à Paris. Nous avons précédemment parlé d'un missel qui fut donné par l'évêque en l'an 1525, et sur lequel sont apposées pour la première fois ses armes épiscopales. Les évêques précédents n'avaient point apposé cette distinction du siècle sur les livres ecclésiastiques qu'ils avaient donnés au diocèse.

On a joint à quelques exemplaires du missel une liste des canons pénitentiaux et des cas réservés au pape et à l'évêque.

François Hamon donna, dans les mêmes temps, une nouvelle édition du rituel à l'usage de Nantes; ce livre, qui n'était pas un grand volume, n'existe plus. La dame de Rieux étant morte en 1526 sur une de ses terres, au diocèse de Nantes, notre évêque officia à la cérémonie des funérailles, le 23 janvier; il fut, pour cette occasion, obligé d'emprunter au Chapitre une crosse ou bâton pastoral, n'en ayant pas depuis quinze ans qu'il était évêque[2]. Ce fut cette même année 1526 que fut célébrée pour la première fois la fête de la Transfiguration.

Prieur de Bécherel en 1510 et de Combour, abbé de Saint-Méen de Gaël en 1513, et prieur de Lehon, au diocèse de Saint-Malo, abbé de la Grenetière, au diocèse de Luçon, et prévôt de Vertou en 1518, au diocèse de Nantes, François Hamon mourut en son manoir de Chassais, le dimanche 7 janvier 1532, et reçut la sépulture dans sa cathédrale en la chapelle Saint-Clair[3].

[1] Il avait confié pendant ce temps le soin de son diocèse à André Hamon, son frère, dont il a été parlé plus haut.

[2] Registres du Chapitre.

[3] C'est de lui dont nous parlions naguère à propos du monument de Guillaume Guéguen. Il est désormais plus que probable au moins, grâce aux savantes découvertes de M. de la Nicollière, que c'est bien la pierre et la

Le 12 février suivant, les évêques *portatifs* (c'est ainsi qu'on appelait alors les évêques *in partibus infidelium*) de Tibériade et de Sébaste furent invités par le Chapitre à venir faire à

statue en ronde bosse de l'évêque François Hamon que l'on contemple au-dessus de la sépulture de son prédécesseur.

En tout cas, cette pierre et cette statue ne sauraient être celles du serviteur dévoué du duc François II. « La statue de Colomb — c'est toujours M. de la « Nicollière qui parle — offrait un relief très accusé. Elle avait les mains « jointes, les traits, fortement accusés, dénotaient une belle tête de vieillard : « ici au contraire la statue a peu de relief et a les mains croisées sur la « poitrine ; en outre la fasce, au lieu d'être osseuse et ascétique, est charnue et « arrondie ; les rubans de la mitre de Guillaume cachaient les oreilles qui ici « sont énormes. L'oreiller plus ou moins infléchi de Colomb était soutenu « par un ange agenouillé : ici les lignes sont droites et nulle trace de l'at-« tache des mains ne paraît. » Suivent d'autres détails de dissemblance de vêtements. « Enfin, dernier détail, sur le croquis du célèbre sculp-« teur, il n'existe aucune indication de la crosse, tandis qu'ici le bâton « pastoral, dont la volute appuyée sur l'oreiller a été brisée, est visible pour « tout le monde. »

Nous avons constaté nous-même toutes ces remarques et de plus en plus nous croyons que bien réellement cette partie élevée de l'édifice funéraire doit être attribuée à François Hamon.

Nous croyons utile de rapporter ici les circonstances auxquelles on devrait la superposition de la pierre et de la statue de François Hamon au monument déjà veuf depuis longtemps de son couronnement naturel. Lorsqu'en 1816 ou 17, écrit M. de la Nicollière, dans le *Bulletin de la Société archéologique de Nantes* (t xxiii, année 1884, 2e semestre, p. 148), le *Tombeau des Carmes* fut restauré et reconstruit à la place où nous le voyons aujourd'hui, des déblais mirent au jour une pierre tombale et une statue que l'on reconnut pour celle de l'évêque François Hamon, qui avait eu sa sépulture, comme on va le dire, dans la chapelle Saint-Clair, alors située à cet endroit. Tout naturel-lement, un emplacement vide existait au-dessus du tombeau de Guillaume Guéguen (en la chapelle actuelle de Saint-Clair) : on s'empressa d'y déposer la nouvelle trouvaille. Puis, lorsque la boiserie vint dérober le tout aux regards, cette adjonction passa pour avoir toujours fait corps avec le monu-ment inférieur.

Ce ne fut, répétons-nous, qu'en janvier 1884, lorsque sur l'initiative de M. Léon Palustre, alors directeur de l'Association française, M. Révérend obtint le déplacement de la boiserie, qu'il devint évident à la plus élémentaire ins-pection que cette œuvre n'était pas, comme la partie inférieure, celle de Michel Colomb.

Or, ainsi que le dit encore M. de la Nicollière, à quel autre évêque de Nantes pourrait-on attribuer cette pierre et cette statue, puisqu'il est évident pour tous que ce ne peut être celle de Guillaume Guéguen.

Guillaume de Malestroit fut inhumé en 1462 au Mans (30 ans après sa démission du siège de Nantes) ; Amaury d'Acigné, son successeur, à la Grenetière en 1477 ; Pierre du Chaffault, dans le chœur de notre cathédrale, ainsi que nous l'avons dit. Des deux évêques d'Espinay, l'un n'a laissé aucun

Nantes l'ordination générale du samedi de la Passion et du samedi de Pâques (23 mars et 6 avril).

Le terme assigné pour l'élection d'un évêque étant proche, le Chapitre, par déclaration du 19 février, le prorogea de quinze jours, et remit l'élection à la première semaine de mars[1].

86. — LOUIS I D'ACIGNÉ

(1532–1542)

Conseiller et maître des requêtes ordinaires du conseil de Bretagne, Louis d'Acigné était fils de Guillaume, cadet d'Acigné, et de Françoise de Péan, dame de Grand-Bois, de la Roche-Jagu[2], de Botloy, de Launay, de la Ville-Marion, vicomtesse de Tronguindi, etc.

souvenir de sa tombe, et l'autre (Jean, son frère), fut transféré à Saint-Pol-de-Léon.

Il ne reste donc en réalité que François Hamon à qui puissent être attribuées la pierre et la statue, et nous sommes heureux de conclure avec M. de la Nicollière que c'est sa représentation funéraire que possède aujourd'hui la cathédrale de Nantes, sous l'arcature de l'enfeu de Guillaume Guéguen.

[1] Registres du Chap.

[2] L'abbé Tresvaux (t. vi, p. 83) commet une erreur et à propos du même prélat, qui n'était pas *de la famille* des Rochejagu, mais seulement de leurs *alliés* par sa mère. Louis d'Acigné, petit neveu de l'évêque Amaury, qui, lui, était frère de Jean V, était, par sa bisaïeule Catherine de Malestroit, arrière-neveu de Jean et de Guillaume de Malestroit, évêque de Nantes.

Il était encore chanoine de Nantes, abbé commendataire du Relecq (diocèse de Léon) depuis 1526, archidiacre de Dinan, prieur de Lehon et de Combour, évêché de Saint-Malo, et doyen de Notre-Dame de Lamballe.

Louis d'Acigné portait, comme son grand oncle Amaury, *d'hermines à la fasce alésée de gueules chargée de trois fleurs de lys d'or.* Pour plus amples détails sur la maison d'Acigné nous renvoyons à la page 682.

Le sceau de Louis d'Acigné était orbiculaire, d'environ 0,040 de diamètre ; il est apposé, en cire brune, sur lacs de parchemin, au bas d'un testament, et représente l'écu de ses armes, avec légende trop fruste pour être lue[1].

Il avait cinq frères, dont Pierre, trésorier de l'église de Nantes, et 8 sœurs. Louis fut nommé chanoine de Nantes le 17 février 1529 et installé dans cette charge le 28 octobre suivant[2]. Il était en cour de Rome, comme député du Chapitre de Nantes, lorsque François Hamon mourut en janvier 1532 ; l'avis qu'il en donna au pape Clément VII fit penser à lui. Arthur du Harlay, protonotaire apostolique, archidiacre d'Angers, scolastique de Nantes et vicaire général de Louis d'Acigné, institué à Paris le 13 mai avec procuration du lendemain pour prendre possession au nom du nouvel évêque, présenta le 22 mai au Chapitre les bulles du nouvel élu en date du mois de février précédent ; le Chapitre les refusa parce qu'elles étaient sans le placet et le *pareatis* du roi, ainsi que sans ses lettres de mainlevée. Le 31 mai, du Harlay présenta ces lettres datées du 23 et signées de François Ier. Les bulles furent alors acceptées et du Harlay fut admis à prendre possession de l'évêché au nom et comme procureur de Louis d'Acigné. La vacance du siège prit ainsi fin, et l'élu, quoique non encore sacré, commença de ce jour. 31 mai 1532, à exercer sa juridiction par ses grands vicaires.

[1] *Arch. départ.* : Fonds de Sainte-Croix ou de Saint-Saturnin.
[2] Reg. du Chap. : Titres de Penthièvre.

Le 5 juin suivant, Louis fit demander au Chapitre de lui tenir compte des revenus de l'évêché perçus pendant la vacance : on lui compta 214 l. 15 s. que Geoffroy Morel, qui avait tenu le sceau pendant cinq mois, avait payés au Chapitre après s'être payé lui-même de ses peines et soins. A ce compte, le sceau rapportait cinq à six cents livres par an, qui, évaluées à la valeur de l'argent même vers la moitié du dix-huitième siècle, pourraient faire 2 000 l., non compris les procurations, les anniversaires, les amendes *gagiates*[1], les lettres de fabriques, etc.

La procession de la Fête-Dieu, qui depuis son origine à Nantes, dont on ignore l'époque jusqu'à l'an 1500 et même 1506, avait été une procession particulière du Chapitre et des autres églises, sans presque sortir au dehors, commença dès lors à devenir plus générale et à se rendre chaque année de la cathédale à l'église Saint-Nicolas et à revenir par le même chemin[2]. Le 21 mai 1533, le Chapitre délibéra de la rendre encore plus solennelle et de lui donner plus d'étendue[3]. Après en avoir conféré avec le syndic de la ville, le nouveau parcours fut arrêté le 5 juin et la procession le suivit en grande pompe, dix jours après, le dimanche 15 juin. L'évêque de Nantes, Louis d'Acigné, que l'on ne voit pas être sorti de Paris depuis sa nomination en janvier 1532, porta la chape les 6 et 7 juin 153) (vendredi et samedi entre la fête et la solennité du *Corpus Domini*) avec l'évêque de Chartres aux vêpres et à la messe de service que le roi Henri II fit célébrer à Notre-Dame de Paris pour le repos de l'âme de l'impératrice Isabelle de Portugal, femme de l'empereur Charles-Quint. C'est la première fonction publique où l'on trouve Louis d'Acigné depuis sept ans d'épiscopat[4]. L'évêque de

---

[1] Les amendes *gagiates* étaient des peines pécuniaires pour défauts, crimes, manquements, etc. (Voy. du Cange : *Verbo gagium*).

[2] Compte de fabrique de Saint-Nicolas de l'an 1506 à 1507.

[3] Registres du Chapitre.

[4] Lobineau : *Hist. de Paris*, t. III.

Nantes parut pour la première fois dans son diocèse le jeudi 3 novembre 1541. Il logea au faubourg Saint-Clément dans un des appartements de ce lieu, et il y resta jusqu'au dimanche suivant 6 novembre, jour où il fit son entrée avec une pompe qu'aucun autre évêque n'a pratiqué depuis. Il sortit de l'hôpital sur les neuf heures du matin, monté sur un cheval de prix, passa dans la rue Saint-Clément, entra à cheval dans le cimetière de l'hôpital ; là, étant descendu, il alla se reposer à l'ombre d'une tente magnifique qu'on lui avait dressée. La noblesse et les principaux de la ville le saluèrent en cet endroit. Après les compliments faits de part et d'autre, Sa Grandeur s'assit dans une chaise pour être porté à l'église. Les barons de Retz, de Pontchâteau, et deux autres seigneurs, au nom de Jean, sire de Laval, baron de Chateaubriant, et du sire de Rieux, baron d'Ancenis, le portèrent depuis le lieu où il était descendu jusqu'au pont de Saint-Pierre. Là, l'archidiacre de Nantes se présenta, tenant à la main les statuts de l'Eglise et les bulles des privilèges du Chapitre. L'archidiacre prenant la parole lui dit : « Votre entrée est-elle pacifique? —Elle est pacifique » répondit l'évêque. L'archidiacre reprit : « Jurez-vous de garder les statuts du Chapitre ? — Je le jure », dit l'évêque. Aussitôt, quatre chapelains prirent la place des quatre seigneurs et portèrent le prélat. Le recteur de l'Université, à la tête de son corps, lorsque l'évêque entrait dans la ville, sortit d'une maison voisine où il l'attendait, et lui fit compliment en peu de mots, au nom de son corps. Le Chapitre reçut et complimenta, à son entrée dans l'église, l'évêque, qui reçut, assis, ce compliment, comme celui de l'Université. Les quatre chapelains le portèrent ensuite au haut du chœur : il était précédé du Chapitre et de l'Université et suivi des seigneurs, d'un grand nombre de nobles et d'une foule de peuple. La cérémonie se termina par une messe chantée à laquelle l'évêque assista. Le recteur de l'Université devait être placé pendant la messe au-dessous de la chaire épiscopale et devant l'évêque de Saint-Brieuc[1] qui était présent, le vice-chancelier ensuite et les abbés devaient être assis avant les suppôts de l'Université. Les quatre barons, la noblesse et le Chapitre devaient tenir l'autre côté du chœur. La foule fut si grande que chacun se plaça où il put, sans garder aucun ordre. Le clergé en corps ne se trouva point à l'entrée de l'évêque, les réguliers n'y parurent pas non plus. Le dais ne fut point porté sur l'évêque entrant, ainsi que l'ordonne le pontifical romain lorsque l'évêque paraît pour la première fois dans quelque lieu de son diocèse[2].

Louis d'Acigné fit peu de séjour à Nantes après y être entré. Tombé malade au château de Fontenay, en la paroisse de Chartres, près Rennes, qui appartenait à sa famille, il fit son testament le 13 février 1542 en présence de Gilles de Gand, son aumônier, depuis évêque de Rouenne et grand vicaire de Nantes, qui eut une si grande part dans l'administration ecclésiastique sous l'évêque suivant. Il mourut dix jours après, le 23 févrer, trois mois après son entrée à Nantes. Il fut inhumé le lendemain en grande pompe en l'église des Jacobins de Rennes, Notre-Dame de Bonne-Nouvelle, qu'il avait par son testament indiquée comme lieu de sa sépulture.

----

[1] Le titulaire du siège de Saint-Brieuc, à cette date, était Jean de Rieux, mais, comme il n'était pas dans les ordres, l'administrateur du diocèse était Geoffroi, évêque de Tibériade. C'est évidemment de ce dernier dont il est ici question.

[2] Registres de l'Université.

87. — JEAN IV, CARDINAL DE LORRAINE

(1543-1550)

Jean IV, cardinal de Lorraine, était de la maison princière
de ce nom, marquis, puis duc de Lorraine, comte de Vaude-
mont, baron de Joinville, duc de Mercœur, marquis de Moy,
duc de Guise, de Chevreuse, de Mayenne et d'Aumale,
prince d'Elbeuf et de Lambesc, comte d'Harcourt, de Lille-
bonne, de Brionne, d'Armagnac et de Marsan, duc de Penthièvre et d'Etampes, sire de Rieux et d'Elven, baron d'Ancenis, sʳ du Cambout, en Plumieux, vicomte de Kerjean,
en Glomel, baron de Rostrenen, paroisse de ce nom, sʳ
du Crosco, en Lignol, de Broons, paroisse de ce nom.

Jean naquit à Bar, le 9 avril 1498, de René II, roi de Jérusalem et de Sicile, duc de Lorraine et de Calabre, et de
Philippe de Gueldre d'Egmont, qui, devenue veuve, fit profession dans l'ordre des religieuses de Sainte-Claire ; il fut en
1503 nommé(il n'avait guère plus de 4 ans) coadjuteur de Metz.
3 ans après il en devint titulaire. Il résigna dans la suite
ce riche évêché, avec réserve des fruits et de regrès, à son
neveu Charles de Lorraine, à peine âgé de cinq ans. Le pape
Léon X créa Jean de Lorraine cardinal en 1518, et Clément VII
lui accorda, par bref du 1ᵉʳ août 1530, de tenir plusieurs bénéfices, abbayes et évêchés en même temps. Il possédait en
1546 les abbayes de Cluny, Fécamp, Marmoutiers-lez-Tours,

Saint-Ouen, diocèse de Rouen, et Blanche-Couronne au diocèse de Nantes, avec les évêchés de Narbonne, Albi, Nantes et Agen. A ces cinq abbayes et à ces quatre évêchés, il ajouta dans les derniers temps l'archevêché de Lyon. Il était, depuis son élévation à la pourpre, cardinal du titre de *Saint-Onufre*.

Jean de Lorraine, dont la maison compte parmi ses membres le duc de Mercœur, gouverneur de Bretagne, Charles, cardinal de Guise, archevêque de Reims, abbé de Prières, et quatre abbés de Coëtmalouen, portait :

Parti de *trois coupé d'un*.

Au 1er de Hongrie : *fascé d'argent et de gueules de huit pièces*.

Au 3e de Naples : *d'azur semé de fleurs de lys d'or au lambel de gueules*.

Au 2e de Jérusalem : *d'argent à la croix potencée d'or, accompagnée de quatre croisettes de même*.

Au 4e d'Aragon : *d'or à quatre pals de gueules*.

Au 1er de la pointe, d'Anjou : *d'azur semé de fleurs de lys d'or, à la bordure de gueules*.

Au 2e de Gueldres : *d'azur au lion contourné d'or, couronné de même, armé et lampassé de gueules*.

Au 3e de Flandres : *d'or au lion de sable, armé et lampassé de gueules*.

Au 4e et dernier, de Bar: *d'azur semé de croix recroisettées au pied fiché d'or aux deux bars adossés de même*.

Sur le tout de Lorraine : *d'or à la bande de gueules, chargée de 3 alérions d'argent*[1].

Ses armes étaient autrefois dans la chapelle de N.-D.-des-Anges, en Orvault, « dont en aurait été autheur feu missire « Jean Bernard de la Grée, jadis recteur dudit Orvault », comme nous l'apprend un aveu et déclaration rendu au roi par Monsieur l'évêque de Nantes Gilles-François de Beauveau, etc., présenté à Messieurs les commissionnaires et députés

---

[1] Anselme : *Histoire des Grands Officiers de la Couronne*, t. ii, p. 71.

par le roy pour la réformation de. son domaine au comté
de Nantes, poursuite. et diligence de N. H. M⁰ Pierre Fou-
chard, advocat au Parlement et procureur d'office de la
juridiction des Régaires, le 13 décembre 1681'; « dans la-
« quelle chapelle se voient encore à present les armes d'un
« seigneur évesque de Nantes, de la maison de Malestroit,
« posées à sa vitre qui est dans la cottière méridionale de
« ladite chapelle près d'icelle à costé de l'espitre, et au grand
« vitrail de ladite chapelle se voit aussi encore à present
« le *petit écusson* des armes de messire Jan, cardinal de Lor-
« raine, vivant évesque de Nantes. »

Le cabinet de M. de Fontette possédait un dessin repro-
duisant le portrait du cardinal de Lorraine².

Plusieurs auteurs semblent dire que Jean de Lorraine eut
l'évêché de Nantes en titre, et lui donnent, comme à un véritable titulaire, la qualité d'évêque de Nantes ; d'autres ne lui
reconnaissent que la qualité d'administrateur de l'église
nantaise, et c'est communément ce titre qu'on lui reconnaît
sur les registres de l'Université et de la Collégiale. Léon Tis-
sart, un de ses grands vicaires en 1549, et Antoine de Créqui, évêque, dans des lettres de l'an 1562, ne l'appellent pas
autrement³.

Un bref de Paul III, daté du 18 août 1542, n'avait même
donné l'administration de l'église de Nantes à Jean de Lorraine que pour deux ans. Les *Archives départementales* possèdent une procuration datée du 20 septembre 1544, par
laquelle le cardinal de Lorraine, archevêque de Narbonne,
évêque d'Alby et de Nantes, institue frère Gilles de Gand,
dominicain, son vicaire général⁴.

Le Chapitre ne s'opposa pas durant ce laps de temps à l'administration du cardinal, mais, le 27 avril 1545, il résolut de
s'y soustraire et de s'opposer de sa part à toute jouissance du

---

¹ Fond. de l'Evêché, in-folio, *Arch. départ.*
² *Biblioth. hist. de France*, par J. Lelong, édit. de 1775. *Liste des por-
traits de Français illustres*, t. IV, p. 220.
³ Titres de la ville (2 mai 1549).
⁴ *Archives départementales*, série G, n⁰ 65.

temporel jusqu'à ce qu'il eût obtenu des bulles en continuation d'administration. Le 27 juillet suivant, Christophe Briel ou Brecel, conseiller du roi et sénéchal de Nantes, présenta au Chapitre les lettres du roi en faveur du cardinal et un bref du pape lui donnant de nouveau et à sa vie, cette fois, la jouissance du temporel. Après lecture de ces deux pièces, le Chapitre ne résista plus et reconnut Jean de Lorraine pour son vrai et légitime pasteur[1].

Le véritable administrateur du diocèse, au moins de 1544 à 1550, fut le grand vicaire Gilles de Gand. Jean de Lorraine étant parti pour Rome en 1550 afin de prendre part, comme cardinal, à l'élection du pape à la mort de Paul III, mourut d'apoplexie à Nogent-le-Roi, près Langres, le 10 mai de cette année, au retour du conclave dans lequel fut élu Jules III. Le cardinal avait cinquante-deux ans. Son corps fut inhumé avec beaucoup de pompe aux Cordeliers de Nancy.

88. — CHARLES I DE BOURBON

(1552-1554)

Charles 1 de Bourbon, cardinal de Vendôme, était fils de Charles de Bourbon, duc de Vendôme, et de Françoise d'Alençon, fille de René, duc d'Alençon, et de Marguerite de Lorraine. Il portait, comme sa maison, dont nous n'avons pas à parler : *de France, brisé d'un bâton de gueules péri en bande, chargé de 3 lionceaux d'argent.*

[1] Registres du Chapitre et de l'Université.

Connu d'abord sous le nom de cardinal de Vendôme (il était du titre de Saint-Triphon) depuis sa promotion en 1547, il prit celui de Bourbon à la mort de son oncle Louis, archevêque de Rouen, et devenu plus tard fameux sous le nom de Charles, roi de la Ligue ; il est à croire que ce prélat, qui tint l'évêché en commende, ne vint jamais à Nantes, au moins ne trouve-t-on nulle part, aux *Archives municipales*, trace de son entrée dans sa ville épiscopale dont parle cependant M. Mellinet[1].

Le portrait de Charles de Bourbon, gravé à plusieurs reprises, est indiqué dans l'ouvrage de J. Lelong[2].

Gilles de Gand, évêque *portatif* de Rouenne sous la métropole d'Athènes, religieux jacobin, prieur au titre de Saint-Grégoire au diocèse de Nantes, et prieur commendataire de Châtelaudren (diocèse de Saint-Brieuc), qui avait été aumônier de l'évêque Louis d'Acigné et qui fut doyen de Lamballe après la mort de Louis, curé de Saint-Nicolas de Nantes en 1557 et de Saint-Similien, lorsqu'il mourut en 1563, et Guillaume Droillard, archidiacre de Nantes, grand vicaire du Chapitre, gouvernèrent le spirituel du diocèse dans les années 1550-1551-1552 et 1553.

Charles de Vendôme obtint du pape Jules III un indult pour présenter les bénéfices, admettre les résignations et recevoir les permutations dans le diocèse de Nantes pendant tous les mois ; il en présenta plusieurs par lui-même l'an 1551, et les deux années suivantes par son grand vicaire, Jean de la Touche, trésorier de l'église de Nantes. Le cardinal de Vendôme exerçait encore son indult en août 1557 dans les huit mois réservés au pape, mais par l'entremise de son grand vicaire à cet effet, Antoine de Créquy, évêque de Nantes. Le cardinal de Bourbon-Vendôme mourut en 1590, dans un âge très avancé. L'absence du pasteur de

[1] *Hist. de la commune et de la milice de Nantes*, t. III, p. 119.
[2] T. IV, p. 154.

l'église de Nantes fut funeste au troupeau. Les premiers prédicateurs calvinistes commencèrent à cette époque à dogmatiser dans le diocèse. Carmel, surnommé Fleury, fut le premier qui se donna le titre de ministre à Nantes. Il alla de suite à la Roche-Bernard et à Blain, où l'erreur jeta des racines qu'on eut plus tard bien de la peine à extirper.

89. — ANTOINE I DE CRÉQUY-CANAPLES

(1554-1561)

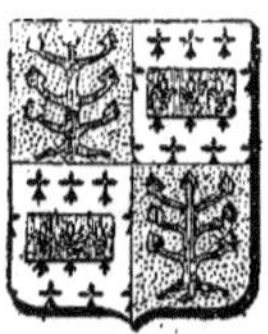

Antoine I de Créquy-Canaples (1er du nom), né en 1531, était second fils de Jean VIII, sire de Créquy, de Fressin et de Canaples, seigneur de Poix, de Pondormy, comte usufructaire de Mantes et de Meulant, chevalier de l'ordre du roi, issu de l'une des plus anciennes maisons de l'Artois. La maison de Créquy a produit, postérieurement à l'évêque dont nous parlons et à son oncle et successeur sur le même siège, Charles, maréchal de France, tué d'un coup de canon au siège de Brème en 1638, et François, maréchal et général des galères de France, mort en 1683. La mère d'Antoine de Créquy (1er), était Marie d'Acigné, dame de Boisjoly, fille elle-même de Jean VI et de Marie de Coëtmen. Il était ainsi neveu de Louis d'Acigné et arrière-neveu d'Amaury d'Acigné et de Guillaume et Jean de Malestroit, tous quatre évêques de Nantes.

Antoine de Créquy portait : *Écartelé aux 1 et 4 de Créquy :*

d'or au créquier[1] de gueules, aux 2 et 3 d'Acigné : *de Bretagne, à la fasce alaisée de gueules, chargée de trois fleurs de lys d'or*. Ses armes sont ainsi gravées sur le *Manuale Ecclesiæ Nannetensis*, imprimé en 1555. L'écu est timbré d'une crosse tournée à gauche et surmontée d'une mitre[2]. La *Gallia Purpurata* (p. 630) donne à Antoine de Créquy les armes suivantes : *Ecartelé au 1 de Créquy, — au 2 d'Acigné, — au 3 de Soissons-Moreuil, qui est de France au lion naissant d'argent, — au 4 contre-écartelé, — aux 1 et 4 de La Tour, qui est semée de France à la tour d'argent, — aux 2 et 3 d'Auvergne : d'or au gonfanon de gueules et sur le tout de Boulogne, d'or à trois tourteaux de gueules.* L'évêque de Nantes adopta propablement ces armes lorsqu'il devint le chef de son illustre maison par la mort de ses deux frères, Jean et Louis, tués à Saint-Quentin en 1557. Antoine Ier était abbé de Saint-Julien de Tours et simple diacre lorsque le pape Jules III l'appela, au commencement de 1554, au siège épiscopal de Nantes, sur la proposition du roi Henri II. Son ordination et son sacre eurent lieu le même jour, 22 avril même année, 4e dimanche après Pâques. La première cérémonie fut faite par Gilles de Gand, évêque de Rouenne, et la seconde par François de Laval, évêque de Dol, assisté du même Gilles de Gand et de François de Créquy, cousin d'Antoine et évêque démissionnaire de Thérouanne, en Picardie. Notre évêque prêta serment le 9 juin et obtint mainlevée fin juillet. Il tint synode en 1555 et y publia des statuts que nous n'avons plus. Il fit en juin, même année, la visite des paroisses de la ville et des faubourgs, accompagné de son *suffragant* (coadjuteur et vicaire général) Gilles de Gand, des promoteurs des climats de la Chrétienté et d'Outre-Loire, et des promoteurs des testaments. Cette visite

---

[1] Le *créquier* est une espèce de prunier sauvage, dont le fruit, en langage Picard, se nomme *crèque*, et dans le vrai patois, *fourderaine*. Le cri de Créquy était : *Créqui ! Créqui ! le grand baron, nul ne s'y frotte.*

[2] *Bibliothèque de Nantes*, n° 1310.

était nécessaire. On commença cette année à se tenir en garde, à Nantes, contre les huguenots ou calvinistes qui tâchaient de s'y introduire et de répandre leurs erreurs[1].

Le 28 mai 1556, Gilles de Gand tint, en l'absence d'Antoine de Créquy, un synode diocésain dans lequel furent publiés onze statuts.

L'évêque de Nantes se trouva à l'assemblée des Trois-Etats, à Paris, en janvier 1558, au nom et comme député du clergé, et le samedi 15 janvier au lit de justice que le roi tint au Parlement[2].

Antoine de Créquy, qui depuis quelque temps était chancelier de l'ordre de Saint-Michel, fut, en 1561, transféré à Amiens. Charles IX, qui l'aimait beaucoup, lui obtint, en 1565, de Pie IV, le chapeau de cardinal (au titre de Saint-Triphon). Antoine ne jouit pas longtemps de sa nouvelle dignité, et mourut le 20 juin 1574, à l'âge de 43 ans.

Nous avons encore sous le nom d'Antoine de Créquy, avec ses armes : *écartelées de Créqui et d'Acigné*, un Manuel sans millésime, que l'on dit de l'an 1555. Le même manuel reparut en 1516 avec un bréviaire en deux volumes. Il existait en sus un processionnal, ou, comme on parlait alors, un *trophia*, sans son nom ni ses armes, mais sous son épiscopat l'an 1560, et de nouveau l'an 1562[3]. Le manuel d'Antoine de Créquy a été en usage à Nantes jusqu'à l'an 1617, date à laquelle Charles de Bourgneuf lui substitua le rituel romain de Paul V. L'on cessa aussi en 1560 l'usage d'introduire les pénitents publics à l'église après l'absolution du Jeudi-Saint, dit *absolu*, absolution qu'on y donnait aux pénitents en état de la recevoir.

C'est aussi à la même époque qu'il faut faire remonter la fondation des sermons de l'Avent et du Carême, à la cathédrale, pour être prêchés par un docteur séculier de la théologie de Paris, fondation pour laquelle le Chapitre a reçu des fonds[4].

---

[1] Procès-verbal de visite.
[2] Du Tillet, 2e partie.
[3] Registres de la Collégiale.
[4] Titres du Chapitre.

90. — ANTOINE II DE CRÉQUY-CANAPLES

(1561—1566)

La ressemblance des nom et prénoms a souvent fait confondre cet évêque avec son prédécesseur, et a porté d'Argentré, Aug. du Paz, Jean Chenu, Claude Robert et MM. de Sainte-Marthe, à l'omettre dans leurs catalogues des évêques de Nantes. Vincent Charon, successivement enfant de chœur, maître chapelain et chanoine de la cathédrale, dans son bréviaire imprimé chez Dorion l'an 1618, et Albert le Grand, dans son *Armorica christiana*, le distinguent fort bien, mais ils le disent neveu du précédent au lieu d'oncle qu'il était, ainsi que le prouvent les lettres du secrétaire de la chambre épiscopale, du greffier des causes dévolues aux grands vicaires qu'ils jugeaient sous le portail de l'église, et du greffier de l'officialité qu'Antoine de Créquy fit expédier à Paris, le 25 juin 1562, en faveur de Pierre Le Gallo, scolastique et chanoine de Nantes. Le nouvel évêque y appelle l'autre Antoine, son « prédécesseur et neveu[1] ». Antoine II, dont M. de la Nicollière n'a trouvé nulle part les armes, devait porter : *Ecartelé au 1 et 4 : de Créquy, et au 2 et 3 : de Soissons-Moreuil*[2].

---

[1] Registres du chapitre, 3 août 1562.

[2] C'est-à-dire au 1 et 4 : *d'or au créquier de gueules — au 2 et 3 : d'azur semé de fleurs de lys d'or au lion naissant d'argent.*

Il était fils de Jean VII, sire de Créquy, de Fressin et de Canaples, marié, par contrat du 23 juillet 1497, à Jossine de Soissons, dame de Moreuil, de Poix, de Dompmart, de Bernardville, de Hongroy, de Preure et de Beauval, qui porta les terres et seigneuries de sa famille dans la maison de Créquy[1].

Pourvu de l'évêché de Nantes par bulles du 10 octobre 1561, signées de Pie IV, sur la résignation de son neveu, Antoine de Créquy, dit l'Ancien (*senior*), à cause de sa qualité d'âge et d'oncle, en prit possession le 29 juin 1562, et fit compter au Chapitre, le 15 juillet suivant, 500 livres pour les droits de sa réception.

Il ne résida presque jamais à Nantes pendant sa tenue du siège. Pendant son épiscopat le diocèse fut souvent ravagé par la peste et continua d'être en proie à celle bien plus terrible du calvinisme qui fit beaucoup de progrès. Dix-huit églises réformées existaient sur le territoire nantais en 1564 et douze avaient des pasteurs.

Les grands vicaires d'Antoine II tinrent les synodes ordinaires et firent des statuts que nous n'avons plus. Par commission de l'évêque, Jean Coupé visita la plus grande partie du diocèse.

C'est encore de la même époque que date la création de la mairie et de l'échevinage de Nantes qui entra en fonction le 1er janvier 1565.

Antoine II de Créquy permuta en 1564, et sous le bon plaisir du roi, l'évêché de Nantes avec Philippe du Bec, évêque de Vannes, qui lui donna en échange l'abbaye du Petit-Citeaux, au diocèse de Chartres, et le prieuré de Cossé, dit *Vimant*, au diocèse du Mans. Jacques Raffin, notaire apostolique de Paris, fit, le 6 décembre 1564, le rapport de cette permutation. Antoine, le 12 suivant, nomma Philippe du Bec son grand vicaire au spirituel et au temporel.

---

[1] Anselme : *Hist. des grands officiers de la Couronne*, t. VI.

Le Chapitre et la ville de Nantes adoptèrent en 1565 l'usage
de Rome pour l'époque du renouvellement d'année. Le 1er
janvier 1564, vieux style, ils comptèrent donc 1565, et
cotèrent ainsi leurs registres. Jusque-là, le 1er jour de
l'an, à la manière gallicane, était la fête de Pâques qui varie
chaque année. Antoine II de Créquy, étant à Paris, ratifia, le
8 janvier 1565, au rapport de Jean Corbin et d'Yves Riçouart,
notaires apostoliques, sa permutation avec l'évêque Philippe
du Bec. Dans le cours de cette année, il parut deux fois à
Nantes, mais en passant, fin de janvier et en octobre. On
attribua son peu de résidence à ses infirmités, que le Chapitre, dans ses lettres au pape du 1er mars 1566 au sujet de la
mutation du siège, dit avoir été si grandes et si continuelles
qu'elles l'avaient rendu incapable de remplir les fonctions
épiscopales et l'avaient obligé de demeurer ailleurs pour rétablir sa santé. Ces lettres du Chapitre ne lui donnaient que
la qualité d'élu, ce qui fait penser qu'Antoine ne fut point
sacré, quoiqu'il eût présenté sa bulle au Chapitre dès l'an
1562. Il eut cependant la juridiction épiscopale et en fit l'exercice, grâce à l'aide de ses vicaires, pendant quatre ans[1].

La permutation entre Antoine de Créquy et Philippe du
Bec, évêque de Vannes, fut confirmée à Rome en 1566.

---

[1] Registres du Chapitre.

91. — PHILIPPE I DU BEC

(1566—1598)

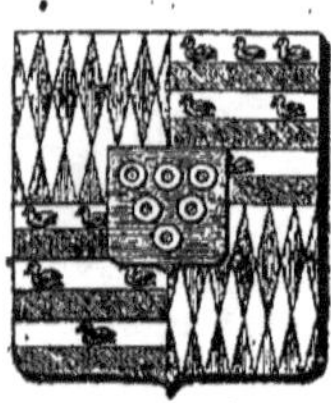

Philippe 1 du Bec était le second fils de Charles du Bec, s^r dudit lieu, en Normandie, diocèse de Rouen, de la Bosse, de Bourg, marquis de Vardes, comte de Moret, chevalier de l'ordre du roi, vice-amiral de France, et de Marie de Beauvilliers, fille d'Aymeri, comte de Saint-Aignan, gouverneur et bailli de Blois, etc., et de Louise de Husson, dite de Tonnerre, dame de Saint-Aignan. Sa sœur, Françoise du Bec, qui avait épousé Jacques de Mornay, eut pour fils le fameux du Plessis Mornay, chancelier de France. Un des ancêtres de Philippe, Gilbert de Brionne, dit Crespin, baron du Bec-Crespin, fut l'un des fondateurs de l'abbaye du Bec en 1034. Guillaume, sieur de Varengebec, fut connétable de Normandie et maréchal de France en 1283. Un de ses petits-neveux, Antoine, comte de Moret, lieutenant général, fut tué d'un coup de canon au siège de Gravelines en 1685. La maison du Bec s'est fondue dans Rohan. Philippe portait : *Ecartelé au 1 et 4, fuselé d'argent et de gueules*, qui est du Bec ; *au 2 et 3 : fascé d'argent et de sinople de six pièces, les fasces d'argent chargées de six merlettes de gueules, 3, 2, 1*, qui est Beauvilliers ; *et sur le tout : d'azur à six annelets d'argent*, qui est Husson. Telles sont les armoiries de Philippe du Bec, d'après un sceau de forme ovale, gravé avec peu de soin, dont la matrice appartient à la collection Parenteau. Il mesure 0,035 sur 0,045 ; sa légende est : *Philippus du Bec, E(pisco)pus Nannetensi*. La crosse, surmontée de la mitre, est placée derrière l'écu.

Le Père Anselme[1] ajoute les modifications suivantes au blason précédent : *Ecartelé au 1 et 4* : du Bec ; *au 2 et 3* : de Beauvilliers ; sur le tout : *Ecartelé au 1 : de gueules à la bande d'or*, qui est Châlons ; *au 2 : de gueules à la croix d'argent*, qui est Savoie : *au 3 : bandé d'or et d'azur de six pièces, à la bordure de gueules*, qui est Roncherolles ; et sur le tout de ce dernier écu, celui de Husson.

Une empreinte sur papier, malheureusement très mal conservée, et tombée de l'acte auquel elle avait été posée, a été donnée à M. de la Nicollière ; cette empreinte indique que Philippe du Bec fit usage d'un autre sceau, et autorise l'attribution du blason décrit dans le Père Anselme. Le sceau, de forme ovale, mesure 0,036^m sur 0,046. La crosse, placée derrière l'écu, est surmontée de la mitre. La légende est la même que la précédente[2]. Par délibération du 9 décembre 1573, le Chapitre autorisa l'évêque de Nantes à faire placer ses armes dans le vitrail de la fenêtre à gauche du grand autel[3]. Philippe du Bec était doyen de Saint-Maurice d'Angers et abbé de Pontron, quand il fut nommé le 17 avril 1559 à l'évêché de Vannes. C'est à ce titre qu'il assista à la conclusion du concile de Trente (1563) et s'y fit remarquer par sa science et sa capacité. L'année précédente, il avait prêté serment comme prévôt de Saint-Martin de Vertou.

Des bulles du 13 mars 1566 et signées du pape Pie V le transfèrent à Nantes où il fit son entrée solennelle, le samedi 21 décembre suivant, avec le cérémonial accoutumé. Il prit séance au parlement le 15 septembre 1567 et présida le clergé

---

[1] *Histoire des grands officiers de la Couronne*, t. II, p. 84 et 85.

[2] Collection de M. de la Nicollière.

[3] *Archives du Chapitre de Saint-Pierre*, Répertoire des actes de l'église cathédrale (1568-1786).

aux Etats de Bretagne en 1568 et 1572. Il prit une large part aux diverses mesures adoptées les premières années de son épiscopat, et son nom figure en tête d'actes nombreux qui attestent son activité et son initiative. Philippe du Bec bénit, le 20 novembre 1575, Jean Hubert, abbé de Pornit, et assista en 1583 au concile provincial d'Angers ; en 1590 il prit part à l'assemblée de Chartres.

Fidèle conseiller des rois Henri III et Henri IV, l'évêque de Nantes doit être rangé, parmi les prélats les plus instruits et les plus capables de son époque, comme prédicateur et théologien. Sa signature, tracée au bas du *Règlement des pauvres de Nantes,* rédigé sous sa présidence à l'évêché en 1568, le 16 avril, est remarquable par la hardiesse et la correction des caractères, indiquant une grande habitude du travail et de l'écriture[1].

Philippe eut beaucoup à souffrir de la Ligue, et dut enfin quitter sa ville épiscopale par suite des persécutions de son Chapitre, tout dévoué au duc de Mercœur[2]. Il assista en 1594 au sacre d'Henri IV qui le transféra la même année à l'archevêché-pairie de Reims; mais comme le roi n'était pas encore absous, il ne put en prendre possession qu'à la fin de 1598.

Il continua à habiter le manoir de Chassais, où il reçut, le 13 avril 1598, le roi Henri IV, qui y déjeuna avant de faire son entrée à Nantes. Devenu archevêque de Reims dans un âge très avancé, Philippe du Bec ne tarda pas à prendre un coadjuteur, qui fut Louis de Lorraine. Il tomba peu après en paralysie, et mourut, âgé de 85 ans, le mercredi 12 janvier 1605. Durant son séjour à Nantes, il avait fait don, en 1572,

---

[1] *Archives de l'Hôtel-Dieu de Nantes.*

[2] Ainsi, le 8 novembre 1590, le Chapitre adressa une requête au Parlement, afin de pouvoir appliquer à la fabrique les fruits de l'évêché, vu « la non résidence de l'évêque qui prend parti du roi hérétique, Henri, roi de Navarre, et est absent depuis seize mois. » (*Archives du Chapitre. Répertoire des actes de l'église cathédrale de Nantes* 1568-1586).

d'une somme de 650 livres pour la continuation de la cathédrale. On a de lui des sermons imprimés à Paris en 1596 et
une traduction du *Livre des Veuves* de saint Ambroise.

Son portrait, in-folio, dessin à la pierre noire, se trouvait
au cabinet du roi[1].

92. — CHARLES II DE BOURGNEUF DE CUCÉ
(1598-1617).

Charles II de Bourgneuf de Cucé, appelé Charles de Caussan dans le contrat de Mᵉ Pierre de la Garde avec le clergé,
le 29 juillet 1615, et de Caussan ou Castille dans les contrats
du clergé avec le roi le 8 août, même année, mais dont le
vrai nom était *de Cucé*, devint d'abord évêque de Saint-
Malo par la démission de François Thomé, qui eut lieu le
6 décembre 1586. Il permuta, sous le bon plaisir et l'agrément
du roi, cet évêché en faveur de Jean du Bec, qui lui résigna
celui de Nantes. Philippe du Bec l'avait déjà résigné à ce
Jean du Bec, son neveu, qui n'avait pu en obtenir les bulles.

Charles de Bourgneuf se retint une pension annuelle de
six cent soixante-six écus d'or soleil, deux tiers d'écus sur
les fruits de l'évêché de Saint-Malo, comme plus valant que
l'évêché de Nantes. Jean du Bec s'obligea à les lui payer. Le
traité se fit à Rouen, le 30 octobre 1596, dans la maison de
Philippe du Bec, et fut appuyé de plusieurs actes passés par
Jean Haulterive, notaire, en présence et du consentement de
Jean du Bec et de Jean Vallet, prêtre, fondé de pouvoirs de-

Charles de Bourgneuf, par procuration passée à Nantes dans
sa maison, paroisse de Saint-Laurent, en date du 18 juillet
1596, devant Maqueulx et La Ramé, notaires, faisant et accep-
tant pour ledit de Bourgneuf, et sous la promesse dudit Vallet, de lui faire ratifier dans les quarante jours prochains tout
ce qui a été stipulé avec Philippe et Jean du Bec, en qualité
de son procureur spécial.

Les partis convinrent que Charles de Bourgneuf, en attendant l'expédition, ferait Jean du Bec grand vicaire de Saint-
Malo, et Philippe du Bec ferait grand vicaire de Nantes Charles
de Bourgneuf ; que Philippe toucherait les premiers arrérages
de la pension annuelle de 2 000 livres que Charles de Bourgneuf s'était réservée sur l'évêché de Saint-Malo ; que ledit
Philippe pourrait éteindre cette pension, en présentant audit Charles de Bourgneuf des bénéfices équivalant à 2 000 l.
de revenu, et que cette pension serait réduite à mesure et à
proportion du revenu des bénéfices que Philippe lui présen-
terait... Charles de Bourgneuf entra dans la Ligue et sortit
de Saint-Malo, pour s'être attaché à ce parti, dans le temps
même que Philippe du Bec le condamnait et était obligé de
sortir de Nantes ; mais le Chapitre de Saint-Malo et le légat
ne lui donnèrent pas de grand vicaire, tandis qu'ils en nom-
mèrent un pour Nantes (*Julien Cormerais*) pendant l'absence
forcée de l'évêque ; Charles de Bourgneuf se retira à Nantes
où il séjourna presque continuellement jusqu'à l'arrivée de
ses bulles du 31 août 1598, signées du pape Clément VII, qui
le transféraient définitivement à Nantes. En 1596 et 1597 il
avait même rempli à la cathédrale les fonctions épiscopales
en qualité d'élu de Nantes.

Issu d'une des plus illustres familles de la magistrature
bretonne, originaire de Rennes, anoblie en 1490 et confirmée
en 1506, descendant de Jean, prévôt de la monnaie de Rennes,
époux de Jeanne Bouédrier, Charles de Bourgneuf était fils
de messire René de Bourgneuf, chevalier, baron d'Orgères,
sr de Cucé, etc., premier président au parlement de Bre-

tagne, et de Louise Marquer, fille aînée et héritière d'Eustache, chevalier seigneur de la Gailleule, et de Jacqueline de Mathan, fille elle-même de Madeleine d'Espinay, petite-nièce de deux évêques de Nantes[1].

La maison de Bourgneuf s'est éteinte en 1660.

Charles de Bourgneuf portait : *D'argent au sautoir de sable, au franc canton de gueules, chargé de deux poissons d'argent, de fasce.*

Son sceau représente ses armoiries, timbrées d'une mitre, la crosse passée derrière l'écu et tournée à gauche, avec sa légende : *Carolus de Bourgneuf, Episcopus Nannetensis.* Il est ovale et mesure 0,044^m sur 0,033^{m2}.

L'évêque de Nantes assista aux Etats de Bretagne en 1598 et en 1604. Deux ans auparavant (1602) il avait pris possession, le 28 août, du prieuré de Saint-Pierre de Gaël, dépendant de l'abbaye de Saint-Méen, au diocèse de Rennes (prieuré qu'il échangea en 1614 contre celui des Montagnes, membre de Quimperlé) et du prieuré de Saint-Exupère de Gahard, au même diocèse de Rennes, et servi par des moines de Marmoutiers.

Quelques années plus tard, en 1608, il devint abbé commendataire de Beaulieu, monastère de chanoines réguliers, dans l'ancien diocèse de Saint-Malo.

En 1610, on commença à Nantes à prendre le rit romain, sans pourtant l'imposer absolument au clergé : il n'en paraît aucun statut synodal, ni aucun mandement de s'y conformer. Le Chapitre fut le premier qui porta atteinte à l'ancien usage de Nantes, lorsque, le 16 avril, il pria le sieur Vincent Charon,

---

[1] Du Paz, *Généalogie de Bretagne*, p. 289.

[2] Le sceau de M. de Bourgneuf est apposé avec le visa suivant : *Datum Nannetis, die vigesima quinta septembris, anno Domini millesimo sexentesimo decimo quinto ; Signé : Carolus, Epis. Nannetensis,* sur les lettres authentiques des reliques de saint Benoît de Massérac et de sa sœur, sainte Avénie, conservées aujourd'hui encore dans l'église de Saint-Benoît de Massérac, attestant que ces reliques ont été données au recteur, prêtres et paroissiens de Massérac, par le prieur claustral et religieux de l'abbaye de Redon. *(Titres de la paroisse de Massérac.)*

maître chapelain, de réduire la note des antiphonaires et des graduels de Nantes à la note romaine, et que le 3 août il arrêta de régler ces offices selon le concile de Trente, puis le 20 octobre, de prendre le chant romain, et enfin, le 20 juin 1615, de suivre entièrement le rit de Rome. L'an 1588, M. du Bec avait fait imprimer à Nantes un missel accommodé aux rubriques romaines, mais les troubles qui, dès l'année suivante, désolèrent le diocèse et obligèrent l'évêque lui-même à se retirer, avaient empêché le cours de ce missel nantais-romain, qui d'ailleurs ne s'accommodait point aux bréviaires de Nantes. M. de Bourgneuf, secondant le Chapitre dans le changement de rit, fit imprimer vers 1611 un petit propre des Saints de Nantes, accommodé à l'usage de Rome, mais avec cette modification, qu'à l'exception de deux ou trois offices reçus depuis longtemps dans le diocèse, il ne mit dans ce propre que des saints nés ou ayant vécu dans le diocèse. L'an 1613, il donna un processionnal à l'usage de Rome, avec une addition des processions propres à Nantes, et de celles de fondations qui s'acquittaient par le Chapitre. Il donna aussi, l'an 1615, un propre des messes de nos saints, réimprimé plusieurs fois depuis sous son nom avec des changements et des additions qui ne sont pas de lui. Le rituel de Paul V parut encore sous le nom de Charles de Bourgneuf en 1617 avec des notes et quelques additions.

Il ne paraît pas que l'évêque de Nantes ait donné aucun mandement de se conformer au rit romain, ni de se servir des livres de liturgie qu'il fit imprimer. Le diocèse de Nantes ayant eu jusqu'alors ses bréviaires, ses missels, ses processionnaux, ses rituels et ses usages particuliers, ce ne fut que peu à peu, et sous les évêques successeurs de M. de Bourgneuf, que le clergé reçut le rit romain, par imitation du Chapitre, sans pourtant oublier tout à fait le rit nantais, dont on voyait encore beaucoup de restes, en plusieurs endroits du diocèse, près d'un siècle et demi plus tard. M. de Bourgneuf, étant à Paris en 1611, assista le 20 février, dimanche de

la Quadragésime, avec Charles Miron, évêque d'Angers, au
sacre de Guillaume Le Gouverneur, évêque de Saint-Malo, par
le cardinal de Joyeuse. Député des Etats de Bretagne pour
présenter au roi les cahiers de province, l'évêque de Nantes
mourut à son retour, à Chartres, le 17 juillet 1617. Pendant sa
maladie, il résigna, sous le bon plaisir du Saint-Siège et du
roi, son évêché de Nantes à son neveu Henri de Bourgneuf
d'Orgères. On n'apprit sa mort à Nantes que huit ou neuf
jours après. Son grand vicaire Mathieu Blanchard, archidiacre de la Mée, chanoine et official, expédiait encore au
nom de Charles de Bourgneuf, le 24 juillet, et la première
expédition du grand vicaire du Chapitre, le siège vacant, n'est
que du 28 juillet. Deux jours avant, le Chapitre, s'étant assemblé, nomma les grands vicaires, le secrétaire, le garde-
sceau et les autres officiers, le siège vacant. Le testament du
prélat défunt fut apporté, ouvert et lu au Chapitre le 31 juillet,
et ce jour, les chanoines firent sonner les trente et un « gobets ».

M. de Bourgneuf légua à l'église une riche tapisserie et fit
aussi plusieurs fondations. Le 17 août 1618, le Chapitre se fit
remettre (les héritiers ne s'y étant point opposés) la chapelle
du défunt, ses ornements et sa crosse qui lui appartenaient,
par un article des statuts du Chapitre[1], et aussi, disons-le, en
conséquence d'une disposition testamentaire.

Le Chapitre pensa à se faire rendre le corps de son évêque,
et fit proposer à la ville, le 5 octobre, de se joindre à elle
pour le réclamer aux religieux de l'église de St-Pierre-en-Val-
lée-lez-Chartres, où il avait été inhumé.

Les intentions du défunt, manifestées dans son testament,
empêchèrent l'exécution de ce dessein, comme on peut le

---

[1] Voici l'article : *Statuimus quod, mortuo Episcopo Nannetensi, et illico
omnia ejus ornamenta et integra capella sint Ecclesiæ et capitulo Nannetensi, ipso jure acquisita et eisdem remanere debeant.*

C'est la première fois, en 1617, que l'on voit le Chapitre user du droit que
lui donnait ce statut, datant, à cette époque, de près de cent ans. Depuis, il
n'a remis ce droit en vigueur qu'une seule fois, l'an 1745, à la mort de
M. de Sanzai.

voir dans la lettre des religieux de St-Pierre-de-Chartres, en Vallée, datée du 29 octobre 1617, adressée à la ville et lue le 27 novembre au bureau de ladite ville[1].

Les Etats de Bretagne, assemblés à Rennes, firent célébrer un service solennel pour l'évêque de Nantes. Monsieur Le Gouverneur, titulaire de Saint-Malo, y prononça l'oraison funèbre. Le mandement placé en tête du Rituel de St-Malo pour 1617 représente Mgr de Bourgneuf comme très actif, habile, aimant le bien, et dit que, de son temps, il fut la lumière de l'Eglise de France, et rendit à l'Eglise gallicane et au diocèse de Nantes de très grands services. Charles, évêque de Nantes, donna, en mourant, aux Pères de l'Oratoire, sa *librairie* (bibliothèque), estimée dix mille livres. Or la collection des Oratoriens étant devenue le fonds principal de la bibliothèque publique de Nantes, la mémoire du savant prélat doit être associée dans une large part à celle des créateurs et bienfaiteurs de cet utile et riche établissement.

Voici, d'après l'*Histoire de Nantes*, par l'abbé Travers (t. III p. 124), les droits de réception que Mgr de Bourgneuf eut à payer en prenant possession de son évêché :

Pour sa réception, cent livres monnoie de Bretagne, qui font 100 livres tournois.

Pour la mitre et le bâton, 40 écus d'or, autrement 40 écus soleil.

A la fabrique, vingt livres monnoie.

Aux chantres, huit livres monnoie.

Aux enfants de chœur, dix livres monnoie.

Aux secrétaires des distributions du chœur et de pain du Chapitre, une livre monnoie.

Au secrétaire du chapitre deux écus d'or.

Aux bedeaux, deux écus d'or.

Au sacriste, deux écus d'or.

---

[1] *Arch. du Chapitre.* Répertoire des actes de l'église cathédrale, 1568-1786.

Aux chanoines actuellement dans la ville, huit pots de vin, moitié d'Orléans et moitié d'Anjou[1].

Après la mort de Char'es de Bourgneuf, son neveu Henri, conseiller clerc au Parlement, obtint l'évêché de Nantes par la résignation que lui en avait faite son oncle. Henri de Bourgneuf d'Orgères était fils du frère aîné de Charles-Jean, premier président du Parlement, conseiller d'Etat, chevalier de l'ordre du roi, et de sa seconde femme, Renée de Thou, fille de Jean et de Renée Baillet.

L'élu de Nantes garda le siège trois ans, jusqu'en janvier 1621. Comme il n'oblint jamais de bulles et ne fut jamais sacré, nous ne croyons pas, contrairement à la plupart des auteurs, devoir l'admettre dans le catalogue de nos évêques.

Non-seulement Henri de Bourgneuf ne prit pas de bulles et ne fut pas sacré, mais il n'était même pas dans les ordres. En effet, après la mort de son père, il devint premier président du Parlement. Marié à Calliope d'Argentré, dont il n'eut pas d'enfants, il obtint l'érection en marquisat de sa châtellenie de Cucé, et mourut, dit Guy Le Borgne, « révéré comme un saint, pleuré de tous comme le père de sa patrie.[2] »

Son portrait se trouvait au cabinet du Roi[3].

[1] M. de la Nicollière, dans son *Armorial* (p. 88), donne d'après Travers (*Hist. Conc. Provinciæ Turonnensis*, mss. t. v) l'énumération des mêmes droits de réception que nous reproduisons également pour permettre au lecteur d'y constater de légères variantes avec celles ci-dessus :
Pro mitra et baculo pastorali, 100 l. monetæ.
Pro cappa, antiquitus, 40 scuta ad signum solis, nunc autem in specie.
Pro fabrica, 20 l. m.
Pro choristis, 8 l. ad simile signum.
Pueris psalletæ, pro biretis, 10 l. mon.
Scritis distributionum chori et panis capituli, 20 l. mon.
Scribæ capituli, duo scuta.
Clientibus seu Bidellis, duo scuta. — Musicis, duo scuta.
Sacristæ, pro pulsu campanarum, duo scuta.
Cuilibet canonico præsenti in urbe, octo quarteria visi Aurelianensis et Andegavensis mediatim.

[2] *Généal. Budes de Guébriant*, par Le Laboureur, p. 39.—*Armorial breton*, p. 31.

[3] J. Lelong, t. iv, . 156.

Le serment prêté au Roi en 1618 par Henri d'Orgères et la perception qu'il fit des fruits de l'évêché ne peuvent suffire pour le placer au rang des prélats nantais : ce qui pouvait être de mise à l'époque troublée d'Agathée et d'Amelo (fin du septième siècle) ne l'était plus au dix-septième, et pour avoir droit à être inscrit au rang de nos évêques, fallait-il au moins être dans les ordres. M. Bizeul, dans l'article de sa *Biographie bretonne*, M. de la Bigne-Villeneuve, dans sa *Notice sur les Bourgneuf de Cucé*, et le *Collectionneur breton*, t. IV, n'ont point (et probablement pour la raison que nous venons d'émettre) indiqué la nomination au siège épiscopal de Nantes de M. Henri de Bourgneuf d'Orgères.

L'abbé Travers fait passer Henri de Bourgneuf du siège de Nantes, sur lequel nous venons de voir qu'il ne s'assit jamais régulièrement, à celui de Saint-Malo. Or en 1620, époque de la prétendue translation, Guillaume Le Gouverneur régissait depuis dix ans déjà l'ancien diocèse d'Aleth, et ne l'abandonna que onze ans plus tard, le 11 juillet 1631 (voir l'abbé Trévaux, t. VI, p. 239), et fut immédiatement remplacé par Achille du Harlay. Donc, pas la moindre place pour M. d'Orgères à Saint-Malo.

Il en est de même, pour Nantes, de Philippe Thibault, religieux carme et ami d'Henri de Bourgneuf. Ainsi que ce dernier, il fut nommé, après son retrait, à l'évêché de Nantes, en janvier 1621. Mais il refusa cette dignité, tout en remerciant la reine-mère, Marie de Médicis, qui avait voulu l'élever à cette dignité, en lui indiquant, comme digne de la remplir, Philippe Cospéau, évêque d'Aires, en Gascogne. Dom Lobineau (*Vie des saints de Bretagne*) rapporte que Philippe Thibault fut, quelque temps après, empoisonné dans son couvent de Nantes par des figues qu'on lui présenta au dessert. Nous dirons plus volontiers qu'il crut l'être; il sentit le mal aussitôt après en avoir mangé, mais ce mal put venir de la froideur des figues fraîches. Il partit aussitôt pour Angers, où il mourut peu après entre les bras des religieux qui avaient accepté sa réforme; il en fut regretté.

93. — PHILIPPE II COSPÉAU

(1621—1635)

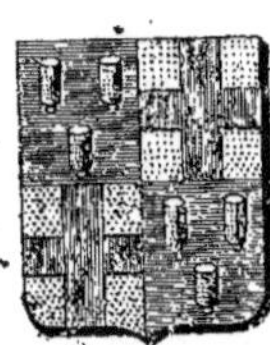

Philippe II Cospéau. On trouve cet évêque de Nantes sous le ncm de Cospéan dans le *Traité de la juridiction de la chambre des comptes de Bretagne* imprimé à Nantes en 1631 ; dans le *Recueil du Clergé de France*, imprimé à Paris chez Vitré en 1636, t. I ; dans le *Catalogue des évêques de Nantes* par le Père Albert Le Grand, dominicain à Notre-Dame de Bonne-Nouvelle à Rennes (originaire de Morlaix), imprimé à Nantes en 1637 ; dans le tableau et sur les registres du Chapitre; dans l'*Armorial des évêques de Nantes*, par M. de la Nicollière; dans le *Nobiliaire* de M. de Courcy, etc. On le nomme Cospéau dans un *factum* du Chapitre de Nantes, imprimé en 1622 ; dans les registres de la faculté de Paris et de celle de Nantes ; dans le *Journal du règne de Henri IV*, 1er mars 1603 et 29 juin 1610 ; dans un arrêt du grand conseil du 13 septembre 1643, imprimé même année, et communément dans tous les monuments du temps : l'abbé Trévaux t. VI, p. 87, *La Bretagne contemporaine*, t. I, p. 26, etc. Philippe Cospéau naquit à Mons, dans le Hainault, le 15 février 1571. Son père, Loys Cospéau, était d'une de ces familles de haute bourgeoisie que les villes de Flandre nomment encore familles patriciennes; sa mère était Michelle Manisent. De 1442 à 1720, la famille Cospéau a fourni six échevins à la municipalité de Mons, un massart ou trésorier, trois chanoines au Chapitre de Saint-Germain et une foule de jurisconsultes distingués, au nombre desquels on compte Pierre Cospéau, cousin de l'évêque de Nantes, avocat à la cour souveraine du Hainault, auteur de plusieurs ouvrages. très estimés sur l'ancienne législation de la province[1].

La famille Cospéau posséda en Bretagne la seigneurie de la Fouaye, paroisse de Lusanger, évêché de Nantes. Elle portait : *Ecartelé au 1 et 4 : d'azur à trois bouterolles[2] d'or, 2, 1 ; au 2 et 3 : d'or, à la croix de gueules[3].*

Le sceau ovale de Philippe Cospéau, mesurant 0,047^m sur 0,035, se voit au bas de plusieurs monitoires des archives municipales. Il représente l'écu de ses armes. timbré pour la première fois du chapeau à six houppes (1. 2. 3) de chaque côté ; au-dessous de l'un se lit la légende : *Pascitur inter lilia.*

Rempli d'instruction et de talents qui le placèrent bientôt au premier rang des prédicateurs de son siècle, le jeune Cospéau ne dut son élévation qu'à son mérite. Etant venu faire ses humanités à Paris, où il fut le disciple du fameux Juste Lipse, il devint successivement professeur à la Sorbonne et à l'Université de Paris. Amelot de la Houssais dit que durant ses études il était si pauvre qu'il fut obligé, pour vivre, de se faire valet d'un régent du collège de Navarre[4].

[1] Voir l'article bibliographique intitulé : Philippe Cospéau, vulgairement nommé, en France, Philippe de Cospéan. par Ch.-L. Livet, *Revue des provinces de l'Ouest*, t. II première partie. p. 185, 233, 242. Dans cette notice, l'auteur y démontre que le nom du savant et illustre prélat est *Cospéau* et non *Cospéan*. — Le 1er volume. 2e partie, p. 135, contient l'oraison funèbre prononcé par Mgr Cospéau aux funérailles du roi Henri IV. (Note de M. de la Nicollière.)

[2] Bouterolle, garniture du bout d'un fourreau d'épée.

[3] M. de Courcy donne aux Cospéau une croix alésée.

[4] Amelot ajoute : « Charles de Monchal, qui y demeuroit alors avec l'abbé d'Epernon, dont il était le percepteur, l'ayant connu, le prit en affection et le mit auprès de cet abbé seulement pour le suivre en classe et lui porter ses livres et son écritoire. Le duc d'Epernon. qui avait fait sa fortune par son esprit, en trouvoit beaucoup à ce jeune garçon et lui parloit avec bonté toutes les fois qu'il venait voir son fils l'abbé. Un jour que le duc lui avait fait encore plus d'amitié qu'à l'ordinaire : Mgr lui dit, Monchal, en particulier, ne gastez point vostre eslève, pour en faire un homme digne de vostre protection et capable de faire figure dans le monde. Il réussit en effet. Cospéau, dans la suite, obtint l'évesché d'Aire par la faveur du duc, puis fut successivement évesque de Nantes et de Lisieux. »

M. Cospéau fut en 1606 nommé à l'évêché d'Aire en Gascogne, et reçut la consécration épiscopale le 18 février 1607 (dimanche de la Sexagésime) des mains de M⁣ᵉʳ de Gondy, archevêque de Paris.

On lui accorde la gloire, comme prédicateur, d'avoir purgé la chaire du fatras des citations profanes qu'il était alors si ordinaire d'employer, et de leur avoir substitué l'autorité de saint Paul et de saint Augustin. C'est le témoignage que lui rend, dans la préface d'un recueil de sermons, un de ses élèves ou imitateurs, qui fut évêque dans la province.

Nous lisons dans le *Journal du règne d'Henri IV*, samedi 1ᵉʳ mars 1603, que M. de Cospéau fit l'oraison funèbre de la maréchale de Retz à l'*Ave Maria*, et que le jour de la Saint-Pierre 1610, il fit celle d'Henri IV. « M. de Cospéau, dit le « journal, le jour de la Saint-Pierre, à Nostre-Dame, où le corps « du roi fut apporté, fit l'oraison funèbre avec apparat, loua « le roy et les jésuites, et prescha *El Paulo*, en espagnol, di- « sait-on, duquel il a le visage, la barbe et la contenance. »

Il harangua Louis XIII au nom et comme député de l'assemblée du clergé en 1617. Le Chapitre de Nantes, dans un *factum* de l'an 1622, p. i, dit que M. de Cospéau était un prélat grandement recommandable et par sa piété insigne et par son savoir éminent. Padioleau, dans son *Traité de la Régale de Bretagne*, imprimé en 1631, dit de notre évêque « qu'il était le père de son peuple, l'honneur du diocèse, l'un des plus vertueux et recommandables prélats qui paraisse aujourd'hui dans la hiérarchie ecclésiastique ». Le poète Théophile, dans l'apologie latine, parle de Philippe de Cospéau comme d'un évêque supérieur par son mérite, sa probité et son érudition[1].

---

[1] Quid tibi episcopus Nanneti arridet. Parum ille fortassis tua sententia genium meum agnovit minus scilicet tuo judicio cernit in mores hominum, at non ita probi, quemadmodum tu, de quo illi, de quo me sentiunt qualecumque poterit, vivir tantus de fide et probitate mea testimonium per inoffensæ conscientiæ jura perhibere non ametabitur, sed receptam adeo reverendissimi Episcopi fidem et eruditionem in doctissimo nebuloni suspectam fore non ambigo.

Des bulles de Grégoire XV, datées du 17 janvier 1621, transférèrent l'évêque d'Aire sur le siège de Nantes. Le prélat fit son entrée le lendemain à la cathédrale de Nantes, où il fut reçu avec un contentement général. Il conféra les ordres dans la cathédrale le 26 mars suivant, qui fut la veille de Pâques. Par ses lettres du 12 février 1622, Louis XIII accorda au nouvel évêque les fruits de treize mois et quelques jours écoulés depuis la régale ouverte. Il prit possession le 17 mars par procureur ; le cérémonial de la joyeuse entrée, autrefois observé quand l'évêque paraissait en personne, ne pouvant plus être pratiqué, Philippe arriva le lendemain, vendredi-saint 18 mars : le corps de ville et l'Université allèrent le saluer à l'évêché. M. de Cospéau prêta serment au roi, à la chambre des comptes de Bretagne, le 7 avril suivant' ' bis.

Il prit séance au Parlement le 17 août. Un mois auparavant, 19 juillet, il avait fait la visite du Chapitre et de l'église cathédrale ; il y trouva beaucoup de choses à réformer, auxquelles il n'osa toucher. Il arrêta seulement avec les chanoines un concordat pour les bénéfices dont le Chapitre avait la présentation.

Il est rapporté aux Insinuations, à l'an 1622, folio 51, que Mgr Cospéau publia, dans les mêmes temps, un Propre des saints de Nantes. Le Chapitre, le siège vacant, l'an 1620, avait donné ordre à Vincent Charon, chanoine de Nantes, de le rédiger, mais le siège étant rempli en 1622, il ne pouvait paraître que sous le nom du titulaire. Ce propre est plus chargé que celui de 1611, mais moins qu'un autre qui parut en 1639, rédigé par le même Charon.

M. de Cospéau était à Paris le 7 octobre 1622 et y prononça l'oraison funèbre du cardinal de Retz, évêque de Paris. Il revint à Nantes à la fin de ce mois, ou dans le suivant, afin d'assister aux Etats qui s'y tinrent en décembre et furent

---

' La vacance du siège dura donc de fait depuis le 17 juillet 1617 jusqu'au 7 avril 1622.

' bis Registres de la ville et de l'Université.

présidés à l'ouverture par Jean de Rieux, marquis d'Assérac, comte de Largouet, jusqu'à l'arrivée du marquis de Rosmadec.

L'évêque de Nantes assista en 1627 Madame, belle-sœur du roi, dans la maladie dont elle mourut le 4 juin ; il l'avait communiée et lui avait donné l'extrême-onction. Le 8 juin, il porta le cœur et les entrailles de cette princesse à l'église des Capucins du faubourg Saint-Honoré. Le même prélat accompagna à l'échafaud, le 22 juin, François de Montmorency, sieur de Bouteville, et François de Rosmadec, comte des Chapelles, qui eurent, en ce jour, la tête tranchée en place de Grève Il les avait vus à la Bastille, avec la permission du roi, depuis le 3 juin jusqu'au jour de leur supplice. On a du comte des Chapelles cinq lettres écrites à ses proches la veille de sa mort, lettres écrites avec esprit et de grands sentiments de foi, que l'on attribue à M. de Nantes, ou que l'on suppose au moins inspirées par lui.

Dix jours après cette lugubre exécution, l'évêque de Nantes fit à Saint-Denis l'oraison funèbre de Madame, épouse de Gaston de France, frère du roi, et qu'il venait de préparer à la mort. L'année suivante, il faisait le 13 octobre, à Jouarre, la translation des corps des saintes abbesses Theudishilde et Agliberte : on mit les reliques dans une châsse d'argent. La reine Marie de Médicis, mère de Louis XIII, fut présente à la cérémonie[1].

L'évêque de Nantes ne tarda pas à donner des preuves de son initiative et reprit avec vigueur les travaux de sa cathédrale dont il fit faire la grande voûte, et se livra à tout son talent oratoire pour gagner des âmes à Jésus-Christ. M. de Balzac, parlant des grands prédicateurs de son temps, citait avant tout : *Monsieur de Nantes*. Son Chapitre exaltait son savoir et sa *piété insigne*. Le 31 octobre, Philippe prononça dans l'église des Cordeliers, à Paris, l'oraison funèbre de la princesse de Condé. M. Jacques-Raoul de la Guibourgère,

---

[1] *Ann. bénéd., ann. 669, n° 4. Mém. de Trév. fév. 1732, p. 262-263.*

sénéchal de Nantes et ancien maire, nommé à l'évêché de
Saintes sur la fin de 1631, fut sacré à Nantes, dans la cathédrale, le dimanche 11 janvier 1632, par Mgr Cospéau, assisté
de Claude de Rueil, évêque d'Angers, et de Sébastien de Rosmadec, évêque de Vannes[1].

Le 3 novembre 1634, l'église de Vannes fit présent à celle
de Nantes d'un petit os de la jambe de saint Vincent Ferrier.
Deux chanoines de Vannes, Jacques Belleville et Rolland
Fruneau, députés par leur Chapitre, accompagnèrent la précieuse relique jusqu'à Nantes et la déposèrent dans la chapelle de Saint-Lazare, dépendant de la paroisse Saint-Similien. Huit jours après, elles furent apportées par le curé
Arnaud dans l'église paroissiale de Saint-Similien, où le
lendemain, 11 novembre, l'évêque de Nantes vint les chercher
et les transporta processionnellement à la cathédrale.

En janvier 1635, le cardinal de Richelieu appela Philippe
Cospéau au siège de Lisieux, dont le revenu était de 33,000 l.,
tandis que celui de Nantes n'était à cette époque que de
22,000 l. Il continua à se dire évêque de Nantes pendant plus
d'un an après ce transfert, la vacance et l'ouverture de la
régale ne commençant alors que du jour de la date des bulles[2].

La vacance du siège s'ouvrit le 21 mai 1635, le Chapitre
ayant, dans ce jour, nommé pour grand vicaires, MM. Louitre,
doyen, et Fourché, archidiacre, official de Nantes, le siège
vacant par la démission et la translation de M. Cospéan (c'est
le nom que lui donnent les lettres du vicariat du Chapitre).

En quittant Nantes, M. Cospéau fit don de cinq cents livres
à la fabrique du Chapitre et de quinze cents à la sacristie
pour les ornements. En reconnaissance, le Chapitre le mit, par
délibérations du 3 juillet et du 28 septembre 1637, sous le nom

---

[1] On conserve encore à l'abbaye de Meilleray une crosse en ivoire, très
remarquablement sculptée, que l'on croit avoir appartenue à l'évêque de
Saintes.

[2] *Mercure* de 1635.

de Cospeau, dans ses diptyques où sur la liste et au nombre des bienfaiteurs dont on lisait les noms au prône.

M⁏ Cospeau prit possession de Lisieux le 4 octobre 1636. En 1643 il ferma les yeux au roi Louis XIII. Zélé pour l'observation de la discipline ecclésiastique, il publia une ordonnancé pour obliger les curés à la résidence. Il fut longtemps le supérieur de la congrégation du Calvaire, instituée en 1597 par Antoinette d'Orléans-Longueville, de concert avec le fameux Père Joseph du Tremblay, confident de Richelieu. Plein de jours et de vertus, Philippe Cospeau mourut au château des Loges le mardi des Rogations, 8 mai 1646, après trente-neuf ans d'épiscopat depuis son élévation sur le siège d'Aire. Il expira en prononçant ces belles paroles : *Viximus in Christo, moriamur in Christo.*

Ses contemporains lui ont décerné de grands éloges. M⁏ Grillet, évêque d'Uzès, prononça son oraison funèbre devant l'assemblée du clergé, et le Père Le Mée, cordelier, publia sa vie à Saumur.

Le portrait de Cospeau, dit M. Livet, a été plusieurs fois gravé, soit dans l'œuvre de Charpignon, soit dans Odieuvre, soit par Michel Lasne, qui le représenta à l'âge de 68 ans, ou enfin par un anonyme qui n'est pas mentionné par le P. Lelong, mais qui existe dans la riche collection de M. Lajariette.

94. — GABRIEL DE BEAUVAU

(1635-1668)

Après la nomination de Philippe Cospeau à l'évêché de Lisieux en janvier 1635, le siège de Nantes ne fut pas aussitôt rempli. La cour y destina le jeune abbé de Beauvau, prévôt ou doyen de l'église de Nîmes, et, pour le lui faire mériter par quelque service important, le cardinal de Richelieu l'envoya en Provence, après la prise des îles Saint-Honorat et Sainte-Marguerite par les Espagnols, le 13 septembre 1635, avec des ordres d'arrêter, pour le service du roi, les vaisseaux qu'il trouverait à Marseille et dans les autres ports. M. de Beauvau n'était pas encore nommé ; il le fut peu après par le roi.

La maison de Beauvau, aussi illustre qu'ancienne, appartient à l'histoire de France ; elle est originaire d'Anjou et tire son nom de sa terre de Beauvau, située dans le marquisat de Jarzé. Suivant des auteurs sérieux, elle descend des anciens comtes d'Anjou.

Foulques de Beauvau suivit Richard Cœur-de-Lion à la 3ᵉ croisade.

Le blason des Beauvau, qui se trouve au musée de Versailles, porte : *Ecu en bannière : d'argent, à quatre lionceaux de gueules, armés, couronnés et lampassés d'or.*

Ainsi que nous le disions plus haut, cette maison appartient à l'histoire de France : nous n'avons donc pas à nous en occuper. Scévole et Louis de Sainte-Marthe (Paris, Laguehay, 1626, in-folio), Jacques Chevillard, le *Journal de Verdun* (mai 1719), L'Hermite de Souliers (*Hist. de la noblesse de Touraine*) et autres ont donné sa généalogie.

Les deux évêques de Nantes, du nom de Beauvau, appartiennent à la branche du Rivau. Albert de Morlaix donne au premier, dont il s'agit ici, une étoile en abyme, c'est-à-dire au milieu de l'écu, pour brisure. Nous pencherions davantage à admettre pour Gabriel de Beauvau la même brisure que nous signalerons sur l'écu de son petit-neveu Gilles, « un bâton escotté, péri en bande[1]. »

Gabriel de Beauvau était fils de Louis, premier du nom, sieur de Rivarennes et des Aulnais, mort au service de Louis XIII, à Turin, en 1643, et de Charlotte Brillouet,

Le sceau de M⁵ʳ de Beauvau est apposé au bas d'une nomination aux chapellenies de Loiselinière, en date du 29 mars 1639. Il est rond et mesure environ 0,058 de diamètre. Il est très fruste et ne laisse voir que les contours de l'écu, placé au centre, surmonté d'un chapeau à six houppes (1. 2. 3) de chaque côté et accompagné de la crosse et de la mitre[2].

D'abord militaire, puis abbé de Turpenay au diocèse de Tours et doyen de Nîmes, Gabriel de Beauvau fut promu à l'évêché de Nantes en 1635 par Urbain VIII et sacré à Paris le 23 mars de l'année suivante par les évêques de Chartres, de Saint-Pol-Trois-Châteaux et de Nîmes. Il prit possession par

[1] Cette opinion est d'autant plus probable que l'abbé de Vertot, dans sa liste des chevaliers du prieuré d'Aquitaine, p. 168 et 169, cite François, Joseph et Louis de Beauvau du Rivau, cousins-germains de notre évêque, avec un écusson « *brisé en cœur d'un bâton escotté d'azur, péri en pale.* »

[2] Communiqué par M. F. Guignard, propriétaire de Loiselinière (*Note de M. de la Nicollière*).

procureur le 11 juin suivant, mais il ne parut à Nantes que le 24 janvier 1638[1]. Il tint en 1638 un synode dans lequel il réprima quelques entreprises des réguliers, établit en 1642 les conférences dans son diocèse et assista en 1643 aux Etats de Vannes. C'est à lui que Nantes doit aussi son séminaire (1648), qu'il confia aux disciples de M. Olier et auquel il donna un bon règlement qui fut imprimé en 1658[2].

Gabriel de Beauvau, remarquable par sa piété et son amour pour les pauvres, continua l'œuvre de son prédécesseur, nous voulons dire sa cathédrale dont il commença le transept, mais bientôt l'argent venant à manquer, les travaux furent interrompus. Néanmoins, les aumônes et les dépenses de l'évêque de Nantes pour son église parurent des prodigalités à son frère puîné, le marquis de Beauvau, qui eut assez de crédit pour le faire déclarer prodigue et lui ôter l'administration temporelle de l'évêché[3]. Il le fit même arrêter par lettre de cachet au mois de juin 1666, conduire et garder à vue au prieuré de Grammont-lez-Chinon, dans le diocèse de Tours. Ses diocésains, affligés de son absence, firent pour le délivrer des efforts inutiles. La bibliothèque de Nantes possède une lettre autographe de Mgr de Beauvau, dans laquelle l'évêque remercie son Chapitre des démarches qu'il a faites pour le tirer de sa prison[4]. Elle est adressée à « Messieurs mes très chers confrères du clergé de Nantes » et datée de « ma prison de Grammont-lez-Chinon, le 27 janvier 1667 ».

Deux jours après, avaient lieu à Nantes les solennités de la canonisation de saint François de Sales. Il y eut à cette occasion une procession générale de Saint-Pierre à l'église de

---

[1] *Mercure.*

[2] Contrat d'acquisition de la tenue de Malvoisin, proche les Ursulines, pour l'établissement du séminaire en date du 20 juin 1642 (*Arch. départ. série* G, 4).

[3] La succession de l'évêque de Nantes ne prospéra pas entre les mains du marquis de Beauvau. Celui-ci ne tarda pas à la dissiper par ses prodigalités et tomba bientôt dans la misère, juste punition de sa cruauté envers son frère et un évêque.

[4] Fonds Bizeul.

la Visitation. La chambre et la ville en corps y assistèrent et le bureau fit tirer le canon à la prière des religieuses qui l'avaient demandé et obtenu dès le 5 janvier.

M. Gabriel de Beauvau se démit de l'évêché de Nantes, à la fin de décembre 1667 ou en janvier 1668, en faveur de son neveu, l'abbé de la Baume Le Blanc, doyen de Tours, et mourut très peu de temps après à Grammont, dans un âge fort avancé, le 9 janvier 1668. Le siège de Nantes était vacant et la régale ouverte. Le 26 janvier, le présidial commença la tenue des audiences des regaires, « vu la mort de l'évêque, arrivée il y avait quelques jours », dit le registre[1].

On sera toujours surpris d'avoir vu en M⁸ʳ de Beauvau un évêque interdit de l'administration du temporel lorsqu'il ne l'était pas du spirituel, et qu'un évêque qui avait tout l'exercice de ses ordres et de sa dignité ait été enfermé dans un monastère comme s'il avait été criminel, et que, sous prétexte de prodigalité et de dissipation, on lui ait ôté la disposition de ses biens pour les donner à son frère. Monseigneur l'évêque de Nantes, Gabriel de Beauvau, fut à Paris, en 1654, du nombre des évêques qui, ayant reçu l'ordre de se rendre en cette ville, ou s'y trouvant pour leurs propres affaires, écrivirent le 28 mars au pape Innocent X pour lui exprimer leur parfaite soumission au sujet de la condamnation prononcée par le Saint-Siège des cinq propositions contenues dans le livre *Augustinus* de Cornelius Jansénius, évêque d'Ypres. — Son portrait a été gravé in-folio par M. Poilly[2].

---

[1] *Registre du présidial*, 26 janvier 1668.
[2] *Bibliothèque historique*, par Lelong, t. IV.

95. — GILLES I DE LA BAUME LE BLANC

(1668-1679)

Gilles I de la Baume Le Blanc. — Armes : *Coupé de gueules et d'or, au léopard lionné, d'argent sur gueules et de sable sur or*[1]. Telles sont aussi les armoiries de ce prélat sur le Propre nantais imprimé en 1675. L'écu est timbré d'une couronne ducale, avec crosse et mitre sous le chapeau à dix houppes (1. 2. 3. 4) de chaque côté.

Né à Tours le 22 novembre 1616 et baptisé le surlendemain à l'église de Saint-Saturnin, Gilles de la Baume Le Blanc, issu d'une ancienne famille de Touraine, était fils de Jean de la Baume Le Blanc, chevalier, seigneur de la Gasserie, de la Vallière, de Reugny, de Boissay et d'Orfeuil, de la Costardays, du Plessis, baron de la Popelardière, gouverneur des ville et château d'Amboise et du château de Tours. Par sa mère, Françoise de Beauvau, fille de Jacques et de Françoise Le Picart, il était le neveu de l'évêque précédent et l'oncle du suivant. Outre ses cinq sœurs, l'évêque de Nantes avait six frères, dont Laurent, l'aîné, fut père de Louise, duchesse de la Vallière[2].

Vertot : *Histoire des Chevaliers de Malte du prieuré d'Aquitaine*, p. 565, édit. 1726.

[2] Anselme, t. v, p. 492. Plusieurs auteurs donnent à ce prélat le nom de la Vallière, qu'il ne prit jamais. Une lettre de lui aux maire et échevins de Nantes en 1670 ne porte à sa signature que le nom de la Baume Le Blanc.

D'abord chanoine de la collégiale de Saint-Martin de Tours, M. de la Baume était doyen de ce même Chapitre, quand, par la résignation de Mᵍʳ Gabriel de Beauvau, il fut promu par Clément IX au siège de Nantes en janvier 1668. Le nouvel élu prit possession par procureur le mardi 12 juin suivant. Il se rendit à Nantes le 23 septembre, sur les huit heures du soir. Le bureau de la ville[1] fit tirer douze coups de canon à l'arrivée de l'évêque, et alla à l'heure même, précédé de ses huissiers portant les haches levées, le saluer en corps à l'évêché. La ville lui envoya le présent ordinaire, qui était composé de douze flambeaux, de douze paquets de bougies et de douze bouteilles de vin de Grave.

Le nouvel évêque n'était point encore à Nantes que le roi lui demanda un état exact des monastères de filles du diocèse, du nombre des religieuses, du revenu et des charges de chaque maison. M. de la Baume s'empressa de déférer aux désirs de Louis XIV et lui envoya l'état demandé. L'absence forcée de M. de Beauvau avait privé pendant quelques années les fidèles du sacrement de Confirmation. Son successeur crut de son devoir de le conférer et d'y faire préparer. Il fit dresser à ce sujet une instruction méthodique par demandes et réponses en forme de catéchisme, qu'il fit publier avec mandement de la suivre en date du 28 octobre 1668.

L'année suivante, M. de la Baume assista aux Etats de Dinan.

Les *soulles* étaient un désordre commun dans le diocèse, les jours d'assemblée, à certaines fêtes principales d'un lieu. Le seigneur ou l'un de ses officiers laissait tomber, d'un lieu un peu élevé, une grosse et pesante boule ; les vassaux attroupés des différents seigneurs de la paroisse et des voisines, tâchaient de s'en saisir et de l'emporter afin de gagner le vin qu'on avait coutume de donner. On se battait, on s'assommait, on s'enivrait, ou, comme on disait alors, on se *saoulait*, ce qui fit donner le nom de *soulle* à ce mauvais divertissement. M. de la Baume Le Blanc fit en 1669 une or-

---

[1] Le bureau de ville se composait du maire et des échevins.

donnance contre les *soulles* et les défendit sous peine d'excommunication. Les statuts de 1670 et de 1682 renouvelèrent cette défense sous la même peine, et en firent un cas réservé ; ces divertissements n'existent plus.

Le 1er février 1671, l'évêque de Nantes transigea avec M. Augustin Servien, abbé de Saint-Jouin-de-Marne, sur la présentation de plusieurs cures auxquelles ce dernier prétendait avoir le droit de nommer. M. Gilles de Beauvau fit homologuer, le 1er octobre 1689, au parlement de Vannes, ce traité qui a été observé jusqu'à la Révolution.

Le même jour (1er février 1671), notre évêque, dans le désir de faire honorer Jésus-Christ au très Saint-Sacrement de l'autel, établit par mandement l'adoration perpétuelle dans le diocèse de Nantes, par l'attribution qu'il fit de chaque mois à plusieurs paroisses, qui, se succédant les unes aux autres, remplissent tous les mois, tous les jours et toutes les heures. Il tâcha aussi, par un mandement du 31 octobre même année, de faire reprendre les conférences ecclésiastiques interrompues par la situation de M. Gabriel de Beauvau dans les deux ou trois dernières années de sa vie.

Toujours en 1671, le saint prélat publia son livre *de la Lumière du chrétien*, imprimé *in-octavo* à Nantes chez Pierre Querro, puis deux ans après à Paris avec quelques petits changements, et de nouveau à Nantes en 1673, chez Querro, en deux volumes in-12, revus, corrigés et augmentés par l'auteur. Les Révérends Pères jésuites, qui habitaient jusque-là et en location une maison hors la ville de Nantes, acquirent en 1671, par autorisation épiscopale, le spacieux hôtel de Briord, dans la rue du même nom, en la ville, paroisse de Saint-Vincent, à dessein d'y demeurer.

En 1672, M. de la Baume voulut exiger de ses curés le droit d'*anno pari* (de l'année paire) des rentes synodales, de visite et de procuration[1]. Les curés du pays de Retz refusèrent de

---

[1] On trouve tous ces droits dans le décret de Gratien, sous les noms de secours charitatif, de droit de chaire, de cens synodal et de procuration ou

payer toute sorte de droits, à l'exception de celui de procuration ou de visite qu'ils offrirent d'acquitter quand l'évêque
ferait sa visite. M. de la Baume obtint du présidial une sentence contre ces curés. Appel fut fait au Parlement, sur lequel intervint un arrêt le 16 mai 1672. Tous les droits de-
mandés furent réduits à sa seule procuration, avec défense
à l'évêque de l'exiger les années où il ne ferait pas ses visites.
Le droit de procuration était de 14 l. lorsque l'évêque visitait, et on ne lui fournissait aucune nourriture ni à sa
suite. Ce droit se payait autrefois tiers par tiers par trois
curés que l'évêque pouvait visiter en un jour. Il était de
7 l. et quelques sous par jour, pour l'archidiacre, quand il le
recevait en entier.

Pendant la révolte à l'occasion de l'impôt sur le papier
timbré en 1673, à Nantes, l'évêque courut risque de sa personne. Il fut tenu prisonnier durant quelques jours dans la
chapelle Saint-Yves par la populace, qui menaçait de le
traiter comme on avait traité la *Veillone,* une des femmes à
la tête de la sédition, et si on la pendait, de le pendre au
même moment. Sébastien de Rosmadec, marquis de Molac
et gouverneur de Nantes, fut obligé de faire relâcher cette
femme pour sauver la vie au prélat. La sédition n'eut du
reste pas de suite. M. de la Baume tint régulièrement le synode tous les ans ; il publia des statuts et ordonnances dans
ceux de 1670-73-75 et 79 ; tous font preuve de son attention à
bien régler le diocèse. Ils furent recueillis dans le dernier
qui s'assembla le 25 mai 1679 et furent imprimés par Querro.
Le synode de 1670 retrancha quinze fêtes[1], ce qui ne fut pas
goûté du peuple qui continua d'observer les fêtes retranchées

de repos : *charitativum subsidium, cathedralicum, synodaticum, in procu-
rationis,* et dans les anciens rites du diocèse, sous les noms de visitation,
de prestation et de pension de l'évêque. Gratien ne parle point de l'année
paire. Ce droit n'est différent qu'en ce que dans les années paires ou de
nombre parfait, le droit était d'un tiers plus fort que dans l'année impaire
ou de nombre imparfait, de sorte que celui qui payait à l'évêque, l'an 1669-
71-73, etc., huit livres de droit, lui en payait douze en 1668-70-72, etc.

[1] Les quinze fêtes retranchées furent : Conversion de saint Paul (25 janvier)
— Saint Joseph (19 mars) — Saint Barnabé (11 juin) — Visitation (2 juillet)

jusqu'au synode du 6 août 1682, qui les retrancha de nouveau pour n'être plus gardées à l'avenir.

En 1675, l'évêque Gilles fit travailler à un Propre des saints ; ce nouveau propre, moins chargé que ceux de 1622 et 1639, l'est plus que celui de 1611.

A l'exemple des papes, qui rendaient quelquefois la tiare au neveu du pape de qui ils l'avaient reçue, Mgr de la Baume pensa rendre la crosse et la mitre au neveu de M. Gabriel de Beauvau (qui était aussi le sien) et le demanda au roi pour coadjuteur et successeur. On lui répondit que l'abbé de Beauvau avait l'âge d'être évêque et qu'il pouvait se démettre en sa faveur. Il ne s'attendait pas à une pareille jussion. Il se démit, mais s'en repentit presque aussitôt. Il se plaignit au pape Innocent XI du peu de liberté qu'avait eu sa démission et supplia Sa Sainteté de ne point accorder les bulles de l'évêché de Nantes. Cette démarche en arrêta l'expédition et donna lieu à une contestation entre le Chapitre et l'évêque ; le Chapitre ayant voulu prendre la régie et M. de la Baume voulant la retenir jusqu'à l'acceptation de sa démission à Rome et la prise de possession de son successeur, l'évêque l'emporta, puisqu'il tint le synode le 25 mai 1679 et y fit des statuts. Ce fut une de ses dernières actions en qualité d'évêque de Nantes.

M. de la Baume resta dans le diocèse pendant les premières années de l'épiscopat de son successeur, faisant toutes les fonctions sous le bon plaisir de celui-ci, jusqu'à confesser et prêcher dans les missions du diocèse avec l'assiduité d'un simple missionnaire. Il passa de Nantes à Tours et de là à Périgueux auprès de Mgr de Francheville, et enfin à Tulle près de Mgr de Saint-Aulaire. Il mourut dans cette ville en 1709, âgé de 90 ans, la trente-deuxième de sa démission et la

---

— la Madeleine (22 juillet) — Sainte Anne (26 juillet) — Saint Pierre-ès-liens (1er août) — Transfiguration (6 août) — Décollation de saint Jean-Baptiste (29 août) — Commémoration des morts depuis midi (2 novembre) — Saint Martin (11 novembre) — Présentation (21 novembre) — Saints Innocents (28 décembre) — Quatre féries de Pâques et de la Pentecôte et le Vendredi-saint depuis le service du matin.

quarante-unième de sa consécration, et depuis 52 ans jésuite
profès, sans en avoir porté l'habit, par dispense du Saint-
Siège. Sur la fin de sa vie, il ne célébrait plus les saints mystères, son grand âge lui ayant affaibli l'esprit.

Le Chapitre de Nantes ne lui fit point de service à sa mort.
Cet évêque de Nantes, qui mourut ne possédant pour tout
bien qu'une rente viagère sur l'évêché, fut d'une merveil-
leuse simplicité, d'une grande frugalité et d'un travail étonnant, allant aux missions comme un simple prêtre et admi-
nistrant les sacrements aux malades dans la paroisse de sa
maison de campagne à la manière d'un vicaire et à défaut
de vicaire dans le lieu. Ses visites diocésaines ne l'embarras-
saient point; sa suite était peu nombreuse et il se contentait
de peu[1]. Son portrait a été gravé in-folio par M. Poilly, d'a-
près François Porcher.

96. — GILLES II JEAN-FRANÇOIS DE BEAUVAU DU RIVAU

(1679—1717)

Gilles II Jean-François de Beauvau du Rivau, fils de François
du nom et de Louise de la Baume Le Blanc, était petit-neveu
de Gabriel de Beauvau, son avant-prédécesseur, et neveu de

1. *Bibliothèque historique de France*, par Le Long, t. IV.

Gilles de la Baume Le Blanc, son prédécesseur immédiat. En effet, François de Beauvau, son père, était fils de Louis, second du nom et frère de Mᵍʳ Gabriel, et sa mère était sœur de M. de la Baume.

A l'exemple de son grand-oncle, Gilles-Jean-François porta *d'argent à quatre lionceaux, couronnés, armés et lampassés d'or au bâton écoté d'azur, péri en bande comme brisure*. Son article de famille est nécessairement le même que celui de Gabriel.

Ce prélat fit usage de trois sceaux. Le plus ancien, reproduit dans le volume de la collection Gaignières, si souvent cité, porte pour timbre au-dessus de l'écu un chapeau à 6 houppes (1.2.3) de chaque côté. L'empreinte d'un autre, apposé au bas d'une nomination au bénéfice des Guiberds, *alias* de L'Hospitau, dans l'église de Saint-Cyr-en-Rays, le 4 avril 1744 (collection de M. de la Nicollière), est ovale et mesure 0,030ᵐ sur 0,034ᵐ. L'écu est chargé des quatre lionceaux couronnés et du bâton écôté péri en bande ; au-dessus se voient la crosse, la mitre, la couronne ducale et le chapeau à dix houppes de chaque côté. Légende : *Œg. de Beawav, Nanetensis Episc. Sigil. secret.* Enfin la collection Parenteau possède une matrice fort bien conservée d'un troisième sceau orbiculaire, aux mêmes armoiries que le précédent, avec la légende : *Gilles de Beauvau, évêque de Nantes.*

Proposé pour le siège de Nantes par le cardinal Maldachini, dans le consistoire tenu à Rome le 12 juin 1679[1] par Innocent XI, l'évêque de Nantes prit possession le 1ᵉʳ septembre suivant.

Gilles de Beauvau fut un prélat pieux et zélé. Le Père Champion, de la compagnie de Jésus, dans une épître qu'il lui adressa en lui dédiant un livre dont il était l'éditeur[2], assure que ce prélat était bon, charitable, attentif à maintenir le bon ordre dans son diocèse, et que, détaché des choses de la terre

---

[1] Arch. et évêch. de France. Collect. Gaignières. T. CXLI. Biblioth. nat.
[2] Epître dédicatoire de la doctrine spirituelle du P. Louis Lallemant.

et très adonné à l'oraison, il fut souvent choisi pour arbitre par ses diocésains.

L'an 1689, M. de Beauvau donna son approbation au catéchisme composé par M. de la Noë-Mesnard, l'un des supérieurs du séminaire, et ordonna de s'en servir dans tout le diocèse. Avant M. de la Noë, à qui M. de Beauvau commit la direction des catéchismes, les curés suivaient les formules qui leur plaisaient, n'ayant eu, depuis M. de Bourgneuf, rien de fixe à cet égard et qui comprît toute la doctrine chrétienne, la formule de M. Cospeau n'ayant été que pour la communion et celle de M. de la Baume que pour préparer à la confirmation. Les catéchismes, avant M. de la Noë, étaient négligés dans les paroisses de la ville, et les pères et mères qui avaient quelque zèle pour l'instruction de leurs enfants les envoyaient aux catéchismes des Pères capucins et des Pères jésuites dans leurs chapelles. Il y avait pourtant des catéchismes fondés à Saint-Saturnin et à Sainte-Croix, mais ils étaient plus pour les grands que pour les petits.

M\u{gr} de Beauvau mourut au palais épiscopal le 7 septembre 1717. Son épiscopat est le plus long de tous sur le siège de Nantes, ayant duré trente-huit ans. Depuis François Hamon (1532), c'est-à-dire depuis près de deux cents ans, aucun évêque n'était mort à Nantes ; aussi les précautions pour l'embaumement de son corps furent tellement négligées, qu'au bout de quelques jours, quatre soldats, la pipe à la bouche, durent transporter les restes de M\u{gr} de Beauvau, du lit d'honneur sur lequel ils étaient exposés à l'évêché, au caveau de la cathédrale. La messe des obsèques eut lieu le lendemain.

On avait dit autrefois à M. de Beauvau qu'il aurait la sépulture d'un soldat ; il ne pouvait le croire, étant évêque ; la prophétie fut justifiée par l'événement.

La semaine après les *Rois*, le Chapitre célébra un service solennel pour le prélat défunt ; le Père Esprit, capucin, prononça l'oraison funèbre ; M. de Tressan, élu de Vannes, et qui allait devenir évêque de Nantes, y était présent à la tribune.

M. de Beauvau mourut dans un état voisin de l'indigence, ayant toujours vécu dans la plus grande pauvreté, comme le prouve l'inventaire des meubles de son palais, conservé aux archives du Chapitre de Nantes.

Son portrait a été gravé par Et. Gautret, d'après F. du l'ays, 1680, in-folio. La collection de la Jarriette contenait un portrait de cet évêque[2].

97. — LOUIS II DE LAVERGNE DU TRESSAN

(1717-1723)

Louis II de Lavergne du Tressan, chanoine et comte de Lyon, abbé commendataire de Lespeau, de Bonneval et de Longfront, premier aumônier de Philippe d'Orléans, régent de France, évêque élu de Vannes depuis 1716, sans en avoir obtenu les bulles, fut transféré à Nantes en septembre 1717 par le pape Clément XI. Il appartenait à une famille fixée dans le Languedoc depuis la guerre des Albigeois qui lui avait fait perdre presque tous ses biens et pendant laquelle elle suivit le parti du comte de Toulouse. La maison de Lavergne, titrée du marquisat de Montbasin et du comté de Tressan par suite de l'acquisition faite à la fin du quinzième siècle par le cardinal de Lavergne de ces deux terres qu'il partagea entre ses deux neveux, a formé plusieurs branches en Poitou, en Auvergne, en Limousin et en Rouergue. Elle a

1 *Bibliothèque historique de France*, par Lelong, t. IV.
2 Catalogue 1861, IIe partie, estampes, p. 132.

donné à l'église un cardinal, des archevêques (de Sens et de Rouen), des évêques (de Lodève, du Mans et de Nantes), à l'armée un grand nombre d'officiers généraux et supérieurs, un membre de l'Académie française, etc[1].

Louis de Lavergne était second fils de Jérémie, s[r] de Tressan, de l'Estang et de la Tour, maréchal des camps et armées du roi, seul procureur de Sa Majesté en Languedoc, demeurant à Pezenas, et de dame Marguerite de Boan, fille de François, s[r] de Casaux, et d'Agnès de Lévis-Mirepoix-Terride.

Les Lavergne portaient : *d'argent au chef de gueules chargé de trois coquilles d'argent,* mais l'évêque de Nantes portait, en tête de son mandement, un écusson *Écartelé au 1 et 4 : d'or à deux vaches de gueules, accolées et clarinées d'azur, l'une sur l'autre,* qui est Béarn ; *au 2 et 3 : d'or à trois chevrons de sable,* qui est Lévis-Mirepoix, et sur le tout : *de Tressan*[2].

Nommé évêque de Nantes, ainsi que nous l'avons vu, peu de jours après la mort de M. de Beauvau, le nouvel élu se rendit dans sa ville épiscopale le 6 décembre suivant 1717 et descendit chez M. Guillaume de la Vieux-Ville, doyen de la cathédrale, chez lequel il reçut la visite des députés de la Faculté de théologie ; l'Université ne lui rendit visite qu'une fois rendu à son palais.

M. de Tressan fut sacré le dimanche 10 juillet 1718 à Dinan, diocèse de Saint-Malo, pendant la tenue des États. Il demanda que la province fît les frais de sa consécration, mais les États lui refusèrent sa requête parce qu'il n'était pas Breton et qu'il n'avait encore rendu aucun service à la Bretagne. Par mandement de la même année, le prélat ordonna à ses prêtres de célébrer tous les ans la mémoire de l'anniversaire de son sacre. Aucun évêque, avant lui, n'avait ordonné une semblable mémoire. Ses prédécesseurs ne s'étaient point aperçus que cet usage est très ancien dans l'église et qu'il en est parlé

---

[1] Moreri, — La Chesnaye des Bois : *Dictionnaire de la noblesse,* t. VIII, etc.

[2] Archives municipales, carton culte, dossier : « permission pour manger des œufs. »

dans le missel romain. Mais les anciens missels à l'usage de Nantes, imprimés en 1478, 1505, 1525, etc., n'en font pas mention.

En 1719, M. Louis de Tressan établit dans son diocèse la fête de saint Louis (25 août) avec chômage de travail.

L'année suivante 1720, eut lieu le 26 mars au soir, sur la place du Bouffay à Nantes, l'exécution du marquis de Pont-callec et de ses trois infortunés compagnons, de Talhouët, Montlouis et Ducouëdic, accusés d'intelligence avec l'Espagne[1].

Les États, assignés à Nantes pour le 7 décembre 1722, furent renvoyés au 17 du même mois ; Monsieur de Nantes y présida pour le clergé.

Mᵍʳ de Lavergne, qui prévoyait devoir être transféré ailleurs, ne résida à Nantes qu'autant que ses affaires et celles du roi le demandèrent. Il y fit peu de fonctions, et n'enregistra point son serment. La régale, qui avait cessé pour lui par la main-levée de son temporel qu'il obtint du roi, continua pour les bénéfices pendant tout son épiscopat.

Ce fut pendant le temps qu'il passa à Nantes, qu'il assista, avec Massillon, le cardinal de Rohan pour la cérémonie de la consécration du fameux cardinal Dubois, qu'il avait ordonné prêtre.

Louis de Tressan publia encore pour le diocèse de Nantes une longue ordonnance touchant les écoles, le 28 janvier 1723. Il y recommanda aux maîtres et maîtresses d'école la lecture du Nouveau Testament, et de se servir, pour l'instruction des enfants, du catéchisme de M. de la Noë-Mesnard, approuvé par M. de Beauvau. Il a inséré dans son ordonnance un arrêté récent du Parlement, qui défend à quelque personne que ce soit de tenir école ou d'instruire dans les maisons sans permission du curé ou approbation de l'évêque[2].

---

[1] Tandis qu'en réalité ils ne travaillèrent, eux et tous ceux qui entrèrent dans la conjuration, que pour la revendication légitime des franchises et des libertés de la Bretagne.

[2] Que les temps sont changés !

Le 17 octobre 1723, il fut nommé par le roi à l'archevêché de Rouen, vacant depuis plus de deux ans. En ayant obtenu les bulles en février 1724, et le *Pallium* le 14 du même mois, il crut pouvoir continuer sa juridiction à Nantes, au temporel comme au spirituel, jusqu'au moment de sa prise de possession de son nouveau siège. Il donna le 4 mars 1724, samedi avant la Quadragésime, la permission de manger des œufs pendant le carême dans lequel on venait d'entrer, et le Chapitre, à qui le mandement fut communiqué le 9 mars, ne s'y opposa pas[1]. Le roi l'avait fait entrer, avant de quitter Nantes, dans le conseil de conscience. A Rouen le prélat fit un établissement utile en faveur des prêtres infirmes sous le nom de séminaire de Saint-Louis ; il fonda aussi un hospice pour les captifs qui revenaient des Etats barbaresques. Après 10 ans d'épiscopat à Rouen, M. de Tressan mourut au château de Gaillon, maison de plaisance de l'archevêché, le 16 avril 1733. Il fut inhumé aux Chartreux de cette résidence. Il était d'un caractère très bienveillant, avait des talents remarquables, et se montra fortement opposé aux entreprises des Jansénistes.

Son portrait à l'huile existe dans la salle capitulaire de Nantes. Son portrait a été gravé in-folio par Devet pour le bréviaire de Rouen[2].

---

[1] Cette pièce est, semble-t-il, au moins pour Nantes, la première lettre pastorale publiée à l'occasion du carême. C'est celle à laquelle est appendu le sceau armorié dont nous avons parlé. La voici dans son entier : « Nous, « Louis de la Vergne de Tressan, évêque de Nantes, nommé à l'archevêché « de Rouen, permettons d'user des œufs pendant le carême de la présente « année, en conséquence des remontrances à nous faites par les maire et « eschevins de la ville de Nantes, dans la ville et dans tout le diocèse, à com- « mencer du jour de la publication ou notification de la présente permission, « jusqu'au dimanche des Rameaux exclusivement. Donné à Paris le 4 mars « 1724. Louis de Tressan, évêque de Nantes, nommé archevêque de Rouen. »

[2] *Biblioth. hist. de France*, par Le Long, t. IV.

98. — CHRISTOPHE-LOUIS TURPIN DE CRISSÉ DE SANSAY

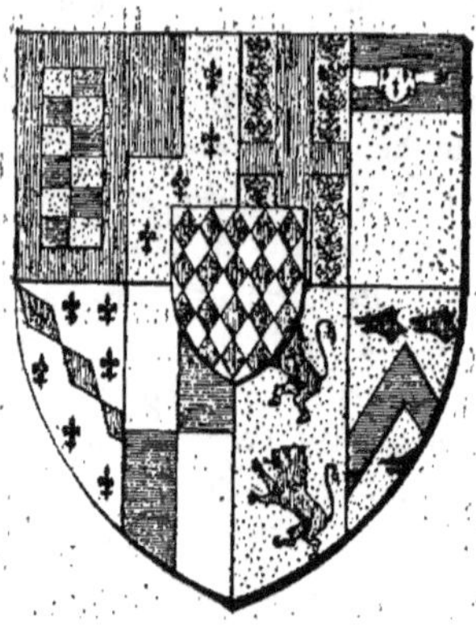

(1723-1746)

La maison Turpin de Crissé remonte généalogiquement au temps de Charlemagne. Richement possessionnée en Anjou, elle joint à l'honneur d'avoir contracté de belles alliances celui d'avoir fourni à l'Église, à la cour et à l'épée, une foule de personnages éminents. Parmi ces illustrations nous citerons Guy Turpin, qui prit part à la 1re croisade — Henri, à la 3e — des chambellans, des mestres et maréchaux de camp, etc., etc. Dans l'église on trouve Pierre, archevêque de Reims en 753, mort en 794 d'après Hincmar, et en 800 suivant Flodoard — Guillaume, évêque d'Angers de 1359 à 1370 — Pierre, évêque d'Evreux en 1470 † 1473 — Isabelle, abbesse de Saint-Georges de 1404 à 1420 — enfin Christophe-Louis, évêque de Rennes et de Nantes (*Gallia Christ.* et *D. Taillan*). Christophe-Louis, naquit en 1670 de Louis Turpin, 4e du nom, comte de Sansay, et de Anne-Marie de Coulanges[1]. La maison Turpin porte : *Losangé d'argent et de gueules*. Telles furent aussi les armes de notre prélat. Cependant, en tête de ses mandements il usa d'un écu de forme ronde dit *écu d'alliance*, dont voici la description :

Parti de trois coupé d'un. Au 1 : *échiqueté d'or et d'argent à la bordure de gueules*, qui est de Dreux. Au 2 : *d'or, semé de fleurs de lys d'azur, au franc quartier de gueules*, qui est de Thouars[2]. Au 3 : *d'or à la Croix de gueules, cantonnée de seize alérions d'azur*, qui est de Montmorency. Au 4 : *d'or au chef d'azur, chargé d'un doctrochère vitré d'un fanon d'hermines*, qui est Villiers de l'Isle-Adam[3]. Au 1 de la pointe : *d'argent à la bande fuselée de gueules, accompagnée de six fleurs de lys d'azur en orle*, qui est du Bellay[4]. Au 2 : *écartelé d'argent et d'azur*, qui est de Crévant[5]. Au 3 : *d'or à deux lions* (ou deux léopards d'après la collection des Blancs-Manteaux) *de gueules, l'un sur l'autre*, qui est de Blanquefort. Au 4 : *d'or au chevron d'azur, accompagné de trois hures de sanglier de sable*, qui est de Chenu[7]. Sur le tout : *de Turpin*.

[1] M. de la Nicollière (p. 98) et M. le chanoine de Corson (*Pouillé de Rennes*, t. I, p. 99) donnent pour mère à Christophe-Louis *Anne-Marie de Malairzes* ; les archives de la famille, le *Palais de l'honneur*, t. II. p. 680 et la *Gallia Christ.*, t. XIV, col 833, la nomment Anne-Marie de Coulanges.

[2] Marguerite de Thouars, dame de la Chèze-le-Vicomté, de Talmond et de Curson, porta en dot le tiers du comté de Dreux à Guy Turpin, cinquième du nom, sieur de Crissé et de Vihiers. Elle vivait encore le 23 octobre 1404.

[3] Denise de Montmorency, fille de Charles, maréchal de France, et de Pernelle de Villiers de l'Isle-Adam, épousa Lancelot de Turpin de Crissé, chevalier-chambellan des rois Charles V et Charles VI

[4] Catherine du Bellay, fille de René et de Marguerite de Laval, épousa Jacques de Turpin de Crissé, chevalier, deuxième du nom.

[5] Éléonore de Crévant, épouse de Charles Turpin de Crissé, chevalier, troisième du nom, comte de Vihiers, baronne de Montoiron, était bisaïeule de l'évêque de Nantes.

[6] Louise de Blanquefort épousa Jacques Turpin, premier du nom, chambellan de Louis XI.

[7] Suzanne de Chenu, comtesse de Sansay, baronne d'Autry-la-Ville, dame du Chatelier-Portault, épouse de Louis Turpin de Crissé, premier du nom, chevalier sieur de Cherzé, était aïeule de Msr de Nantes (*Extrait de la généalogie manuscrite de la maison de Turpin, communiqué à M. de la Nicollière par Mme la comtesse de Lostanges, née Turpin de Crissé de Sansay*).

A la suite de ces détails, il est inutile de faire ressortir l'ancienneté et l'importance de la maison Turpin de Crissé de Sansay.

Le sceau de Mgr Turpin est presque rond, mesurant 0,043 sur 0 047 et peut être offert comme un beau type de l'époque. L'écu est rond , entouré des ornements épiscopaux, avec couronne ducale. Légende : *Christophorus-Ludovicus Turpin de Crissé de Sansay, episcopus Nannetensis.*

Au bas d'une lettre, adressée à M. Mellier, maire de Nantes, vers 1725, il signe : † *Turpin, évêque de Nantes.* Le petit cachet, sans légende, représente l'écu de Turpin, orné des attributs épiscopaux. Beaucoup d'actes sont scellés d'un sceau plus petit que le premier, dont nous venons de parler, mais qui en est la reproduction exacte.

Christophe-Louis était docteur en théologie de la Faculté de Paris, chanoine de Tournay, puis abbé de Moreau, au diocèse de Poitiers et doyen de Saint-Martin de Rouen, lorsqu'il fut nommé par le roi évêque de Rennes, le 15 août 1711. Le doyenné de Saint-Martin de Rennes ayant été uni en 1717 à l'archevêché, Mgr Turpin s'en démit et obtint à sa place l'abbaye de Sainte-Croix de Quimperlé, dont il prit possession le 20 avril 1718. Lors du terrible incendie de Rennes en 1720, il se montra véritable pasteur, et n'épargna rien pour soulager les victimes de ce déplorable événement. En 1721, il fut pourvu à Rome, et prit possession, le 21 septembre, du prieuré de Saint-Jean-sur-Couasnon dans son diocèse et dépendant de l'abbaye de Saint-Florent de Saumur.

« Doux, affable et plein de charité, dit l'abbé Trévaux, cet évêque était chéri de son troupeau. » Lorsqu'il fut transféré à Nantes, où il fut nommé par le roi le 17 octobre 1723 par la même ordonnance qui nommait son prédécesseur au siège archiépiscopal de Rouen, M. de Sansay prit possession par procureur le 11 décembre 1724 seulement. Il avait eu le dessein de la prendre plus tôt, mais le Chapitre le pria de différer cet acte jusqu'après la publication de la bulle du jubilé pour l'avènement du pape Benoît XIII.

Peu de mois après sa translation, le nouvel évêque de Nantes fut élu abbé de la Chaume, près Machecoul, dans son nouveau diocèse.

Nantes ne tarda pas à être témoin du zèle de son évêque comme Rennes l'avait été de sa charité. Le 16 août 1726, M. de Sansay donna un mandement concernant les maîtres et maîtresses décoles de son diocèse. Le 28 juin 1730 il en publia un autre pour supprimer quelques fêtes qui chargeaient trop les fidèles en les obligeant à une interruption trop fréquente de travail : il suivait en cela l'exemple que lui avaient déjà donné ses prédécesseurs, MM. de la Baume et de Beauvau[1].

Pasteur vigilant, il eut bientôt à lutter contre le jansénisme qui s'était étendu dans le diocèse de Nantes et y comptait un certain nombre de partisans. Le mandement qu'il donna pour la publication du Jubilé fut pour lui une occasion favorable de manifester son opposition à l'erreur ; il priva de cette grâce tous les opposants de son diocèse, et refusa aux curés, non soumis à la bulle *Unigenitus*[2], les pouvoirs extraordinaires qui s'accordent dans ces sortes d'occasion. Trois chanoines de la cathédrale se montraient jansénistes : il les fit exclure des assemblées capitulaires. La même cause conduisit en exil les curés de Saint-Denis et de Saint-Léonard de Nantes. Celui de Saint-Saturnin, de la même ville, qui passait pour un saint aux yeux de ses partisans, et n'était qu'un sectaire obstiné, étant mort en 1725 dans son aveuglement, M. de Sansay défendit de lui accorder même les prières de l'Église.

[1] Ces fêtes étaient : Saint Mathias (24 février) — Saint Marc (25 avril) — Saints Jacques et Philippe (1er mai) — Invention de la sainte Croix (3 mai) — Saint Jacques (25 juillet) — Saint Laurent (10 août) — Saint Barthélemy (24 août) — Saint Louis (25 août) — Saint Mathieu (21 septembre) — Saint Michel (29 septembre) — Saint Luc (18 octobre) — Saint Simon (28 octobre) — Saint Thomas (21 décembre) et le mardi de la Pentecôte.

[2] La bulle *Unigenitus* fut donnée en 1713 par le pape Clément XI à l'occasion d'un livre janséniste du Père Quesnel, de l'Oratoire. Cette bulle fut déclarée loi de l'État.

D'autres occasions le mirent à même de montrer de la fermeté. Instruit que dans les environs de Clisson et le pays de Retz il se trouvait des prêtres jansénistes, qui, par une sévérité outrée, privaient les fidèles des sacrements, il se rendit inopinément sur les lieux et écarta les curés de Cugand, Gétigné et Saint-Mars-de-Coutais. Il eut la consolation d'obtenir la soumission de celui du Pallet. Ce prélat publia un nouveau catéchisme qui est encore en usage dans le diocèse.

Ce ne fut pas seulement en combattant l'erreur que M. de Sansay témoigna de son zèle, il travailla sans relâche à faire régner la régularité dans son clergé et à procurer aux enfants du peuple le bienfait d'une éducation chrétienne. Les pauvres de Nantes lui durent l'établissement des Frères des écoles chrétiennes. Il visita exactement son diocèse et s'embarqua un jour dans un frêle canot pour se rendre à l'île de Bouin, alors du diocèse de Nantes, et qui, depuis quarante années, n'avait pas vu d'évêque. Ce fut lui qui contribua le plus, peut-être, à obtenir que le concours pour les curés, dans les mois réservés au Pape, eût lieu désormais en Bretagne. Il serait difficile de faire connaître toutes les aumônes de ce charitable pasteur, tant elles étaient abondantes. Les pauvres honteux surtout y eurent une grande part. Exact observateur de la résidence, il ne sortit de son diocèse que lorsque la nécessité l'exigea et se montra toujours disposé à remplir ses fonctions épiscopales. Il prouva son affection pour la maison de Dieu par le soin qu'il mit à décorer la cathédrale et la collégiale de Notre-Dame. Aussi bon maître que bon pasteur, il était pour ses domestiques un véritable père. Tel fut M. de Sansay pendant les vingt-trois ans que le diocèse de Nantes eut le bonheur de le posséder. A l'âge de 76 ans, il tomba malade à sa maison de plaisance de Chassais, vit venir la mort avec la sérénité des justes, régla toutes ses affaires temporelles et spirituelles, dicta en pleine connaissance son testament, témoignage de son amour

pour les pauvres et les établissements religieux[1]. Il mourut
le mardi 29 mars 1746, sur les trois heures après midi. Pendant le cours de sa maladie, le Chapitre ordonna des prières
de quarante heures.

Le 30 mars, le Chapitre prit la régie, nomma sept grands
vicaires, l'official, le vice-gérant, le promoteur et le secrétaire, et assigna l'enterrement de M. de Sansay au lundi de
la semaine sainte, le 4 avril. Son corps fut apporté sans cérémonie le 31, à trois heures du matin, de la maison de Chassais,
et exposé dans la grande salle de l'évêché, où les paroisses
et les communautés séculières et régulières se rendirent,
depuis les deux heures de l'après-midi de ce jour jusqu'au
3 avril inclusivement, aux heures et dans l'ordre qui leur
furent indiqués par le Chapitre, c'est-à-dire de huit à dix
heures du matin, et de deux à quatre heures de l'après-midi.

Le convoi de la sépulture se fit au jour indiqué ; il sortit de
l'évêché sur les dix heures, descendit par la Grand'-Rue, les
rues des Carmes, de Verdun et de Notre-Dame ; de là il se
rendit à la cathédrale. L'intention du Chapitre avait été de
passer par la rue de Beau-Soleil, les Saintes-Claires, la Maison
de ville et Notre-Dame, mais Messieurs du présidial repré-
sentèrent avoir trouvé sur leurs registres que l'on devait
prendre la même route que le jour de la procession de la
mi-août. Il n'y eut point de contestations, mais on ignore où
le présidial avait trouvé cet ordre de marche. Il y avait plus
de 200 ans qu'une semblable cérémonie n'avait été faite ;
l'institution du présidial n'était pas bien ancienne et la procession du 15 août encore plus récente.

La procession commença par les enfants du Sanitat, les
Récollets, les Capucins, les Minimes, les Cordeliers ; les
Carmes et les Jacobins suivirent, chacun d'eux marchant
sous sa croix découverte. Après eux venaient les croix des

[1] Article tiré d'un mémoire sur la vie et la mort de M. Turpin de Crissé
de Sansay, par un négociant de Bretagne, dans le journal chrétien de l'abbé
Joannet, janvier 1759.

paroisses, au nombre de neuf, couvertes de deuil et suivies du clergé en camail, des curés avec l'étole, au nombre de treize; le Chapitre de Notre-Dame, celui de Saint-Pierre et trois ou quatre sonneurs.

Un brancard sur lequel étaient la crosse démontée et mise en sautoir, une mitre de carton doré au-dessus, la couronne au-dessous avec les armes de l'évêque défunt, le tout couvert en partie d'un crêpe noir. Plusieurs hommes vêtus de noir portaient le brancard. C'est la première fois que l'on a vu à Nantes une couronne aux obsèques d'un évêque. Un autre brancard, sur lequel était le corps en chasuble violette, chaussé et ganté de même couleur, une mitre blanche en tête et une aumusse jetée négligemment sur le corps. Six ecclésiastiques, en camail portaient le brancard, et quatre chanoines tenaient les quatre coins du drap mortuaire, sur lequel le corps était posé. Un cierge d'honneur, le présidial, le recteur et les Facultés de théologie, de médecine et des arts, quelques invalides suivaient, ainsi que la foule.

La chapelle du défunt, sa crosse, sa mitre et son fauteuil de velours violet garni de galons d'or restèrent au Chapitre. Les héritiers eurent le dais du trône.

Le portrait de Mgr Turpin a été gravé in-folio à Paris par E. Desrochers. Le buste du prélat est placé dans un cadre ovale, autour duquel on lit : « Messire Christophe-Louis Turpin de Crissé de Sansay ». Au bas est l'écu des alliances, puis au-dessous le quatrain suivant :

> A ces traits on peut reconnaitre
> De Nantes le digne prélat,
> Mais sa vertu le fait paraitre
> Dans tout son lustre et son éclat[1]

---

[1] Dans la salle des assemblées du chapitre de Nantes existe un portrait d'évêque sans nom et sans armoiries. Nous sommes portés à croire que ce doit être celui de Mgr Turpin, par suite de la grande ressemblance qu'il offre avec cette gravure à laquelle toutefois il est de beaucoup antérieur (Note de M. de la Nicollière, *Arm. des év. de Nantes*, p. 99).

99. — PIERRE MAUCLERC DE LA MUZANCHÈRE

(1746-1775)

Pierre Mauclerc était issu d'une famille d'ancienne chevalerie, possessionnée sur les confins de la Bretagne et du Poitou, qui a produit Julien Mauclerc, savant architecte du dix-septième siècle : il naquit en 1700 à la Muzanchère, de Pierre Mauclerc, chevalier seigneur de la Ferté. Un de ses frères aînés, Guy, garde-marine, fut tué en 1710, à l'attaque de Rio-Janeiro. Le père de notre prélat était lui-même le troisième fils de François Mauclerc, chevalier seigneur de la Muzanchère, baron de Coussais. Il abjura le protestantisme en 1688 et fut inhumé sous les marches de la chapelle de Saint-Symphorien, à Saint-Martin de Lars, dont ses ancêtres étaient fondateurs[1].

Mgr de la Muzanchère portait : *d'argent à la croix ancrée de gueules*. L'écu, timbré de la couronne de marquis, était surhaussé du chapeau à houppes (dix de chaque côté). Son sceau ovale mesure 0,034 sur 0,041 et porte pour légende :

[1] Cette notice généalogique a été communiquée à M. de la Nicollière, à qui nous empruntons l'article, par Mme Mauclerc, à Saint-Christophe du Ligneron (Vendée).

Petrus Mauclerc de la Muzanchère, Episcopus Nannetensis.
Il était déjà du chapitre de la cathédrale de Luçon lorsqu'il
fut nommé par le roi Louis XV et le pape Benoît XIV à l'é-
vêché de Nantes. Le prélat fut sacré à Paris, dans l'église des
Jésuites, le dimanche 6 octobre 1746, en la fête de saint Denis.
Il prit possession par procureur le 3 novembre suivant, et
sept jours après il nomma ses grands vicaires[1]. Il arriva à
Nantes le lundi 12 janvier 1747 à cinq heures du soir, à la
clarté des flambeaux, accompagné des députés des deux chapitres, qui étaient allés à sa rencontre. Le lendemain, il fut
complimenté par le recteur de l'Université, M. des Landes-
Ramaceul, à la tête de ce corps. A peine arrivé dans son
diocèse, le nouvel évêque eut encore à s'opposer, comme ses
prédécesseurs, au jansénisme. Deux chanoines, qui déjà
avaient lutté contre Msr Turpin, moururent dans leur impé-
nitence ou privés des sacrements, que M. de la Muzanchère
défendit de leur administrer. Le respectable pontife devait
encore éprouver plus d'une peine de ce genre. Le recteur
d'une paroisse voisine de Nantes, s'étant vu refuser les sacrements à cause de son attachement à l'erreur, fut assez im-
prudent pour sommer par huissier l'évêque de Nantes; que
le présidial, par un étrange abus de pouvoir, condamna à
payer une amende de six mille livres s'il persistait dans son
refus, ce qui arriva. Déjà les huissiers se disposaient à saisir
et à vendre le mobilier de l'évêché, lorsque l'un des vicaires
généraux et l'official payèrent la somme exigée. Une sentence
du parlement de Rennes vint bientôt confirmer celle du
présidial en condamnant le prélat à une nouvelle amende de
6000 l. Heureusement que la cour, plus équitable que la
magistrature, fit enlever le curé, cause de tout le conflit.

Msr de la Muzanchère eut d'autres démêlés, et pour le
même sujet, avec l'Université. Les jansénistes lui susci-

[1] Ces grands vicaires étaient : MM. Le Febvre de Laubrière, doyen, — de
Querverzio, chantre dignitaire, — de Mohon, scolastique, et de Beaupoil, supérieur du séminaire.

tèrent une autre affaire, dont ils espéraient plus de succès. Le P. Dedessus Le Pont, supérieur des jésuites de Nantes, donnant, avec deux de ses confrères, une mission à la paroisse de Maisdon, y porta un exemplaire de la théologie de Busambaune, laquelle renfermait quelques propositions peu exactes touchant la souveraineté des rois. Il n'en fallut pas davantage pour faire dénoncer ce Père, et le Présidial, accueillant cette délation, le décréta de prise de corps comme accusé du crime de lèse-majesté. Indigné d'une pareille conduite de la part du magistrat, M. de la Muzanchère renvoya la cause devant son officialité qui ne tarda pas à reconnaître l'innocence du prétendu criminel, tandis que le présidial le condamnait au bannissement hors du ressort du Parlement de Bretagne. M. de la Muzanchère, qu', comme tous les bons évêques de cette époque, chérissait et soutenait les jésuites, prit la défense de l'accusé et se montra, en cette circonstance, son zélé protecteur.

L'évêque de Nantes fut, le dimanche 21 août 1763, avec Mgr de Gouyon de Vaudurand, ancien évêque de Léon, un des prélats assistants au sacre de M. François d'Andigné de la Chasse comme évêque de Léon par M. de Beaumont, archevêque de Paris, dans la chapelle supérieure de l'archevêché.

M. de la Muzanchère, si ferme contre les entreprises de l'erreur et si courageux pour défendre la vérité et les lois de l'Eglise, mourut à Nantes le samedi veille du dimanche de la Passion, 1er avril 1775, sur les dix heures du matin, et fut inhumé le 7 du même mois dans sa cathédrale, où se voyait encore en ce siècle, dit l'abbé Tresvaux, son épitaphe gravée sur une table de marbre qui a disparu. Son portrait peint à l'huile existe dans la salle capitulaire, à Nantes.

100. — JEAN V AUGUSTIN DE FRÉTAT DE SARRA

(1775-1783)

Jean V Augustin de Frétat de Sarra naquit au château de Sarra, en Auvergne, le samedi 9 février 1726. Il était second fils de messire François, s^r de Sarra, et de dame de la Roche-Négly de Chamblas, l'un et l'autre de fort bonne maison.

Les de Frétat, alliés au maréchal de Villars, aux Polignac, aux de Noailles, étaient marquis de Boissieu, s^{rs} de la Deyte, de Sarra, de Beaumont, de Murs, de Matha, de Chirat, de Marchedial, de Narnasse, de Duret, de Recoulis, de Redandelat etc. Quoiqu'anoblie seulement en 1576 et par lettres d'Henri III du 5 novembre, en la personne de Pierre de Frétat, premier du nom, conseiller du roi et président de l'élection de la Basse-Auvergne, en récompense de ses services, cette famille paraît remonter à Gilles de Frétat, chancelier, garde des sceaux d'Auvergne en 1229. De lui seraient descendus : Jacques et Bernard de Frétat, revêtus de la même charge sous les rois Charles V et Charles VI, auxquels ils auraient rendu d'immenses services ; Jean de Frétat, l'un des héros de la bataille de Fornoue en 1495 ; Adrien de Frétat, qui se serait signalé à la bataille d'Agnadel en 1509 ; Louis de Frétat de Boissieux, d'abord capitaine de vaisseau, puis entré dans les ordres et mort évêque de Saint-Brieuc en 1720, à Ancenis, pendant la tenue des Etats, etc[1].

---

[1] *Nobiliaire d'Auvergne* par M. J. B. Bouillet, t. III. — Voir les *Modèles du clergé* par l'abbé Carron, dont le tome premier contient une notice sur Mgr de Frétat de Sarra et une épitaphe latine que nous n'avons pas cru devoir insérer ici parce que rien n'indique qu'elle ait été gravée et placée dans la cathédrale de Nantes (*Note de M. de la Nicollière*).

Les de Frétat de Sarra portaient : *d'azur à deux roses d'or en chef, au croissant d'argent en pointe.* Le jeune de Sarra commença son éducation chez le marquis de Boissieu, son oncle, où il fit la connaissance de M. Le Franc de Pompignan, évêque du Puy. Après avoir terminé ses études au collège Louis-le-Grand, à Paris, il entra en philosophie au séminaire de Saint-Sulpice, puis alla faire sa théologie à celui de Saint-Nicolas du Chardonnet. Les relations qu'eut alors l'abbé de Sarra avec le marquis de Boiges, son parent, qui avait un emploi à la cour, lui inspirèrent le goût du monde et des plaisirs, goût qu'il porta au Puy, où M. Le Franc le nomma son vicaire général le jour même de son élévation à la prêtrise. Nommé en 1775, par le roi, abbé commendataire de Ferrières, en Poitou, il trouva dans les revenus de cette abbaye de quoi satisfaire ses habitudes de luxe ; mais Dieu, qui, par des vues toutes miséricordieuses, le destinait à l'édification de son Église, lui envoya des afflictions salutaires bien propres à détacher son âme du monde. A la suite d'une maladie grave et de la perte de ses plus proches parents, M. de Sarra se retira dans une abbaye pour rétablir sa santé, et alla faire une retraite chez les Récollets de Saumur. Il revint ensuite au Puy, où il se montra le modèle de tout le clergé. Lors de la translation de Mᵍʳ de Rogeri, évêque de Tréguier, à Castres, le roi Louis XV jeta les yeux sur Jean-Augustin de Sarra pour remplacer ce prélat. Agréé par le pape Clément XIV, il fut sacré évêque de Tréguier le 22 janvier 1774. Les pauvres du Puy le pleurèrent comme un père.

Dans son diocèse, il se montra tel qu'il fut toujours dans la suite, modeste, pieux, zélé. Un de ses premiers soins fut de visiter le peuple qui venait de lui être confié ; il le fit de la manière la plus apostolique. Mais Dieu le réservait pour un poste encore plus élevé. Il n'y avait guère qu'un an que Mᵍʳ de Sarra était à Tréguier lorsqu'il fut choisi pour remplacer M. de la Muzanchère, que Nantes venait de perdre. Trois fois l'humble prélat refusa le nouveau fardeau dont on voulait le charger, montrant bien au contraire par là combien il en était digne. Mais enfin, le cardinal de la Roche-Aymard, chargé de la feuille des bénéfices, lui annonça que Sa Sainteté Pie VI lui enverrait incessamment des ordres. M. de Sarra dut obéir. Les regrets de ce départ furent universels ; les pauvres, qui étaient les plus atteints, allèrent même en pèlerinage à la chapelle de Saint-Yves de Kermartin pour obtenir de Dieu la conservation de leur évêque. Leurs vœux ne furent pas exaucés, et M. de Sarra, transféré à Nantes, prit possession de son nouveau siège vers la fin de 1775.

Tel il s'était montré à Tréguier, tel il parut à Nantes, ne respirant que la gloire de Dieu et le salut des âmes. Affectueux avec tous, il fut le protecteur zélé de toutes les communautés religieuses établies sur son territoire. Pasteur vigilant, il parcourut son diocèse, annonçant la parole de Dieu et répandant partout la bonne odeur de Jésus-Christ. Son Église lui doit une nouvelle édition du rituel et un nouveau Propre des Saints (ce propre ne parut qu'en 1783, année de sa mort). Il assista en 1780 au concile provincial tenu à Tours, où il signa le 8 mai une ordonnance de suppression de plusieurs fêtes jusqu'alors chômées.

De retour dans son diocèse, il y continua encore pendant trois années sa vie apostolique. Atteint en 1783 par la fièvre, dans le cours de ses visites pastorales, Mgr de Sarra mourut le 20 septembre de cette année, à l'âge de cinquante-sept ans sept mois et treize jours. La cérémonie des obsèques, faite par M. de Chevigné du Bois-Chollet, archidiacre, en l'absence de M. de Boissieu, doyen, eut lieu à la cathédrale le vendredi 26 septembre[1].

[1] Plus de cent ans se sont écoulés depuis la mort de Jean-Augustin Frétat de Sarra, et pourtant ses touchantes vertus sont restées légendaires dans le diocèse de Nantes.

101. — CHARLES III EUTROPE DE LA LAURENCIE
DE CRESSAC

(1784-1801)

La maison de la Laurencie, originaire d'Angoumois, établie
en Poitou et en Saintonge, et maintenue à l'intendance de
Limoges en 1666, s^{rs} dudit lieu, de Charras, en Saintonge
et de Villeneuve-la-Comtesse, est d'ancienne noblesse et
prouve sa filiation depuis Louis de la Laurencie, écuyer,
s^r de la Laurencie en 1460. Outre l'évêque de Nantes, elle a
produit Charles, gentilhomme de la Chambre en 1633. Ses
membres sont titrés comtes, marquis et barons.

Les de la Laurencie portent : *d'azur à l'aigle à deux têtes
au vol abaissé, d'argent*; *aliàs*, d'après Courcy : *d'argent, à
l'aigle éployée de sable*.

C'est du premier de ces deux blasons que fit toujours usage
l'évêque de Nantes, avec des accessoires en tout semblables
à ceux de son prédécesseur. La bibliothèque publique de
Nantes possède plusieurs exemplaires de l'Almanach royal
reliés à ses armes.

Charles-Eutrope naquit le 30 avril 1740, au château de
Villeneuve-la-Comtesse (diocèse de Saintes), de Charles-Henri
de la Laurencie, s^r de Villeneuve-la-Comtesse, Croix-la-
Comtesse, Thibaudières, etc., chef de la branche aînée, qui,
par contrat du 28 février 1728, avait épousé Marie-Anne de la
Laurencie sa cousine, fille de Bertrand 2e du nom, marquis

de Charras, s^r de Nevée, Joinville, Seurres, etc., et de dame Armand de Méré, de la branche cadette. Charles-Eutrope était le 4e des sept enfants issus de ce mariage[1].

L'abbé de la Laurencie était vicaire général de Poitiers lorsqu'un brevet du roi Louis XVI, en date du 19 octobre 1783[2], lui confia l'évêché de Nantes, vacant depuis un mois. Le nouvel élu, agréé par Sa Sainteté Pie VI, fut sacré le dimanche 11 janvier 1784. Trois jours après, la Chambre des comptes de Paris enregistra son serment de fidélité[3].

Un des premiers soins de l'évêque de Nantes fut de rendre à son diocèse une liturgie propre, selon l'usage et les privilèges reconnus par les souverains pontifes à toutes les anciennes églises. Sur sa demande, un nouveau breviaire nantais fut rédigé et publié en 1790. Un missel devait suivre, mais les préoccupations causées par la Révolution, qui s'avançait menaçante, ne permirent pas de réaliser ces deux projets.

L'assemblée nationale, qui démolissait alors pièce à pièce l'édifice antique de l'Église et de la France, ayant décrété la suppression du chapitre et de la collégiale, Mgr de la Laurencie publia, le 16 octobre 1790, un mandement qui protestait contre cet abus de pouvoir. L'évêque de Nantes adhéra aussi à l'instruction pastorale de M. de la Luzerne, évêque de Langres, contre le serment que l'on exigea du clergé. Enfin il fit paraître, le 12 mai 1791, une ordonnance contenant une déclaration de principes et une protestation contre l'intrusion de Minée[4]. Forcé d'émigrer peu après, le pasteur

---

[1] Lettre de M. Henri de la Laurencie à M. de la Nicollière, 6 décembre 1866 — La Chesnaye des Bois, *Dictionnaire de la noblesse*.

[2] Archives départementales. Fonds de l'évêché Série G. 5.

[3] Id., *ibid*.

[4] Le siège épiscopal de Nantes fut, en 1791, envahi par un intrus, nommé Julien Minée. Minée était né à Nantes de parents honnêtes ; son père y exerçait la profession de pharmacien. Quant à lui, il avait été, dit-on, d'abord matelot et ensuite comédien. Plus tard, probablement poussé par son oncle, curé du Bignon, il vint faire à Paris ses études ecclésiastiques, y reçut les ordres, et devint curé d'une des paroisses de Saint-Denis de

légitime de Nantes passa en Angleterre, d'où il continua à gouverner son diocèse par l'entremise de ses deux grands vicaires, MM. de Chevigné du Bois-Chollet, plus tard évêque de Séez, et Le Flo du Trémélo.

M. de la Laurencie accompagna Monsieur, comte d'Artois (plus tard Charles X), et le duc de Bourbon, dans l'expédition de l'Ile-Dieu en 1795. Lors du concordat de 1801, le pape Pie VII, pressé par la plus impérieuse nécessité, crut devoir demander aux évêques catholiques de France la démission de leurs sièges. L'évêque de Nantes fut au nombre des trente-huit qui refusèrent et adressèrent au Saint-Père des récla-

France, celle des Trois Patrons. Il occupait ce poste lorsqu'éclata la Révolution, dont il adopta avec empressement les principes ; aussi le pouvoir reconnaissant lui confia-t-il, après qu'il eût prêté le serment sacrilège, le gouvernement de la nouvelle paroisse de Saint-Thomas-d'Aquin (Elle fut établie dans l'église du Noviciat des Dominicains, faubourg Saint-Germain, à Paris). Peu après il fut nommé évêque de la Loire-Inférieure. Sacré à Paris le 10 avril 1791, il arriva bientôt après à Nantes et publia, le jour même de son installation, une espèce de pamphlet, sous le titre de : *Lettre pastorale de M. l'évêque du département de la Loire-Inférieure*, et orné d'un fleuron représentant une croix, une crosse, une mitre et les tables de la Loi ancienne et nouvelle jonchant la terre, au-dessous d'un écusson sur lequel se lisent ces mots : *Evêché de la Loire-Inférieure. La Loi, le Roi.* (*Bibliographie bretonne*, art. Minée).

En tête de ses actes, il s'intitulait : « Julien Minée, par la miséricorde divine et le choix libre des peuples, dans la communion du Saint-Siège apostolique, évêque du département de la Loire-Inférieure, dont le siège est à Nantes. » Son sceau ovale mesure 0,033 ; dans le champ est un globe surmonté d'une croix entourée de rayons. Légende : Religion catholique, apostolique et romaine (*Collection de M. de la Nicollière*).

En guise de croix pastorale, Minée portait une petite plaque ronde sur laquelle sont inscrits ces mots : Minée, évêque, de l'autre côté : Vivre libre ou mourir (*Collection F. Parenteau*).

L'épiscopat (si l'on peut ainsi profaner ce nom) de Minée fut de courte durée à Nantes : poussé par le flot révolutionnaire auquel il s'était confié, il quitta bientôt ses fonctions d'évêque, ce qui lui mérita la présidence de l'administration départementale de la Loire-Inférieure pendant la Terreur. Alors il renonça tout à fait au sacerdoce. Devenu membre de l'Assemblée populaire, il prononça devant Carrier, le 18 novembre 1793, un discours qui donne la preuve évidente de son apostasie. On sait les relations qu'il eut avec ce même Carrier, contre lequel il fut appelé à témoigner au tribunal révolutionnaire de Paris. Ce fut le dernier acte de sa vie publique : il rentra ensuite dans l'obscurité d'où il n'aurait jamais dû sortir. On ignore l'époque précise de sa mort ; on dit cependant que, devenu épicier à Paris, il y finit ses jours vers 1803.

mations aussi canoniques que respectueuses, datées du 6 avril 1803. Il prit encore part à la suite de ces réclamations, que douze de ces mêmes évêques firent parvenir à Rome l'année suivante, et continua de résider en Angleterre jusqu'à la Restauration. A cette époque, il lui fut permis de revoir sa patrie, dont il était éloigné depuis vingt-quatre ans. Il se fixa à Paris et y mourut, à la suite d'une longue maladie, le lundi 13 mai 1816. Son portrait peint à l'huile existe dans la salle du Chapitre de Nantes. La collection de la Jarriette en possédait une reproduction au physionotrace[1].

La suppression de tous les anciens sièges épiscopaux de France ayant été décrétée par la bulle du pape Pie VII en date du premier dimanche de l'Avent, 29 novembre 1801, celui de Nantes se trouva vacant, malgré le refus de démission du titulaire. Bonaparte y nomma donc le suivant avec l'agrément du Saint-Siège.

102. — JEAN VI BAPTISTE DUVOISIN

(1801-1813)

Jean-Baptiste Duvoisin naquit à Langres le 19 octobre 1744, de parents obscurs : son père, Didier Duvoisin, était coutelier et sa mère se nommait Anne Perrot[2], c'était le second évêque que la ville de Langres donnait à l'église de Nantes[3].

---

[1] Catalogue pour la vente de la collection de la Jarriette, 2e. partie, *Estampes*, p. 132, 1861.
[2] Acte de décès. Registres de l'état civil.
[3] Le premier fut Simon de Langres, 1366-1383.

Le jeune Duvoisin fit avec succès ses premières études chez les Jésuites de sa ville natale. Frappé de son talent et de son penchant pour l'état ecclésiastique, M. de Montmorin, son évêque, le plaça, à ses frais, à la petite communauté de Saint-Sulpice, pour y faire ses cours de philosophie et de théologie. Au sortir de cette maison, M. Duvoisin fut jugé capable d'enseigner ces deux sciences au séminaire de Saint-Nicolas du Chardonnet. Il devint peu après, à peine âgé de vingt-quatre ans, professeur à la Sorbonne. Il fut ensuite nommé successivement promoteur diocésain de Paris, censeur royal, chanoine d'Auxerre et vicaire général de Laon. En 1779 il obtint, le 18 avril, le prieuré de Saint-Exupère de Gahard, au diocèse de Rennes, dépendant de l'abbaye de Saint-Martin de Marmoutiers. Il prit, le 11 juin, possession de son prieuré, dont il fut le dernier titulaire avant la Révolution. A cette époque néfaste, l'abbé Duvoisin était toujours à Laon. Il ne tarda pas à passer en Angleterre, puis de là en Belgique, où il rejoignit, à Bruxelles, M. de Sabran, son évêque. Obligé de fuir, lors de l'invasion de ce pays par les troupes françaises en 1792, il se retira à Brunswick, où le duc régnant, reconnaissant son mérite, ne tarda pas à lui donner des marques de son estime.

Rentré en France en 1801, au moment du Concordat, M. Duvoisin fut nommé à l'évêché de Nantes et sacré à Paris le dimanche 1er août 1802, dans l'église de Saint-Thomas d'Aquin, par M. André, nouvellement élevé au siège de Quimper, assisté de MM. Montomir de Belmont, évêque de Saint-Flour, et Mannay, alors évêque de Trèves (et plus tard de Rennes en 1820). Le nouveau prélat arriva à Nantes fin de septembre et fut bientôt installé avec beaucoup de solennité. Sa vertu et sa sagesse lui concilièrent promptement tous les esprits. Remplissant avec zèle les fonctions épiscopales, il prêchait dans sa cathédrale, avant la grand'messe, à toutes les fêtes solennelles, et s'y faisait remarquer par sa parole facile et sa pureté d'élocution. Un de ses premiers actes, comme évêque, fut de rétablir son séminaire. Les yeux de l'autorité ne tardèrent pas à se fixer sur lui, et le préfet de Nantes sollicita et obtint l'admission de M⁸ʳ Duvoisin comme membre du Conseil d'administration de l'hôpital de Nantes[1].

L'administration municipale, par arrêté du 15 vendémiaire an XI (6 octobre 1802), avait offert au prélat, comme souvenir de son installation, « un calice d'argent à médaillon doré en or moulu avec ses burettes et le bassin », qui coûtèrent 111 fr. Cinq jours après, le gouvernement du Premier Consul avait fait don à l'évêché d'une crosse en argent doré de la valeur de 1500 fr., qui a longtemps servi dans toutes les cérémonies[2].

Admis dans le conseil de Bonaparte, l'évêque de Nantes se trouva du nombre des évêques nommés pour résider auprès du pape Pie VII, pendant sa captivité à Savone et à Fontai-

---

[1] Le registre des délibérations du conseil administratif de l'hôpital de Nantes, 1796-1804, contient, p. 689, la lettre ci-dessous, adressée au premier consul :

« Citoyen premier Consul.

« Vous avez à quelques évêques, dont la conduite nous a paru mériter des « faveurs, accordé un anneau pastoral, et vous les avez nommés membres de « l'administration des hospices. Le préfet de la Loire-Inférieure sollicite la « même grâce pour M. l'évêque de Nantes, dont il rend le témoignage le plus « avantageux.

« Ce prélat, en effet, a manifesté les meilleurs sentiments, son diocèse a « été organisé sans secousse et sans réclamations, et il s'est bientôt attiré le « respect et l'amour de ses diocésains. J'ai l'honneur, citoyen premier con-« sul, de vous proposer d'accorder à M. l'évêque de Nantes, un anneau pas-« toral et sa nomination à l'administration des hospices de Nantes. Le Préfet « se trouverait heureux d'être porteur de cette faveur.

« Signé : PORTALIS.

« Approuvé le 8 germinal an XII (28 mars 1803).

« *Le premier consul*, signé : BONAPARTE.

« *Le secrétaire d'État*, signé : HUGUES-B. MARET.

« Pour copie conforme :
« *Le ministre de l'intérieur*, signé : CHAPTAL.

« Pour ampliation :
« *Le préfet du département de la Loire-Inférieure*,
« Signé : LETOURNEU . »

[2] Archives de l'évêché. Archives municipales.

nebleau[1], et fit partie d'une commission composée de cardinaux et d'évêques chargés de donner leur avis sur des questions relatives à la discipline ecclésiastique.

On accusa, dans le temps, Mgr Duvoisin de s'être montré trop complaisant pour Napoléon et de n'avoir pas assez défendu les droits de l'Eglise et du Saint-Siège contre celui qui voulait que tout fléchît devant sa volonté. Cependant on entendait toujours l'évêque de Nantes blâmer les mesures violentes prises contre le souverain pontife.

Jusque vers 1810 Mgr Duvoisin porta un écu à ses seules initiales (J.-B. D.), entrelacées et entourées des insignes de l'épiscopat[2]. A partir de cette époque il prit pour blason : *d'hermines à l'étoile d'or en abyme, au franc quartier senestre* des barons évêques, *de gueules à la croix alaisée d'or.*

Ces armoiries étaient timbrées d'une toque de velours noir retroussée de contre-vair, avec porte-aigrette d'argent surmonté de trois plumes accompagnées de deux lambrequins d'argent, soutenant à dextre une croix processionnelle et à senestre une crosse passée derrière l'écu, au bas duquel pendent les croix de l'ordre de la Réunion et de la Légion d'honneur, le tout surmonté d'un chapeau à vingt houppes (dix de chaque côté[3]).

Jean-Baptiste Duvoisin, baron de l'Empire, conseiller d'Etat, aumônier de l'Empereur, grand-croix de l'ordre impérial de la Réunion, officier de la Légion d'honneur, mourut

[1] Ces prélats étaient ceux de Nantes et de Trêves et l'archevêque de Tours. Les faiseurs de jeux de mots prêtèrent à ce sujet le suivant au pape captif : je ne veux point de *Trêves*, je me défie du *Voisin*, je crains les *Tours*, faisant ainsi allusion au nom des sièges ou au nom des *gardes pontificaux.*

[2] Mandements, lettres et imprimés.

[3] Une lettre écrite par l'évêque de Nantes mourant à l'empereur Napoléon prouve tout l'attachement du prélat pour le souverain pontife et ses représentations réitérées au sujet du retour du pape à Rome : « J'ai eu l'honneur de vous dire plusieurs fois, lui mandait-il, combien cette captivité (celle du Saint Père) affligeait toute la chrétienté et combien il y avait d'inconvénients à la prolonger ; il serait nécessaire, je crois, au bonheur de Votre Majesté, que Sa Sainteté retournât à Rome. »

dans son palais épiscopal le vendredi 9 juillet 1813 à midi un quart, à la suite d'une fluxion de poitrine qui l'enleva en soixante heures. Il était âgé de 69 ans (*et non de 73, comme le dit l'abbé Tresvaux*).

Le 12 juillet ses entrailles furent déposées dans le caveau de l'ancien cimetière de Saint-Jean, derrière la chapelle épiscopale, le corps repose dans le caveau réservé à la sépulture des évêques.

Par une dépêche du 17 juillet, datée de Dresde, Napoléon manifesta son intention au ministre des cultes de faire élever, dans la cathédrale, un monument à la mémoire de Mgr Duvoisin, aux frais du trésor impérial, mais les événements s'opposèrent à l'exécution des projets.

Un portrait à l'huile de Mgr Duvoisin existe dans la bibliothèque de l'évêché et un autre dans la salle à manger. Trois gravures de grandeurs différentes reproduisent également les traits du savant évêque.

Les fatigues et les nombreuses occupations de son ministère épiscopal n'empêchèrent pas l'évêque de Nantes de se livrer au travail de cabinet. Il reste de lui plusieurs ouvrages qui prouvent toute sa science et son zèle pour la religion. En voici la liste :

1° *Dissertation critique sur la vision de Constantin*, in-12 ;

2° *L'autorité des livres du Nouveau Testament contre les incrédules*, in-12 ;

3° *L'autorité des livres de Moïse établie et défendue contre les incrédules*, in-12 ;

4° *Essai polémique sur la religion naturelle*, in-12 ;

5° *De vera religione, ad usum theologiæ candidatorum*, in-8° ;

6° *Examen des principes de la Révolution française*, in-8° ;

7° *Défense de l'ordre social contre les principes de la Révolution française*, in-8° ;

8° *Démonstration évangélique*, in-8° et in-12. A la suite de l'édition de 1805 se trouve un *Traité de la Tolérance* qui, lors de son apparition, ne plut pas à tout le monde.

La mort de M⁹ʳ Duvoisin fut suivie d'une longue vacance du siège épiscopal de Nantes. Les rapports de l'Église avec Napoléon étaient devenus de plus en plus difficiles. Lorsque l'Empire tomba, la Restauration, qui s'opéra en 1814, fit espérer que cet état fâcheux aurait une fin prochaine.

Le gouvernement fit en effet tout ce qui était en lui pour cela, mais les ennemis de la religion s'appliquèrent à retarder le moment qui devait donner de nouveaux pasteurs aux églises veuves.

La vacance du siège dura par le fait quatre longues années, et même six, si l'on compte jusqu'à l'arrivée de l'évêque nommé à Nantes.

103. — LOUIS III JULES-FRANÇOIS-JOSEPH D'ANDIGNÉ DE MAYNEUF

(1817-1822)

Les d'Andigné, sʳˢ dudit lieu, d'Angrie, du Bois de la Cour, de la Blanchaye et des Ecotais, en Anjou, châtelains de la Chasse en 1707, paroisse d'Iffendic — sʳˢ de Saint-Jean et des Maisons-Neuves, paroisse de Saint-Mallon — de la Marche — du Hallay de la Bouëxière, paroisse de Soudan — d'Aradon, paroisse de ce nom — de Kermagaro, en Néant de la Grée — des Touches — de Mayneuf, paroisse de Saint-Didier — de Saint-Germain — du Plessis-Bardoul, en Plé-châtel — de Beauregard — de la Roche, — comtes de Mauron, paroisse de ce nom — sʳˢ de la Soraye, en Quinténic, — de

Kérédec, en Plouzané, sont d'ancienne extraction chevaleresque.

La maison d'Andigné porte : *d'argent à trois aigles ou aiglettes au vol rabaissé de gueules, becqués et membrés d'azur.* Devise : *Aquila non capit muscas.*

« Le nom d'Andigné, dit l'*Armorial général*(première partie, « deuxième registre), en latin *Alldeniaco, de Andeniaco et de* « *Andigniaco,* peut passer, sans aucune difficulté, pour un « des plus anciens qu'il y ait dans la province d'Anjou. »

Les généalogistes qui se sont occupés de cette famille tiennent le même langage, tels que l'Hermite de Souliers (*Inventaire de l'histoire généalogique de la province de Touraine* p. 29), — Ménage (*Rem. sur la vie de Pierre Airault*, p. 112)., — Le Paige (*Dictionnaire topographique du Maine,* p. 352), — La Chesnaye des Bois (*Dictionnaire de la noblesse* t. 1). Ce n'est pas sans raison, car, d'après les titres de l'abbaye de Saint-Serge d'Angers, elle remonte au commencement du onzième siècle, c'est-à-dire vers l'an 1020 ou 1030. De l'Anjou, qui est son berceau, nous la voyons se répandre dans les provinces voisines, en Bretagne, au Maine, en Touraine, et y pousser de nombreux rameaux, au point qu'en 1600 on en comptait jusqu'à trente-trois.

La maison d'Andigné a eu des représentants aux croisades : Jean à la troisième et Guillaume à la septième. En outre de ses belles alliances, elle compte bien des membres éminents dans l'Eglise et la haute magistrature, dans les charges à Cour et les armées. Ne pouvant nous étendre, nous ne citerons ici que ceux et celles qui ont marqué dans la prélature.

Mathée d'Andigné, abbesse de Beaumont-les-Tours en 1343 (*Gall. christ.*, t. XIV, col. 1315). — Pierre, abbé de Saint-Georges-sur-Loire (diocèse d'Angers) en 1432 (*id. ibid.*, col. 714). — Yvonne, prieure de Marheil-sur-Loir en 1461 (Arch. départementales de la Sarthe. Prieuré de Luché). — N..., évêque de Dax au dix-huitième siècle (Archives nationales, mss. 810, p. 63). — Jean-François, vicaire général de Rouen, évêque de Léon de 1763 à 1772, transféré à Châlons-sur-Saône (*id. ibid.*, col. 986. *Ann. hist.* année 1851, p. 88). — Louis-Jules-François-Joseph, évêque de Nantes.

Né au château de l'Isle-Briant, paroisse du Lion d'Angers, le 4 mai 1756, Louis-Jules-François d'Andigné de Mayneuf était le quatrième des cinq enfants de messire Charles-Gabriel-Auguste, sʳ de Mayneuf et de l'Isle-Briant, et de dame Elisabeth-Jeanne Poulain de Bouju. Abbé commendataire de l'abbaye royale des Noyers en 1785, M. d'Andigné, vicaire général de Châlons-sur-Marne, dirigeait avec une haute sagesse l'administration diocésaine quand il fut choisi pour député du clergé à la commission intermédiaire de Champagne, au moment des assemblées provinciales. Pendant la Révolution, il passa à l'étranger. Après le Concordat, M. de Boulogne, évêque de Troyes, l'un des prélats les plus éminents de cette époque, se l'attacha comme vicaire général. Lorsqu'en 1811, à la suite du concile de Paris, l'évêque de Troyes eut été incarcéré à Vincennes, M. d'Andigné crut devoir résigner ses fonctions. Depuis ce temps il vivait dans la retraite à Paris, lorsqu'en 1817 le roi Louis XVIII l'appela au siège de Nantes; il fut préconisé le 1ᵉʳ octobre de la même année, mais les obstacles qu'éprouva dans son exécution le Concordat de 1817 furent cause qu'il ne reçut que deux ans plus tard la consécration épiscopale. Cette cérémonie eut lieu le dimanche 17 octobre 1819[1], dans l'église des Carmélites de la rue de Vaugirard, à Paris, et fut faite en même temps pour NN. SSᵉˢ de Bruc, évêque de Vannes, et Le Groing de la Romagère, évêque de Saint-Brieuc, par Mᵍʳ de Clermont-Tonnerre, ancien évêque de Châlons-sur-Marne, depuis archevêque de Toulouse et cardinal, assisté de MM. de Salomon, alors évêque d'Orthosie, et Saussal, évêque de Séez. Peu de temps après avoir été sacré, le nouveau prélat se rendit à Nantes et prit possession de

---

[1] *L'Annuaire historique*, année 1851, p. 74. *Almanach royal*, marque fautivement le 18 : c'est bien le 17 qu'il faut lire.

son siège ; mais il ne put guère s'occuper de l'administration de son diocèse, car sa mauvaise santé devint plus d'une fois un obstacle au bien qu'il voulait faire. Malgré sa courte carrière, l'évêque de Nantes attacha son nom à l'établissement des Sœurs de Saint-Vincent-de-Paul et des Missionnaires diocésains de Saint-François, aujourd'hui (depuis 1855) de l'Immaculée-Conception. La santé de Mgr d'Andigné ne tarda pas à s'altérer sensiblement. Enfin une crise, que l'on ne croyait d'abord pas grave, l'enleva le samedi 2 février 1822, à l'âge de 66 ans. Son corps fut inhumé à la cathédrale de Nantes, en face l'ancien autel de saint Joseph ; son cœur fut déposé dans le caveau des évêques à Saint-Maurice d'Angers.

Le portrait de M. d'Andigné a été gravé par un anonyme. Son portrait appartient à l'évêché.

104. — JOSEPH-MICHEL-JEAN-BAPTISTE-PAUL-AUGUSTIN MICOLON DE GUÉRINES

(1822-1838)

Joseph-Michel-Jean-Baptiste-Paul-Augustin Micolon de Guérines remplaça sur le siège de Nantes M. d'Andigné de Mayneuf. La famille Micolon, originaire de la petite ville d'Aurec-en-Velay, possédait les seigneuries de Bourgnon, de Blanval, de Guérines, etc. Son nom rappelle le courageux dévouement d'André Micolon Grimardias, consul de la ville

d'Ambert, qui périt en la défendant contre les protestants le
11 février 1577. Jean-François Micolon son fils, né en 1539,
lui succéda dans la charge de consul d'Ambert, chassa les
religionnaires de cette ville en 1591 et la défendit contre le
duc de Nemours en 1592. Antoinette Micolon, morte en
grande réputation de sainteté en 1659, a fondé les Ursulines
d'Ambert, de Clermont, de Tulle, de Beaulieu, d'Espalion et
d'Arlane. Jean Micolon, savant mathématicien, mourut à
Paris en 1693 ; Joseph Micolon de Blanval, docteur en théologie, vicaire général de Clermont, abbé commendataire de
Beaulieu (diocèse de Tours) ; Claude-Marie Micolon de Bourgnon, mort maréchal de camp en 1819. Ces trois derniers
étaient les oncles de Mgr de Guérines[1].

Le futur évêque de Nantes naquit à Ambert, diocèse de
Clermont (Puy-de-Dôme), le 18 septembre 1760. Son père était
Jacques-Christophe Micolon, sr de Blanval, de Guérines,
etc., et sa mère Charlotte Teyras de Grandval. L'écu
de la famille de Guérines porte : *d'azur au chevron d'or,
accompagné de deux étoiles en chef et d'une merlette en pointe,
le tout d'argent.* A ces armes le prélat ajouta les mêmes insignes et accessoires que ses prédécesseurs. Jusqu'en 1826,
il usa, sur son sceau et l'entête de ses mandements, d'un écu
surmonté d'une couronne de comte. La merlette, très mal
indiquée, était prise pour une canette. Mais depuis cette
époque il timbra ses armoiries d'une couronne ducale, et la
merlette, très bien reproduite, ne donne plus lieu à confusion[2].

Le jeune de Guérines, après avoir terminé son éducation
au sein de sa famille, entra au séminaire de Saint-Sulpice,
prit ses degrés en Sorbonne[3] et retourna ensuite dans son

---

[1] *Nobiliaire d'Auvergne*, par J.-B. Bouillet, t. IV.

[2] Voir mandements etc. — La merlette est un oiseau vu de profil, sans
bec ni pattes, faisant allusion aux croisades et aux blessures reçues dans ces
expéditions lointaines ; la canette, ou petite cane, est également vue de
profil, mais avec un bec et des pattes (*Note de M. de la Nicollière*).

[3] Il y eut pour professeur M. Duvoisin, son prédécesseur presqu'immédiat
sur le siége de Nantes.

pays, où il ne tarda pas à devenir chanoine de la cathédrale de Clermont, puis vicaire général de M#gr# de Bonald. Ce prélat, l'un des plus vénérables et des plus distingués du clergé de France par son beau caractère, au commencement de la Révolution, n'avait pas été longtemps à remarquer l'abbé de Guérines en qui il mit bientôt toute sa confiance et qu'il chargea de missions importantes. Quand la tempête révolutionnaire força les prêtres fidèles à s'expatrier, celui-ci alla, avec son frère et son oncle, M. Micolon de Bourgnon, gouverneur des pages de Louis XVI, chercher un asile en Suisse, où il s'adonna, pour vivre, à la culture d'un jardin et à la fabrication d'instruments d'optique. Lorsque la persécution contre le clergé se fit un peu moins violente, il rentra en France, et s'occupa de nouveau de l'administration du diocèse de Clermont[1]. M. de Dampierre, placé sur ce siège en 1802, continua ses anciens pouvoirs de vicaire général à M. de Guérines, qui se consacra tout entier à réparer les désastres des mauvais jours. C'est ainsi qu'on lui dut le rachat des séminaires, le rétablissement de plusieurs communautés et l'acquisition d'un nouveau palais épiscopal. Une maladie contagieuse qui ravagea la ville de Clermont manifesta aux yeux de tous son ardente charité.

Le concordat de 1817, qui malheureusement ne fut pas exécuté, avait promis le rétablissement de plusieurs anciens sièges épiscopaux ; celui de Castres étant du nombre, l'abbé de Guérines y fut nommé ; mais cette élection n'eut pas de suite, pour la cause que nous venons d'énoncer. On dédommagea l'élu en le transférant à Nantes en 1822. Le sacre se fit le samedi 9 novembre suivant, dans la chapelle du séminaire d'Issy ; la cérémonie fut présidée par M#gr# de Dampierre, évêque de Clermont, assisté de MM. de Villèle, alors évêque de Soissons, et de Pins, évêque de Limoges.

---

[1] Quoiqu'il résidât à 12 lieues de la ville épiscopale, son zèle l'y conduisait chaque semaine pour assister au conseil de l'évêché, et il faisait ce voyage à pied.

Le nouveau prélat prit possession de son siège un mois après, le 8 décembre. Tout ce qui pouvait contribuer au bien spirituel de ses diocésains devint aussitôt l'objet de sa sollicitude. C'est dans ce but qu'il fonda l'établissement des Sœurs de Pontchâteau et de Saint-Gildas-des-Bois, destinées à donner une éducation chrétienne aux enfants pauvres de leur sexe ; il acquit aussi le petit séminaire de Guérande, forma le séminaire des philosophes, à Nantes, rétablit les retraites et les conférences ecclésiastiques, fit donner de nombreuses missions, fonda la maison de la Retraite de Nantes et rétablit la messe canoniale, ainsi que tout l'office capitulaire. Son diocèse lui doit encore l'uniformité dans la liturgie : il publia en 1831 une nouvelle édition du *Bréviaire de Nantes*, bientôt suivie de celle du missel. Son église cathédrale fut aussi l'objet de ses soins. Outre les nombreux tableaux dont il en fit orner le chœur, c'est à lui qu'est due la reprise des constructions du monument de Jean V dans les proportions conçues par Mathurin Rodier[1].

La santé chancelante du saint évêque l'obligea à demander un coadjuteur, qu'il choisit et finit par obtenir après une assez longue résistance : ce coadjuteur était l'abbé de Hercé, curé de la Trinité, de Laval, qu'il sacra lui-même. Tranquille désormais sur le sort futur de son troupeau, il ne s'occupa plus que des affaires de son âme. Décédé au palais épiscopal le samedi 12 mai 1838, à l'âge de 78 ans, M⁰ʳ de Guérines fut inhumé dans sa cathédrale devant l'autel de saint Joseph, et son cœur déposé dans la chapelle du séminaire de Philosophie. Ses entrailles, renfermées dans une urne de marbre blanc, sont placées dans le chœur de la chapelle des dames de la Retraite de Nantes. Sur l'urne se lit : *Viscera | ejus | reminiscentis | omnium | vestrum |*. La colonne de marbre noir qui supporte l'urne est ornée des armoiries de l'évêque et de l'inscription suivante : *Ill. et RR. | Père en Dieu | Mon-*

---

[1] On commença en effet en 1836 le transept nord, au bas de la grande fenêtre duquel se voit l'écu de ses armes.

seigneur de Guérines | de précieuse mémoire |, Evêque de Nantes | en 1822, | acquit et fonda | cette maison de Retraite | en 1826. | Oh! priez pour lui. | Il mourut | le 12 mai | 1838!

Son buste a été sculpté par Suc en 1837. Son portrait appartient à l'évêché.

105. — JEAN VII FRANÇOIS DE HERCÉ

(1838-1849)

La famille de Hercé, originaire de Hercé, canton de Gorron (Mayenne), où son premier auteur connu, Robert, vivait en 1277, porte un nom qui ne se prononce qu'avec respect, surtout depuis la mort du pieux évêque de Dol et de son frère Julien-César de Hercé, ancien vicaire général de Nantes, fusillés à Vannes le 30 juillet 1795, à la suite de la désastreuse expédition de Quiberon. Un autre de leurs frères, comme eux oncle de l'évêque de Nantes, avait été grand vicaire de NN. SS. de Sarra, de la Laurencie et Duvoisin. La maison de Hercé porte : *d'azur à trois herses d'or.* Notre prélat timbrait son écu d'une couronne de marquis surmontée du chapeau à dix houppes de chaque côté. Jean-François de Hercé naquit à Mayenne le 18 février 1776, de Jean-François de Hercé, chevalier de Saint-Louis, ancien officier de marine, et de Jeanne Dubois de la Basmeignée. Son unique frère fut plus tard maire de Laval et député sous la Restauration.

Poussé par la tempête révolutionnaire sur une terre étran-
gère, le jeune de Hercé ne revit sa patrie que sous l'Empire.
Il se fixa à Laval, où il épousa, le 11 septembre 1804,
Mˡˡᵉ Marie de la Haye de Bellegarde. De cette union naquit
une fille, Marie-Lucie, mariée en 1825 à M. d'Ozouville.
M. de Hercé, maire de la commune de Saint-Ouen-des-
Wallons, près Montsurs, en 1804, remplaça en 1814, à la mairie
de Laval, son frère qui devint député, et occupa ce poste jusqu'en 1829. A cette époque il donna sa démission, et, comme
il était veuf depuis 1826, il entra dans les ordres. L'abbé de
Hercé fut promu au sacerdoce à Rennes, le samedi 18 décembre 1830, des mains de Mᵍʳ de Lesquen, qui, dès le lendemain, le nomma chanoine honoraire de sa cathédrale.
Huit jours après, l'évêque du Mans l'appelait à la cure de la
Trinité, à Laval, et l'honorait également d'un canonicat. Ayant
refusé successivement la coadjutorerie de Saint-Brieuc,
les sièges d'Orléans, Vannes et la Rochelle, et la coadjutorerie
de Rennes, M. de Hercé, vaincu enfin par cette éclatante
manifestation de la volonté divine qui l'appelait à l'épiscopat,
accepta le titre de coadjuteur de Nantes. Il fut préconisé par
le pape Grégoire XVI, évêque de Botra (*in partibus*), dans le
consistoire du 1ᵉʳ février 1836, et sacré dans la cathédrale de
Nantes le dimanche du *Bon Pasteur*, 2ᵉ après Pâques, 17 avril
même année, par Mᵍʳ de Guérines lui-même, assisté de NN.
SS. Le Groing de la Romagère, évêque de Saint-Brieuc,
J.-B. Bouvier, évêque du Mans, et Mᵍʳ Flaget, évêque de
Barstown (Amérique).

La mort de celui dont il était devenu le coadjuteur avec
future succession rendit M. de Hercé titulaire du siège de
Nantes, le 12 mai 1838. Il était en ce moment en visite pastorale en la ville de Pontchâteau, se disposant à en continuer
le cours, lorsque cet événement l'obligea à changer son
itinéraire et à rentrer à Nantes.

L'un des premiers de l'épiscopat, l'évêque de Nantes éleva
la voix vers Rome en faveur de l'Immaculée Conception, cro-

yance qu'il devait être donné à son successeur de voir ériger en dogme de la sainte Eglise. Reprenant également la pensée de son prédécesseur, M. de Hercé fit continuer en 1840 les travaux de sa cathédrale, fait en mémoire duquel son écusson orne, ainsi que celui de M. de Guérines, le bord de la grande fenêtre du transept nord.

La tendre piété de Mgr de Hercé est attachée, comme un touchant souvenir, et aux dalles de Saint-Pierre, sur lesquelles il aimait à s'agenouiller parmi le peuple, et aux piliers devant lesquels il venait méditer souvent les cruelles stations de la voie douloureuse.

En 1846, Mgr de Hercé refusa l'archevêché d'Aix. Deux ans plus tard, voulant donner sa démission, et afin de ne pas trop prolonger le veuvage de l'Eglise de Nantes, à laquelle il était si profondément attaché, il se choisissait pour successeur l'abbé Jaquemet, grand vicaire de Paris, que nous allons voir lui succéder sur le trône épiscopal. Plein de jours et de vertus, le pieux évêque mourut en son palais le mercredi 31 janvier 1849, à neuf heures du matin, emportant les regrets unanimes de son diocèse; il allait avoir 73 ans. Aux obsèques, présidées par le cardinal-archevêque de Tours, Son Eminence Mgr Morlot (mort archevêque de Paris), assistèrent : l'évêque de Rennes, M. Godefroy-Brossais Saint-Marc, ceux d'Angers et de Natchez (Amérique), et le R. P. dom Maxime, abbé de Melleray. Le corps fut déposé dans l'enfeu de la cathédrale, en face de l'autel Saint-Joseph.

Mgr de Hercé était prélat assistant au trône pontifical, Comte Romain et officier de la Légion d'honneur. Son portrait, peint par M. Sotta, appartient à l'évêché. Son buste, d'une parfaite ressemblance, a été sculpté par Suc, l'éminent artiste nantais.

---

106. — ANTOINE III MATHIAS-ALEXANDRE JAQUEMET

(1849-1869)

Antoine III Mathias-Alexandre Jaquemet, fils de M. Jacques Jaquemet, mort directeur des contributions indirectes à Saint-Jean-d'Angély, et de dame Anne Rolland, naquit à Grenoble (Isère) le 6 septembre 1803. Bientôt après, sa famille se fixa à Bordeaux, où il fit ses premières études, achevées au séminaire de Saint-Sulpice avec le plus grand succès.

Chanoine théologal de la Rochelle dès l'âge de 28 ans, M. l'abbé Jaquemet suivit comme grand vicaire Mgr Bernet, nommé à l'archevêché d'Aix. Atteint d'une laryngite chronique des plus graves, il se retira à Bordeaux et resta près de deux ans sans emploi. Aussitôt que l'amélioration de sa santé lui permit de reprendre les fonctions ecclésiastiques, l'archevêque de Paris, Mgr Affre, se l'attacha comme grand vicaire et le chargea des rapports avec le gouvernement.

Tout le monde connaît le drame de la rue Saint-Antoine à Paris, le 25 juin 1848, drame qui eut pour dénouement fatal la mort du courageux archevêque de Paris, tué par une balle sur une barricade, au moment où il venait essayer de prêcher la paix et la rentrée dans le devoir au peuple égaré.

Tout le monde sait aussi que M. Jaquemet, qui accompagnait le prélat, eut son chapeau percé de deux balles, et que ce fut lui qui reçut dans ses bras son corps chancelant. Ce

36

fut lui encore qui entendit la dernière confession de son évêque mourant, lequel, peu d'instants avant de perdre connaissance, lui remit son anneau et sa croix pastorale, circonstance que le vicaire général tint cachée autant que possible, parce que c'était, en quelque sorte, de la part de l'évêque, une désignation tacite pour un siège épiscopal.

La noble et courageuse conduite de M. Jaquemet, en cette circonstance, fit jeter sur lui les yeux de l'évêque de Nantes, qui le demanda et obtint pour successeur. Promu à ce siège sur la démission de Mgr de Hercé, par arrêté du général Cavaignac, président du conseil, chargé du pouvoir exécutif, en date du 6 décembre 1848, inséré le lendemain au *Moniteur*, Mgr Jaquemet fut préconisé dans le consistoire secret tenu par notre Saint-Père le Pape Pie IX, à Gaëte, le lundi saint 2 avril 1849. Il fut sacré dans l'église métropolitaine de Saint-André de Bordeaux, le dimanche 29 juillet suivant, en même temps que M. de Salinis, évêque d'Amiens. Six évêques assistaient à cette solennité : Mgr de Bordeaux, prélat consécrateur, Nosseigneurs l'archevêque de Sardes, les évêques de Nevers, Périgueux, Valence et Alger. Le mercredi 8 août, le nouveau prélat prit possession du siège de Nantes. A peine installé, l'évêque de Nantes se rendit au concile provincial de Rennes, présidé par Son Eminence le cardinal Morlot; M. Carrière, prêtre de Saint-Sulpice, fut son théologien. De retour de Rennes, sa première pensée fut de rendre à son diocèse la liturgie romaine. Après de longues et sérieuses études, la mesure fut adoptée en 1858[1].

Sous l'épiscopat de Mgr Jaquemet, le Grand-Séminaire a été reconstruit presque en entier. La continuation des travaux de la cathédrale a produit l'achèvement du transept nord, au bas de la grande fenêtre duquel se voient les armoiries de notre prélat, associées à celles de ses deux prédécesseurs. Les dernières paroles de Mgr Affre mourant résonnaient en-

[1] En 1854 avait eu lieu la proclamation du dogme de l'Immaculée-Conception.

core à l'oreille de M. Jaquemet lorsqu'il devint lui-même évêque ; aussi ne crut-il pas mieux faire de les prendre pour devise de son blason épiscopal. Ces belles paroles terminaient également la première lettre pastorale qu'il adressa de Bordeaux à son nouveau peuple : *Bonus pastor animam suam dat pro ovibus suis.*

Ses armoiries furent aussi des armes parlantes : *d'azur à la croix épiscopale d'argent, en chef* (cette croix rappelle celle de Mgr Affre), *accompagnée en pointe d'une clef d'or et d'une épée d'argent à la garde d'or en sautoir* (la clef et l'épée sont les armes mêmes du Chapitre de Saint-Pierre.

Au rétablissement de la liturgie romaine et à la reconstruction du Grand-Séminaire , ajoutons au nombre des œuvres fondées ou développées par Mgr Jaquemet l'adoration du Très Saint Sacrement dans les églises et chapelles de la ville épiscopale — la fondation de la magnifique maison conventuelle des missionnaires diocésains joignant la chapelle de l'Immaculée-Conception — l'extension de la maison de Philosophie — la création de l'externat des Enfants-Nantais — la forte impulsion donnée aux études dans les séminaires et collèges ecclésiastiques — l'édification de la chapelle de la Salette (véritable joyau d'architecture, dû au talent de M. l'abbé Rousteau) — la fondation de l'œuvre des missions décennales — la reconstruction d'un grand nombre d'églises à Nantes et dans tout le diocèse, etc., etc.

Quant à l'attitude de Mgr Jaquemet dans la question romaine, elle fut toujours d'une fermeté invariable. Nous en avons pour éloquents témoignages les lettres à propos des batailles de Castelfidardo et de Mentana, pour le service du général de la Moririère, etc.

En 1859, l'évêque de Nantes ayant obtenu de Mgr de Marguerie, d'Autun, des reliques de Saint-Emilien, l'un de ses illustres prédécesseurs, convoqua tout son clergé à la translation à Saint-Pierre de ces restes vénérés, translation qui fut faite avec une grande pompe le 6 novembre, et fut l'objet

de fêtes magnifiques dont le souvenir est encore vivant au
cœur des Nantais. Quatre ans après le pieux évêque de Nantes
eut le bonheur de présenter au saint Pontife Pie IX une sup-
plique tendant à obtenir la confirmation du culte immémorial de
la bienheureuse Françoise d'Amboise, duchesse de Bretagne.
Le Saint-Père acquiesca au désir du pasteur et de tous ceux
de ses collègues en épiscopat qui avaient joint leurs instances
aux siennes, et, le 10 juillet de la même année, il confirma le
décret de la sacrée congrégation des Rites qui avait approuvé
le culte immémorial rendu à la bienheureuse. L'année suivante, un second décret de la même congrégation approuva
la messe et l'office de la bonne duchesse.

C'est en cette même année (1864) que les voûtes de la cathédrale de Nantes retentirent des accents de l'évêque d'Orléans,
prononçant, en présence de notre prélat, d'un très nombreux
clergé et de toutes les sommités de la France, accourus pour
l'entendre, l'oraison funèbre du général de la Moricière. Dès
cette époque la santé du premier pasteur de l'Église de Nantes
était bien ébranlée ; son âme restait toujours forte, et de ses
appartements, qu'il ne pouvait guère plus quitter, il tenait
encore en sa main tous les fils de son vaste diocèse.

Enfin la maladie accabla l'illustre malade, et, le jeudi
9 décembre 1869, Mgr Jaquemet succombait au mal profond
et incurable qui depuis longtemps paralysait ses forces sans
pouvoir attiédir son zèle ni interrompre ses travaux. Il
expira en prononçant ces paroles : *Je meurs pour l'Eglise,
pour le Pape, pour le Concile* (du Vatican, réuni en ce moment),
pour mon diocèse, pour les âmes qui me sont chères.

Le samedi 11 décembre, le corps de Mgr Jaquemet était
transporté de sa campagne de Talence[1] à la cathédrale et
exposé dans le transept nord, transformé en chapelle ardente.
Le mardi 14 eurent lieu les funérailles, au milieu d'un concours immense de population. Mgr de la Haillandière, ancien

---

[1] A une lieue de Nantes, près la Barberie, maison de plaisance du séminaire.

évêque de Vincennes (Etats-Unis), condisciple du prélat,
et qui le remplaçait depuis de longues années pour la visite
du diocèse et l'administration du sacrement de la confirmation, présidait la cérémonie. La province métropolitaine,
Tours, et les évêques d'Angers, du Mans, de Laval, de Rennes,
de Vannes, de Quimper, de Saint-Brieuc, de Luçon et de la
Rochelle, y députèrent des représentants. Mgr Jaquemet
était assistant au trône pontifical, chevalier de la Légion
d'honneur et Comte romain.

Dans le salon de l'évêché existe un très beau portrait, peint
par Brossard en 1853. L'évêque de Nantes est représenté de
grandeur naturelle, revêtu du rochet et de la mosette, assis
et vu jusqu'aux genoux. De la main, il presse sur sa poitrine
la croix, legs précieux de Mgr Affre. Le cadre, surmonté de
l'écu épiscopal, reproduit à la partie inférieure l'inscription
suivante :

« ... Et si nous sentions jamais s'attiédir notre dé-
« vouement, s'ébranler notre courage, nous presserions sur
« notre poitrine la croix ensanglantée que nous avons reçue
« de sa main mourante, l'anneau, gage de son inviolable
« fidélité à son Église....... (Mandement de Mgr Jaquemet
« du 29 juillet 1849, à l'occasion de la prise de possession de
« son siège, p. 3). Le peintre a saisi l'endroit où Monseigneur
« parle de Mgr Affre, archevêque de Paris, tué aux barricades. »

107. — FÉLIX II FOURNIER

(1870-1877)

Félix Fournier, né à Nantes le 3 mai 1803. Elevé au sacerdoce en 1827, curé de Saint-Nicolas, sa paroisse natale, de 1836 à 1870. En 1848, l'émeute saccagea son presbytère ; nommé peu de jours après représentant du peuple à l'Assemblée nationale, pour le département de la Loire-Inférieure, l'abbé Fournier revint l'année suivante à Nantes, où il continua à administrer, avec le zèle qu'on connaît, la vaste paroisse dont il était enfant. Déjà, à cette époque, s'élevait le magnifique temple qu'il avait résolu d'ériger, temple qu'il a eu la consolation et l'honneur d'achever, et où reposent aujourd'hui ses cendres.

Nommé à l'évêché de Nantes en 1870, après la mort de M⁣ᵍʳ Jaquemet, de vénérable mémoire, il fut sacré le mercredi 10 août de la même année, dans son église de Saint-Nicolas, par Mᵍʳ Godefroy Brossays-Saint-Marc, archevêque de Rennes, assisté de Nosseigneurs Charles-Jean Fillon, évêque du Mans, et Armand-René Maupoint, évêque de Saint-Denis de la Réunion. A ce moment même le territoire français venait d'être envahi par les armées prussiennes. Nous n'avons pas à rappeler ici la marche victorieuse des Allemands à travers notre pauvre France. Le fléau dévastateur s'avançait vers la Bretagne : encore quelques jours et le sol de notre chère province allait être foulé par l'étranger.

L'évêque de Nantes, inspiré d'en haut, se jette alors à genoux, implore la grâce du Dieu des armées, la protection des saints patrons du diocèse, les illustres *Enfants Nantais*, saint Donatien et saint Rogatien, puis, plaçant tout son son peuple sous l'égide du Sacré-Cœur de Jésus, auquel il se consacre, il promet au nom de tous d'élever, en l'honneur des saints martyrs, une basilique qui rappellera aux siècles futurs la mémoire de la faveur qu'il implore.

A peine ce vœu est-il formulé et le diocèse de Nantes consacré au Sacré-Cœur, qu'un armistice est signé, et bientôt la paix, paix très durement achetée, il est vrai, vient rendre à notre France mutilée et à notre Bretagne, vierge de toute incursion, un peu de cette tranquillité qui lui permet de laver ses plaies et de respirer après ses désastres. Les jours qui suivirent la funeste campagne de 1870-1871 ne furent pas pour l'évêque de Nantes des jours de repos. La superbe église que saint Nicolas doit à ses peines et à son zèle lui rappelle que sa cathédrale, non encore achevée, a droit à toute sa sollicitude. Il se souvient que c'est un Félix qui en a jeté les premiers fondements et il tient à honneur que ce soit encore un Félix qui l'achève. Il ne ménage donc rien, et, grâce à son énergie, on voit bientôt se dessiner ce chœur magnifique qui sera le couronnement de l'œuvre de saint Félix, du monument de Jean V, et de la gloire de Rodier, dont le digne successeur dans l'art architectural, M. Boismen, a exécuté si habilement le plan, reliant ainsi, et de la manière la plus heureuse, les siècles passés au siècle présent.

Au milieu de ces grands travaux, Mgr Fournier n'oublie pas ce que nous appellerons le *Vœu national* du diocèse de Nantes, l'érection de la basilique des SS. Nantais. Déjà les murs s'élevaient, et, comme par une noble émulation, on pouvait espérer que la dernière main allait être mise presque en même temps aux deux monuments qui devaient illustrer son épiscopat[1].

Mais Dieu ne permit pas que Mgr Fournier vît en ce monde l'achèvement de ces grandes œuvres. Toujours plein d'activité et aussi de santé, malgré son grand âge, après avoir inauguré et présidé plusieurs fois, à la tête du diocèse, les pèlerinages de Lourdes, l'évêque de Nantes partit pour Rome en mai 1877. Il ne devait plus revoir son diocèse. Après avoir déposé aux pieds du glorieux et à jamais vénérable Pie IX, l'illustre et saint Pontife, l'hommage de sa foi et de celle de tous ses enfants en Jésus-Christ, après avoir prié au tombeau des Apôtres, il allait reprendre le chemin de la Bretagne, quand il est frappé par la terrible *malaria* : l'implacable maladie le met en peu de jours aux portes du tombeau. Le dimanche 3e après la Pentecôte, 9 juin 1877, le saint évêque rendait le dernier soupir, sous la garde, peut-on dire, et avec la bénédiction apostolique du vieillard prisonnier au Vatican, qui, lui aussi, ne devait pas tarder à le suivre dans la mort. La dernière pensée du prélat mourant fut pour son diocèse, pour la France et pour la Bretagne !

Les restes de Mgr Fournier ont été transportés à Nantes, où son corps a été inhumé, le 21 juin 1877, dans son église natale de Saint-Nicolas, sous la voûte même du temple qu'il a fait élever, et un magnifique monument lui a été dressé par le diocèse tout entier. Son cœur a été déposé à la cathédrale, au milieu des cendres de tous ses prédécesseurs.

Mgr Fournier était Assistant au trône pontifical, Comte romain et officier de la Légion d'honneur. En arrivant à l'épiscopat il avait pris pour blason : *de gueules à l'église gothique d'argent*, et pour devise : *Amator fratrum et populi Israël*.

---

[1] Nous pourrions même dire trois monuments, car l'église Saint-Similien, nouvelle perle enchâssée dans l'écrin nantais, a été commencée pendant qu'il gouvernait l'Église de Nantes.

108. — JULES-FRANÇOIS LE COQ

1877

Le Pontife qui gouverne actuellement l'église de Nantes est originaire de Normandie; il est né à Saint-Antoine de Vire (diocèse de Bayeux) le lundi 8 octobre 1821. D'abord curé de la paroisse de Saint-Jean, à Caen, il a été élevé sur le siège épiscopal de Luçon le 15 mars 1875 et transféré à celui de Nantes le 30 juillet 1877. Sa préconisation a eu lieu dans le Consistoire du 20 août suivant, sous le Pontificat de SS. Pie IX. Sa Grandeur a été créée, par Léon XIII, Comte romain et Assistant au trône pontifical.

Quinze années, au moment où nous écrivons ces lignes, nous séparent déjà de son arrivée dans notre beau diocèse, et, depuis ce temps, que de preuves de son zèle, que de marques de sa sollicitude !

Jaloux de poursuivre et de compléter les travaux entrepris par ses prédécesseurs, il a été donné à Mᵍʳ Le Coq d'en voir le couronnement. La cathédrale de Nantes, livrée enfin dans son ensemble, est devenue, sinon, comme au temps de saint Félix, « le plus beau temple des Gaules », au moins l'un des plus vastes et des plus remarquables spécimens de

37

l'art gothique en France[1] ; la basilique de Saint-Donatien,
dite église votive au Sacré Cœur et des *Enfants Nantais*, n'at-
tend plus pour se parachever et devenir un véritable monument de l'architecture romane, que ses deux flèches jumelles
devant symboliser l'union immortelle des deux illustres patrons du diocèse. D'un autre côté de la ville, la vieille église
de Saint-Similien, bâtie, on le sait, sur l'emplacement du premier oratoire chrétien élevé par saint Clair au premier siècle,
et qui fut notre première cathédrale, Saint-Similien, disons-
nous, renaît comme de ses cendres sur le *Montmartre* nantais,
et fait admirer de tous ses baies flamboyantes et ses den-
telles de pierre.

Se faisant tout à tous, M¹r Le Coq ne néglige rien pour atti-
ser, dans les âmes qui lui sont confiées, le feu de la foi et du
dévouement à la sainte Eglise. Sous son apostolique impulsion,
les œuvres de charité se multiplient, les communautés religieuses, plus nécessaires aujourd'hui que jamais, fleurissent
et s'accroissent, les pèlerinages prennent un nouvel essor.
Enfin, chaque jour quelque nouvelle église surgit et s'élève
dans notre vaste et beau diocèse, témoignage de la fidélité
religieuse dont ses plus illustres prédécesseurs ont jeté la semence, et qui fructifie maintenant sous la houlette du Pasteur
que Dieu, dans sa miséricorde, a bien voulu accorder au troupeau et aux enfants de Saint-Clair !

Que Dieu garde de longs jours à celui qui continue si digne-
ment une si belle et si admirable suite de Pontifes !

En montant sur le trône épiscopal, M¹r Le Coq a pris pour
blason : *Parti — à dextre — de gueules, à deux léopards d'or*

[1] C'est le jour de Noël de l'an de grâce 1891 qu'il nous a été donné de voir
s'ouvrir à nos yeux éblouis les portes de notre belle et magnifique cathédrale et
de contempler, le cœur rempli d'une sainte allégresse, ses hautes et immenses
colonnades se perdant comme dans la profondeur des cieux. Son achèvement
restera dans les âges comme le plus beau fleuron de la si riche couronne de
notre saint évêque. Gloire en soit rendue à Dieu !. Pour plus amples détails
sur le monument de Jean V, lire les intéressantes plaquettes publiées par
M. l'abbé Gaborit, curé-archiprêtre de Saint-Pierre, sur l'histoire et l'ico-
nographie de la cathédrale.

l'un sur l'autre, qui est Caen ; *à sénestre. — d'azur à trois poissons d'argent*, qui est Luçon. — *Au chef de Bretagne, d'argent semé d'hermines*. — Devise : *Missus a Deo*.

Son écu est surmonté d'une croix pastorale, accostée à dextre d'une mitre et à sénestre d'une crosse, le tout rehaussé d'un chapeau à dix houppes de chaque côté.

LISTE DES ÉVÊQUES DE NANTES

Saint Clair, 1er siècle........................	
Ennius.......................................	
Saint Similien...............................	296 — 310
Eumelius I...................................	— 374
Marcus, *vel* Marsus...........................	+ 391
Arisius......................................	391 — 404
Desiderius, *vel* Didier.......................	404 — 444
Léon...	444 — 458
Eusèbe.......................................	458 — 464
Nonnechius I.................................	464 — 475
Kariundus....................................	475 — 492
Cerunius, *vel* Cerimius.......................	492 — 498
Clemens, *vel* Clément.........................	498 — 502
Epiphanius, *vel* Epigonius....................	502 — 527
Evhemerus, *vel* Eumelius II...................	527 — 549
Saint Félix I................................	550 — 584
Nonnechius II................................	584 — 596
Euphronius, *vel* Sophronius...................	599 — 610
Leobardus....................................	613 + 630
Taurinus.....................................	— 638
Naïco, *vel* Haïco.............................	— 640
Salapius, *vel* Serapius.......................	650 — 658
Saint Pasquier, *vel* Pascharius...............	660 + 680
Agatheus.....................................	+ 700
Amelo..	700 — 725

Saint Émilien.. 725+ 726
Salvius... 732— 752
Deotmarus.. 752— 776
Odilhardus.. 776— 804
Alanus... 804— 816
Trudtgarus... 816— 835
Adon.. 835— 837
Saint Gohard, *vel* Gohardus...................... 837+ 843
Actard... 843— 872
Hermengarius...................................... 872— 886
Landranus.. 886— 896
Fulcherius, *vel* Foucher......................... 896— 906
Isaïas.. 906— 908
Adalardus.. 908— 920
Walterius, *vel* Gautier I......................... 959— 980
Hugues, *vel* Hugo................................. 990— 992
Herveus.. 992—1005
Walterius, *vel* Gautier II........................ 1005—1042
Budic, *vel* Benedictus, *vel* Benoit I............ 1042—1049
Airard, *vel* Airardus............................. 1049—1052
Quiriac, *vel* Werech.............................. 1052—1079
Benedict. *vel* Benoit II de Cornouaille........... 1079—1111
Robert I .... 1111—1113
Bricius, *vel* Brice............................... 1113—1140
François I... 1140—1141
Iterius, vel Itier................................. 1141—1147
Bernard I.. 1148—1170
Robert II.. 1170—1185
Artur... —1185
Maurice de Blason............................... 1185—1198
Geoffroy Pantin................................. 1199—1213
Estienne de la Bruère........................... 1213—1227
Clément II de Chateaubriant..................... —1227
Henri I... 1228—1235
Robert III.. 1235—1240

Galeranus, *vel* Galeran........................... 1240—1263
Gautier III....................................... —1264
Jacques de Guérande............................. 1265—1267
Guillaume I de Verne............................ 1267—1277
Durand de Rennes................................ 1278—1292
Henri II de Calestrie........................... 1292—1304
Daniel Vigier................................... 1305—1337
Bonabes I, *vel* *Barnabé* de Rochefort........ —1338
Olivier Salahadin............................... 1339—1354
Robert IV Paynel................................ 1355—1366
Simon de Langres................................ 1366—1382
Jean I de Montrelais............................ 1382—1392
Bonabes II de Rochefort......................... 1392—1398
Bernard II du Peyron............................ 1399—1404
Henri III le Barbu.............................. 1404—1419
Jean II de Malestroit........................... 1419—1443
Guillaume II de Malestroit...................... 1443—1462
Amaury d'Acigné................................. 1462—1477
Pierre I du Chaffault........................... 1477—1487
Robert V d'Epinay............................... 1488—1493
Jean III d'Epinay............................... 1493—1500
Guillaume III Guéguen........................... 1500—1506
Robert VI Guibé................................. 1507—1510
François II Hamon............................... 1511+1532
Louis I d'Acigné................................ 1532+1542
Jean IV, cardinal de Lorraine................... 1543—1550
Charles I de Bourbon, cardinal de Vendôme....... 1552—1554
Antoine I de Créquy-Canaples.................... 1554—1561
Antoine II de Créquy-Canaples................... 1561—1566
Philippe I du Bec............................... 1566+1598
Charles II de Bourgneuf de Cucé................. 1598+1617
Philippe II Cospeau............................. 1621—1635
Gabriel de Beauvau.............................. 1635—1668
Gilles I de la Baume Le Blanc................... 1668—1679
Gilles II Jean-François Beauvau du Rivau........ 1679+1717

Louis II de la Vergne du Tressan. . . . .   1717†1723
Christophe L. Turpin de Crissé de Sansay. . . . . .   1723†1746
Pierre II Mauclerc de la Muzanchère. . . . .   1746†1775
Jean V Aug. de Frétat de Sarra. . . . .   1775†1783
Charles III Eutrope de la Laurencie de Cressac.   1784–1801
Jean VI Baptiste Duvoisin. . . . .   1801†1813
Louis III Jul.-François-Jh d'Andigné de Mayneuf.   1817†1822
Joseph, M. J. B. P. Micolon de Guérines. . . . . . .   1822†1838
Jean VII François de Hercé. . . . .   1838†1849
Antoine III Math. Al. Jaquemet. . . . .   1849†1869
Félix II Fournier. . . . .   1870†1877
Jules-François Le Coq. . . . .   1877—

Vannes. — Imp. Lafolye, 2, place des Lices.

L'ÉPISCOPAT NANTAIS

A TRAVERS LES SIÈCLES

APPENDICE

Peu de jours après celui où nous écrivions ces lignes, au moment où nous allions livrer ce travail à la publicité, une douloureuse nouvelle se répandait à Nantes. Le matin de Noël, 25 décembre 1892, Sa Grandeur Mgr Lecoq, atteint, depuis plus d'un an, d'un mal qui ne laissait hélas ! plus d'espoir, rendait à Dieu sa belle âme, couronnant par la plus belle des morts une vie toute remplie de l'amour de Dieu et de ses chers diocésains.

Il ne nous appartient pas de faire ici son éloge : ses actes parlent assez éloquemment pour lui ! Disons seulement qu'il parut au jugement suprême possédant encore dans son cœur Celui qu'il a si bien servi et qui l'aura admis, nous n'en doutons pas, dans la Jérusalem céleste.

Ses obsèques ont été célébrées le vendredi 30 décembre, au milieu des larmes et des sanglots de tout son peuple ; un prince de l'Eglise et plusieurs prélats ont tenu à rehausser de leur présence l'éclat de la funèbre cérémonie : Son Eminence le cardinal Richard, archevêque de Paris, NN. SS. les évêques de Sébaste, coadjuteur de Rennes, de Vannes, de Bayeux, de Coutances, de Luçon, de Séez, de Blois, du Mans, de Laval, le R. P. abbé de Melleray, avec des députations des Églises de Quimper et de Saint-Brieuc.

Le service de quarantaine a eu lieu le mardi 7 février 1893 avec la même pompe, et l'oraison funèbre de l'illustre défunt prononcée par Mgr Germain, évêque de Coutances.

Dors maintenant dans ton cercueil, ô pieux et saint Pontife, dors au milieu de tes enfants, au sein de ta belle cathédrale que Dieu t'a donné de voir achevée, dors ton dernier et paisible sommeil jusqu'au jour de la résurrection glorieuse, où tu nous réuniras tous, je l'espère, aux pieds de l'Eternel.

In memoria æterna erit justus !

Le chapitre, réuni, quelques jours après la mort de Mgr Lecoq, en assises solennelles, a nommé comme vicaires capitulaires, pendant la vacance du siège, MM. Marchais et Bouëdron, le premier précédemment vicaire général, et tous deux chanoines de l'Eglise de Nantes.

LÉOPOLD-AUGUSTE LAROCHE

Gloire à Dieu ! Si, pour couronner ses vertus, il a plu au Ciel de nous retirer un Père, il tient, dans sa bonté, à ne pas prolonger notre deuil et à nous en envoyer un autre, digne, à tous titres, de remplacer celui que nous pleurons. Mgr Le Coq était à peine descendu dans la tombe, que le Gouverne-

ment français, d'accord avec l'autorité ecclésiastique, nommait à l'évêché de Nantes M. l'abbé Laroche, vicaire général
d'Orléans. Le nouveau prélat, préconisé par Sa Sainteté
Léon XIII, glorieusement régnant, dans le consistoire du
jeudi 19 janvier, sera sacré le 4 avril, mardi de Pâques, dans
la cathédrale d'Orléans, et doit faire son entrée triomphale
dans sa ville épiscopale le jeudi 13 du même mois. Sa
Grandeur a pris comme écusson : *D'azur à la croix rayon-
nante d'or, soutenue par une roche de même, battue par
une mer d'argent, mouvante de la pointe de l'écu ; la croix
accostée de deux étoiles d'argent, posées en fasce, à la bordure
d'hermines, qui est de Bretagne, le tout rehaussé d'une crosse
tournée à gauche, passée derrière l'écu, et timbré du chapeau à dix houppes de chaque côté.*

Sans vouloir effleurer le moins du monde l'humilité et la
modestie de Celui qui vient de nous être envoyé, qu'il nous
soit permis de donner ici sur lui, et en termes bien concis,
quelques détails biographiques.

M. l'abbé Laroche est né à la Ferté-Saint-Aubin, au diocèse
d'Orléans, le 26 juillet 1845[1]. Après de brillantes études au
Petit-Séminaire de la Chapelle-Saint-Mesmin, il entra au
Grand-Séminaire d'Orléans et fut ordonné prêtre à 23 ans.
Nommé aussitôt vicaire à Saint-Patern, paroisse de la même
ville, il ne tarda pas, peu d'années après, à être envoyé par
Mgr Dupanloup (qui s'y connaissait en hommes) au collège
de la Chapelle, pour y occuper la chaire de rhétorique. Trois
ans après, il professait la philosophie dans le même établissement. En 1883, M. Laroche quittait Saint-Mesmin et l'en-
seignement pour rentrer dans le ministère paroissial.
Mgr Couillé, devenu évêque d'Orléans, nomma en effet le jeune
et déjà célèbre professeur curé de Saint-Aubin et, peu après,
de la Ferté-Saint-Aubin, sa paroisse natale. En 1886, le pre-

---

[1] C'est en souvenir de cette date, jour, on le sait, de la fête de sainte Anne,
et aussi en mémoire de la Bretagne, sa nouvelle patrie, que Mgr Laroche a
tenu, nous n'en doutons pas, à placer dans son sceau l'image de notre sainte
patronne.

mier pasteur du diocèse jeta sur lui les yeux pour en faire son Vicaire général et un Archidiacre d'Orléans. C'est dans cette situation que l'a pris la décision qui nous le donne aujourd'hui, à Nantes, comme successeur de tous ces illustres pontifes dont nous venons d'écrire l'histoire. Nous ne nous étendrons pas davantage, et pour cause, sur une vie si précieuse, qui veut bien se consacrer à nous et au salut de nos âmes.

N'omettons pas cependant de dire — et ce sera le dernier trait que nous nous permettrons — que Mgr Laroche, en outre de ses qualités sacerdotales si éminentes et si admirables, est un écrivain remarquable et un éloquent orateur, dont maints travaux nous redisent la note grande, élevée et souvent sublime. Citons entre autres : *Dieu dans l'école*, et les *Panégyriques de saint Charles Borromée*, de *saint Jean-Baptiste*, de *saint Marc*, de *saint François de Sales*, de *sainte Chantal*, et, par dessus tout, ceux de *Jeanne d'Arc* et de *saint Paul*, ses deux chefs-d'œuvre !

Veuille le souverain Maître de toutes choses bénir et féconder un Episcopat dont l'ère s'ouvre, il est vrai, au milieu de grands troubles et d'agitations de toutes sortes ; mais la paix règne toujours dans la maison du Seigneur !

Ad multos annos !

TABLE DES MATIÈRES

Saint Clair, 1er siècle.. 3
Ennius.. 6
Saint Similien... 7
Eumelius I.. 9
Marcus, vel Marsus.. 11
Arisius... 12
Desiderius, vel Didier... 13
Léon... 15
Eusèbe 15
Nonnechius I... 17
Kariundus.. 17
Cerunius, vel Cerimius.. 18
Clemens, vel Clément.. 19
Epiphanius, vel Epigonius... 19
Evhemerus, vel Eumelius II.. 22
Saint Félix... 25
Nonnechius II.. 30
Euphronius, vel Sophronius.. 31
Leobardus.. 32
Taurinus... 33
Naico, vel Haico... 33
Salapius, vel Serapius... 33
Saint Pasquier, vel Pascharius....................................... 35
Agatheus 38
Amelo 39
Saint Emilien... 39
Salvius.. 41
Deotmarus... 42
Odilhardus... 43
Alanus 44
Trudtgarus... 44

Adon.. 45
Saint Gohard, vel Gohardus.. 46
Actard... 48
Hermengarius... 56
Landranus.. 57
Fulcherius, vel Foucher.. 57
Isaïas... 59
Adalardus.. 60
Walterius I, vel Gautier... 62
Hugues, vel Hugo... 64
Herveus.. 65
Walterius II, vel Gautier.. 66
Budic, vel Benedictus, vel Benoit.................................... 67
Airard, vel Airardus... 68
Quiriac, vel Werech.. 71
Benedict, vel Benoît de Cornouailles................................. 76
Robert I... 79
Bricius, vel Brice... 80
François... 84
Iterius, vel Itier... 84
Bernard.. 85
Robert II.. 88
Artur.. 90
Maurice de Blason.. 91
Geoffroy Pantin.. 94
Estienne de la Bruère.. 102
Clément de Chateaubriand... 105
Henri I.. 107
Robert III... 108
Galeranus, vel Galeran... 109
Gautier III.. 112
Jacques de Guérande.. 114
Guillaume I de Verne... 116
Durand de Rennes... 120
Henri II de Calestrie.. 123
Henri III.. 124
Daniel Vigier.. 126
Bonabes, vel Barnabé de Rochefort.................................... 131
Olivier Salahadin.. 132
Robert IV Paynel... 134
Simon de Langres... 136

Jean I de Montrelais..................................... 141
Bonabes de Rochefort................................... 146
Bernard du Peyron...................................... 149
Henri le Barbu... 153
Jean II de Malestroit................................... 161
Guillaume II de Malestroit............................. 171
Amaury d'Acigné....................................... 175
Pierre I du Chaffault 181
Robert V d'Epinay..................................... 189
Jean III d'Epinay...................................... 193
Guillaume III Guéguen................................. 197
Robert VI Guibé....................................... 207
François II Hamon...................................... 212
Louis I d'Acigné....................................... 216
Jean IV, cardinal de Lorraine.......................... 221
Charles I de Bourbon, cardinal de Vendôme............. 224
Antoine I de Créquy-Canaples.......................... 226
Antoine II de Créquy-Canaples......................... 229
Philippe I du Bec...................................... 232
Charles II de Bourgneuf de Cucé....................... 235
Philippe II Cospeau.................................... 243
Gabriel de Beauvau.................................... 250
Gilles I de la Baume Le Blanc.......................... 254
Gilles II Jean-François Beauvau du Rivau.............. 259
Louis II de la Vergne du Tressan....................... 262
Christophe-L. Turpin de Crissé de Sansay.............. 266
Pierre Mauclerc de la Muzanchère...................... 273
Jean V Aug. de Frétat de Sarra........................ 276
Charles III Eutrope de la Laurencie de Cressac......... 279
Jean VI Baptiste Duvoisin.............................. 282
Louis III Jul.-François-Joseph d'Andigné de Mayneuf... 287
Joseph-M.-J.-B.-P. Micolon de Guérines................ 290
Jean VII François de Hercé............................ 294
Antoine III Math.-Al. Jaquemet........................ 297
Félix II Fournier...................................... 302
Jules-François Le Coq.................................. 305

Vannes. — Imprimerie Lafolye, 2, place des Lices.

www.ingramcontent.com/pod-product-compliance
Lightning Source LLC
LaVergne TN
LVHW020619060726
842526LV00003B/798